中京高等学校

〈収録内容〉

- 2024年度入試の問題・解答解説・解答用紙・「合否の鍵はこの問題だ!!」、2024年度入試受験用の「出題傾向の分析と合格への対策」は、弊社HP の商品ページにて公開いたします。
- 2020年度は、弊社ホームページで公開しております。
  本ページの下方に掲載しておりますQRコードよりアクセスし、データをダウンロードしてご利用ください。
- 英語リスニング問題は音声の対応をしておりません。

2024 年度 ……………………2024 年 10 月 弊社 HP にて公開予定
※著作権上の都合により、掲載できない内容が生じることがあります。

2023 年度 …………………… 一般（数・英・理・社・国）

2022 年度 …………………… 一般（数・英・理・社・国）

2021 年度 …………………… 一般（数・英・理・社・国）
※国語の大問二は、問題に使用された作品の著作権者が二次使用の許可を出していないため、問題を掲載しておりません。

2020 年度 …………………… 一般（数・英・理・社）

JN045642

解答用紙データ配信ページへスマホでアクセス！ ⇒

※データのダウンロードは 2024 年 3 月末日まで。
※データへのアクセスには、右記のパスワードの入力が必要となります。 ⇒ 298465

〈合格最低点〉

※学校からの合格最低点の発表はありません。

本書の特長

実戦力がつく入試過去問題集

▶ 問題 …………… 実際の入試問題を見やすく再編集。
▶ 解答用紙 …… 実戦対応仕様で収録。
▶ 解答解説 …… 詳しくわかりやすい解説には、難易度の目安がわかる「基本・重要・やや難」の分類マークつき（下記参照）。各科末尾には合格へと導く「ワンポイントアドバイス」を配置。採点に便利な配点つき。

入試に役立つ分類マーク

基本 確実な得点源！
受験生の 90%以上が正解できるような基礎的、かつ平易な問題。
何度もくり返して学習し、ケアレスミスも防げるようにしておこう。

重要 受験生なら何としても正解したい！
入試では典型的な問題で、長年にわたり、多くの学校でよく出題される問題。
各単元の内容理解を深めるのにも役立てよう。

やや難 これが解ければ合格に近づく！
受験生にとっては、かなり手ごたえのある問題。
合格者の正解率が低い場合もあるので、あきらめずにじっくりと取り組んでみよう。

合格への対策、実力錬成のための内容が充実

▶ 各科目の出題傾向の分析、合否を分けた問題の確認で、入試対策を強化！
▶ その他、学校紹介、過去問の効果的な使い方など、学習意欲を高める要素が満載！

解答用紙ダウンロード 解答用紙はプリントアウトしてご利用いただけます。弊社ＨＰの商品詳細ページよりダウンロードしてください。トビラのＱＲコードからアクセス可。

UD FONT 見やすく読みまちがえにくいユニバーサルデザインフォントを採用しています。

中京高等学校

▶ 交通　ＪＲ中央本線「瑞浪」駅下車徒歩約 15 分
スクールバス　5 コースあり（可児便，瀬戸便，多治見南便，藤岡便，恵那南便）

〒 509-6101　岐阜県瑞浪市土岐町 7074-1
☎0572-68-4501

建学の精神

「学術とスポーツの真剣味の殿堂たれ」

校　訓

「真剣味・真善美」

教育課程

2024年4月よりコースを「学域」に、クラスを「選抜」に、さらにはカリキュラムも一新し、新体制でスタート予定。

●学問探究領域

・名大選抜

名古屋大学を中心に国公立大学への進学を、主に「一般選抜」で目指す。

・特進選抜

主要科目と探究活動を中心とした学びにより、難関大学への進学を「一般選抜」「総合型選抜」「学校推薦型選抜」のいずれかで目指す。

・総合選抜

英語を中心に総合型選抜に特化したカリキュラムで、難関大学への進学を「総合型選抜」で目指す。

●運動技能探究領域

・アスリート選抜

競技に特化したカリキュラムで、「競技力」「人間力」「学力」を鍛えて、文系および体育系大学への進学を、主に「学校推薦型選抜」「スポーツ推薦型選抜」で目指す。

対象クラブ：硬式野球、軟式野球、サッカー、陸上、ソフトテニス(男)、剣道、弓道、柔道、新体操、ボクシング、卓球

●語学力探究領域

・国際選抜

1年間の海外留学を経験しながらも3年間で高校生活を終了し、高い英語力を武器に、難関大学への進学を、主に「総合型選抜」「学校推薦型選抜」で目指す。

●横断的学問探究領域

・リベラルアーツ選抜

1年次の「一般教養」を経て、2年次からは**「文理専攻」「看護専攻」「幼児教育専攻」「IT 専攻」**に分かれ、「指定校推薦型」をはじめとした全ての大学入学者選抜に対応する。

部活動

●運動部

硬式野球，軟式野球，サッカー，陸上，ソフトテニス，剣道，弓道，柔道，新体操，卓球，スケート，バレーボール，レスリング，ソフトボール，バスケットボール，バドミントン，ボクシング，e-sports

●文化部

応援，吹奏楽，チアリーダー，ＩＴ･インターネット，美術，茶華道，文芸，将棋，書道・ペン習字，太鼓，地域活性化，ダンス

年間行事

4月／入学式，チャレンジウォーク
5月／創立記念日，創立記念講話，職場体験
6月／校外進路学習，東海総体激励会
7月／オープンスクール，甲子園・インターハイ壮行会
8月／どまつり
9月／学園祭，芸術鑑賞
10月／球技大会，グリーンキャンペーン
12月／バサラカーニバル，歳末募金活動，2年修学旅行
2月／3年生を送る会
3月／卒業式，国際クラスカナダ出発

進　路

●主な合格実績

〈国公立大学〉

名古屋大，岐阜大，金沢大，和歌山大，高知大，島根大，都留文科大，愛知県立大，名古屋市立大，岡山県立大，山口県立大，高知県立大

〈私立大学〉

国際武道大学，千葉工業大学，青山学院大学，國學院大学，国士舘大学，駒澤大学，上智大学，専修大学，大東文化大学，帝京大学，東京女子体育大学，日本体育大学，法政大学，神奈川大学，新潟医療福祉大学，山梨学院大学，岐阜医療科学大学，岐阜聖徳学園大学，中京学院大学，愛知大学，愛知医科大学，愛知学院大学，愛知工業大学，愛知淑徳大学，金城学院大学，星城大学，大同大学，中京大学，中部大学，名古屋外国語大学，名古屋学院大学，名古屋学芸大学，南山大学，日本赤十字豊田看護大学，名城大学，京都産業大学，京都橘大学，同志社大学，立命館大学，大阪体育大学，関西学院大学，中京学院大学短期大学部　など

●主な就職先

トヨタ自動車㈱，アイシン・エィ・ダブリュ㈱，アイシン精機㈱，豊精密工業㈱，愛知機械工業㈱，住友理工㈱，太平洋工業㈱，川崎重工業㈱航空宇宙システムカンパニー，日本トムソン㈱岐阜製作所，大王製紙㈱可児工場，㈱セブンイレブン・ジャパン，日本郵便㈱，自衛隊，岐阜県警　など

◎2023年度入試状況◎

学　科	文武	特別進学		国　際	普　通
	体　育	エクシード	プロシード	国　際	プログレス
募集数	70	60	30	30	300
応募者数	405/759				
受験者数	非公表				
合格者数	非公表				

※保育クラス，医療健康クラス，ITクラスは2年次から編成。
※人数は単願／併願。

過去問の効果的な使い方

① **はじめに**　入学試験対策に的を絞った学習をする場合に効果的に活用したいのが「過去問」です。なぜならば，志望校別の出題傾向や出題構成，出題数などを知ることによって学習計画が立てやすくなるからです。入学試験に合格するという目的を達成するためには，各教科ともに「何を」「いつまでに」やるかを決めて計画的に学習することが必要です。目標を定めて効率よく学習を進めるために過去問を大いに活用してください。また，塾に通われていたり，家庭教師のもとで学習されていたりする場合は，それぞれのカリキュラムによって，どの段階で，どのように過去問を活用するのかが異なるので，その先生方の指示にしたがって「過去問」を活用してください。

② **目的**　過去問学習の目的は，言うまでもなく，志望校に合格することです。どのような分野の問題が出題されているか，どのレベルか，出題の数は多めか，といった概要をまず把握し，それを基に学習計画を立ててください。また，近年の出題傾向を把握することによって，入学試験に対する自分なりの感触をつかむこともできます。

　過去問に取り組むことで，実際の試験をイメージすることもできます。制限時間内にどの程度までできるか，今の段階でどのくらいの得点を得られるかということも確かめられます。それによって必要な学習量も見えてきますし，過去問に取り組む体験は試験当日の緊張を和らげることにも役立つでしょう。

③ **開始時期**　過去問への取り組みは，全分野の学習に目安のつく時期，つまり，9月以降に始めるのが一般的です。しかし，全体的な傾向をつかみたい場合や，学習進度が早くて，夏前におおよその学習を終えている場合には，7月，8月頃から始めてもかまいません。もちろん，受験間際に模擬テストのつもりでやってみるのもよいでしょう。ただ，どの時期に行うにせよ，取り組むときには，集中的に徹底して取り組むようにしましょう。

④ **活用法**　各年度の入試問題を全問マスターしようと思う必要はありません。できる限り多くの問題にあたって自信をつけることは必要ですが，重要なのは，志望校に合格するためには，どの問題が解けなければいけないのかを知ることです。問題を制限時間内にやってみる。解答で答え合わせをしてみる。間違えたりできなかったりしたところについては，解説をじっくり読んでみる。そうすることによって，本校の入試問題に取り組むことが今の自分にとって適当かどうかが，はっきりします。出題傾向を研究し，合否のポイントとなる重要な部分を見極めて，入学試験に必要な力を効率よく身につけてください。

数学

　各都道府県の公立高校の入学試験問題は，中学数学のすべての分野から幅広く出題されます。内容的にも，基本的・典型的なものから思考力・応用力を必要とするものまでバランスよく構成されています。私立・国立高校では，中学数学のすべての分野から出題されることには変わりはありませんが，出題形式，難易度などに差があり，また，年度によっての出題分野の偏りもあります。公立高校を含め，ほとんどの学校で，前半は広い範囲からの基本的な小問群，後半はあるテーマに沿っての数問の小問を集めた大問という形での出題となっています。

まずは，単年度の問題を制限時間内にやってみてください。その後で，解答の答え合わせ，解説での研究に時間をかけて取り組んでください。前半の小問群，後半の大問の一部を合わせて50％以上の正解が得られそうなら多年度のものにも順次挑戦してみるとよいでしょう。

英語

英語の志望校対策としては，まず志望校の出題形式をしっかり把握しておくことが重要です。英語の問題は，大きく分けて，リスニング，発音・アクセント，文法，読解，英作文の5種類に分けられます。リスニング問題の有無(出題されるならば，どのような形式で出題されるか)，発音・アクセント問題の形式，文法問題の形式(語句補充，語句整序，正誤問題など)，英作文の有無(出題されるならば，和文英訳か，条件作文か，自由作文か）など，細かく具体的につかみましょう。読解問題では，物語文，エッセイ，論理的な文章，会話文などのジャンルのほかに，文章の長さも知っておきましょう。また，読解問題でも，文法を問う問題が多いか，内容を問う問題が多く出題されるか，といった傾向をおさえておくことも重要です。志望校で出題される問題の形式に慣れておけば，本番ですんなり問題に対応することができますし，読解問題で出題される文章の内容や量をつかんでおけば，読解問題対策の勉強として，どのような読解問題を多くこなせばよいかの指針になります。

最後に，英語の入試問題では，なんと言っても読解問題でどれだけ得点できるかが最大のポイントとなります。初めて見る長い文章をすらすらと読み解くのはたいへんなことですが，そのような力を身につけるには，リスニングも含めて，総合的に英語に慣れていくことが必要です。「急がば回れ」ということわざの通り，志望校対策を進める一方で，英語という言語の基本的な学習を地道に続けることも忘れないでください。

国語

国語は，出題文の種類，解答形式をまず確認しましょう。論理的な文章と文学的な文章のどちらが中心となっているか，あるいは，どちらも同じ比重で出題されているか，韻文(和歌・短歌・俳句・詩・漢詩)は出題されているか，独立問題として古文の出題はあるか，といった，文章の種類を確認し，学習の方向性を決めましょう。また，解答形式は，記号選択のみか，記述解答はどの程度あるか，記述は書き抜き程度か，要約や説明はあるか，といった点を確認し，記述力重視の傾向にある場合は，文章力に磨きをかけることを意識するとよいでしょう。さらに，知識問題はどの程度出題されているか，語句(ことわざ・慣用句など)，文法，文学史など，特に出題頻度の高い分野はないか，といったことを確認しましょう。出題頻度の高い分野については，集中的に学習することが必要です。読解問題の出題傾向については，脱語補充問題が多い，書き抜きで解答する言い換えの問題が多い，自分の言葉で説明する問題が多い，選択肢がよく練られている，といった傾向を把握したうえで，これらを意識して取り組むと解答力を高めることができます。「漢字」「語句・文法」「文学史」「現代文の読解問題」「古文」「韻文」と，出題ジャンルを分類して取り組むとよいでしょう。毎年出題されているジャンルがあるとわかった場合は，必ず正解できる力をつけられるよう意識して取り組み，得点力を高めましょう。

数学 出題傾向の分析と合格への対策

●出題傾向と内容

本年度の出題数は，大問が4題，小問にあたる設問数が15題と，昨年までと同程度の問題数で，出題形式は全てマークシート形式だった。

出題内容は，【1】が数・式の計算，平方根，因数分解，反比例，球の体積，場合の数などの基本的な問題，【2】が連立方程式の応用的な文章問題，【3】が座標平面上の長方形についての動点問題，【4】が相似の利用と立体の体積に関する問題であり，昨年度とほぼ同様のレベルの出題内容であった。

全体的に中学数学の広い範囲からバランスよく出題されているが，中には応用力や思考力が必要なものも含まれていた。

学習のポイント

教科書の基礎事項の学習に力を入れ，標準レベルの問題はどの単元に関しても解けるように，徹底して取り組もう。

●2024年度の予想と対策

来年度も，出題数，難易度にそれほど大きな変化は無く，全体的に標準的なレベルの問題を中心とした出題内容になると思われる。中学数学の各分野の基礎事項を十分にマスターし，公式や定理をまとめ，使いこなせるようになろう。

ただし，過去の出題傾向から，やや発展的な内容も出題されるので，注意は必要。

また，ここ数年，空間図形の問題は出題されていなかったが，昨年度，四角錐の体積の計量が出題されたので，油断せず，基本的な問題は解けるようにしておいた方がよいだろう。

時間が短めなので，時間配分をうまく行えるような練習もしておこう。

▼年度別出題内容分類表 ……

出題内容			2019年	2020年	2021年	2022年	2023年
数と式		数の性質					
		数・式の計算	○	○	○	○	○
		因数分解					○
		平方根		○	○	○	○
方程式・不等式		一次方程式	○	○	○	○	○
		二次方程式	○	○		○	
		不等式					
		方程式・不等式の応用	○	○	○	○	○
関数		一次関数	○	○	○	○	○
		二乗に比例する関数	○	○	○	○	
		比例関数		○		○	○
		関数とグラフ	○	○	○	○	
		グラフの作成					
図形	平面図形	角度	○		○		○
		合同・相似	○	○	○	○	○
		三平方の定理				○	
		円の性質					
	空間図形	合同・相似					
		三平方の定理					
		切断					
	計量	長さ		○		○	○
		面積	○	○	○	○	○
		体積		○			○
		証明					
		作図					
		動点					
統計		場合の数			○		○
		確率				○	
		統計・標本調査					
融合問題		図形と関数・グラフ	○	○	○	○	○
		図形と確率					
		関数・グラフと確率					
		その他					
その他					○		

英語 出題傾向の分析と合格への対策

●出題傾向と内容

本年度は，語句補充問題，語句整序問題，対話文完成問題，資料読解問題，長文読解問題の計5題が出題された。

文法問題では中学で学習する文法事項が幅広く出題されている。資料読解問題は，長さは短いが，内容を正しく理解しているかどうかを問うもので，難易度が高い。

読解問題は長さ，レベル共に標準である。内容理解を問う問題が多いが，文法問題も含まれており総合問題となっている。

全体として標準的なレベルだが語彙力，文法力，読解力という英語の総合力が求められている。

✔学習のポイント

中学で学習する文法事項をよく復習しておこう。単語を覚える時は発音やアクセントも確認しよう。

●2024年度の予想と対策

来年度も多少の変更はあるにせよ，本年度とほぼ同じ傾向が続くと予想される。

読解問題は必ず出題される。会話文，資料読解，長文読解だけでなく，手紙文やメール文などが出題される可能性もあるので，様々な形式，ジャンルの英文に慣れておこう。内容理解を問う問題が多いので丁寧に読み取る力をつけておきたい。なるべく多くの英文を読み読解力をつけておくことが大切である。

文法問題は標準レベルだが幅広い知識が要求される。教科書を中心に学習し，基礎レベルの問題集などで正確な文法知識をつけておくことが大切である。

▼年度別出題内容分類表 ……

	出題内容	2019年	2020年	2021年	2022年	2023年
話し方・聞き方	単語の発音	○	○	○	○	
	アクセント	○	○			
	くぎり・強勢・抑揚					
	聞き取り・書き取り					
語い	単語・熟語・慣用句	○	○	○	○	○
	同意語・反意語					
	同音異義語					
読解	英文和訳(記述・選択)			○		
	内容吟味	○	○	○	○	○
	要旨把握			○		
	語句解釈	○		○		
	語句補充・選択		○	○		○
	段落・文整序					
	指示語					○
	会話文		○		○	○
文法・作文	和文英訳					
	語句補充・選択	○	○	○	○	○
	語句整序	○	○	○	○	○
	正誤問題					
	言い換え・書き換え					
	英問英答				○	○
	自由・条件英作文					
文法事項	間接疑問文				○	○
	進行形		○	○	○	○
	助動詞	○		○	○	○
	付加疑問文					
	感嘆文					
	不定詞	○	○	○	○	○
	分詞・動名詞	○		○	○	
	比較		○		○	○
	受動態		○			
	現在完了	○	○	○		○
	前置詞	○			○	
	接続詞			○	○	○
	関係代名詞	○	○	○	○	○

中京高等学校

理科

出題傾向の分析と 合格への対策

●出題傾向と内容

問題は大問が4題，小問が40題程度である。試験時間は40分である。

ほとんどが基本問題であるが，計算問題が多く，少し難しい問題も出題されていた。

「化学変化と質量」や「大地の動き・地震」などの頻出分野も見られるが，理科全般の基礎的な知識を理解していることは重要な点である。苦手分野をつくらないようにすることが大切である。

解答の形式はマークシート方式であり，解答のマークミスのないように注意したい。

✔学習のポイント

苦手分野を作らないよう，理科の4分野の知識を広く身につけるようにしよう。

●2024年度の予想と対策

教科書を中心とした学習を行うこと。学習の過程で，理解不足な分野はしっかりと理解するようにしておこう。苦手分野を作らないことが大切である。

具体的には，教科書やワークレベルの問題を多く解き，基礎的な計算や重要語句などをしっかりと覚えることが大切。また，計算問題の出来が合否を大きく左右するので，標準レベルの計算問題はしっかり解けるように練習しておきたい。

マークシート形式の解答に注意し，マークミスのないようにしたい。

▼年度別出題内容分類表 ……

	出題内容	2019年	2020年	2021年	2022年	2023年
第一分野	物質とその変化			○		
	気体の発生とその性質			○		
	光と音の性質			○		
	熱と温度					
	力・圧力					
	化学変化と質量	○	○		○	
	原子と分子					○
	電流と電圧		○			○
	電力と熱					
	溶液とその性質					○
	電気分解とイオン	○				
	酸とアルカリ・中和					
	仕事	○			○	
	磁界とその変化					
	運動とエネルギー				○	
	その他					
第二分野	植物の種類とその生活					
	動物の種類とその生活					
	植物の体のしくみ	○			○	
	動物の体のしくみ		○			
	ヒトの体のしくみ			○		
	生殖と遺伝					○
	生物の類縁関係と進化					
	生物どうしのつながり					
	地球と太陽系					
	天気の変化		○			
	地層と岩石			○	○	
	大地の動き・地震	○		○		○
	その他					

中京高等学校

社会 出題傾向の分析と合格への対策

●出題傾向と内容

出題数は地理1題，歴史4題，公民2題の大問7題だが，小問数は地理と公民が10問ずつで歴史が20問の計40問となっている。解答形式は今年も全問マークシート方式なのでチェックミスには十分注意が必要である。

地理はヨーロッパを中心とする世界地理で，山脈や地形，気候，民族，EUの諸問題など。歴史は中国の歴史書や有名な神社，中世から近世の法律などを題材にしたものや，博物館の絵画資料，16～18世紀のヨーロッパ，近代以降の年表とバラエティーに富んでいる。内容も政治から文化までと多岐にわたる。公民は人権や憲法，政治を中心としたものとなっている。

学習のポイント

- 地理の学習の基本は地図帳にあり！
- まずは時代の流れをつかもう！
- 憲法や政治のしくみを完璧にしよう！

●2024年度の予想と対策

分野を問わず基本的な知識を問う問題が中心であるので，落ち着いて対応することが何といっても大切である。

地理では教科書を中心に学習することはもちろんであるが，地図帳をいかに活用できるかがポイントとなる。少なくとも主要な地名や国名などについては完璧にしておく必要がある。歴史は何といっても大きな流れをつかむことが重要で，歴史的事象の相互関係を把握することから始めよう。あまり触れることがないだろうが，世界史も手を抜くことは危険である。公民は憲法や政治のしくみを中心に，時事問題にも注意を払っておく必要がある。

▼年度別出題内容分類表 ……

出題内容			2019年	2020年	2021年	2022年	2023年
地理的分野	(日本)	地形図					
		地形・気候・人口		○		○	
		諸地域の特色					
		産業		○			
		交通・貿易		○			
	(世界)	人々の生活と環境			○	○	○
		地形・気候・人口	○	○	○	○	○
		諸地域の特色	○		○	○	○
		産業	○		○	○	○
		交通・貿易	○			○	
	地理総合						
歴史的分野	(日本史)	各時代の特色					
		政治・外交史	○	○	○	○	○
		社会・経済史	○	○	○	○	○
		文化史	○	○	○	○	○
		日本史総合					
	(世界史)	政治・社会・経済史	○	○	○	○	○
		文化史					
		世界史総合					
	日本史と世界史の関連		○	○	○	○	○
	歴史総合						
公民的分野	家族と社会生活		○				
	経済生活						
	日本経済						
	憲法（日本）		○	○	○	○	○
	政治のしくみ		○	○	○	○	○
	国際経済						
	国際政治				○	○	
	その他						
	公民総合						
各分野総合問題							

中京高等学校

国語 出題傾向の分析と合格への対策

●出題傾向と内容

本年度は，論理的文章の読解問題が1題，文学的文章の読解問題が1題と，大問一と大問二に関する生徒の感想を比較させる独立問題が1題の計3題の大問構成であった。

論理的文章の読解問題では，論説文が採用され，脱文補充や接続語の問題を通した文脈把握や，内容吟味の設問が中心となっている。

文学的文章の読解問題では，人物の心情や行動の理由を問う設問が出題されている。

漢字の読み書きや語句の意味，熟語，表現技法，品詞の識別などの知識問題は，大問に含まれて出題されている。解答形式は，すべてマークシート方式が採用されている。

✓学習のポイント

問題集などを使ってさまざまなジャンルの文章に読み慣れておこう。国語の知識は，資料集などを使ってまとめて覚えるのが効果的だ。

●2024年度の予想と対策

論理的文章と文学的文章といった現代文の読解問題を中心とした大問構成が続くと予想される。読解力を問う設問が中心なので，文章を速く正確に読む力が求められる。

論説文の読解問題では，接続語や言い換えに注目することで，文脈把握の力を身に付けることが大切だ。さらに筆者の主張をとらえられるよう問題集を活用して実力を養っておこう。

小説に関しても，表現に注目して心情を正しく読み取れるような練習を重ねておきたい。

漢字の読み書き，語句の意味，文法，表現技法など，基本的な知識を確実にしておきたい。

出題はされていないが，古文や韻文に関しても教科書程度の内容はおさえておこう。

▼年度別出題内容分類表 ……

出題内容			2019年	2020年	2021年	2022年	2023年
内容の分類	読解	主題・表題	○			○	
		大意・要旨	○	○	○	○	○
		情景・心情	○	○	○	○	○
		内容吟味	○	○	○	○	○
		文脈把握	○	○	○	○	○
		段落・文章構成					
		指示語の問題			○		
		接続語の問題	○	○	○	○	○
		脱文・脱語補充	○	○	○	○	○
	漢字・語句	漢字の読み書き	○	○	○	○	
		筆順・画数・部首					
		語句の意味	○	○		○	○
		同義語・対義語					
		熟語				○	
		ことわざ・慣用句					○
	表現	短文作成					
		作文(自由・課題)					
		その他					
	文法	文と文節			○		
		品詞・用法		○		○	○
		仮名遣い					
		敬語・その他					
	古文の口語訳						
	表現技法				○	○	○
	文学史						
問題文の種類	散文	論説文・説明文	○	○	○	○	○
		記録文・報告文					
		小説・物語・伝記	○	○	○	○	○
		随筆・紀行・日記					
	韻文	詩					
		和歌(短歌)					
		俳句・川柳					
	古文						
	漢文・漢詩						

2023年度　合否の鍵はこの問題だ!!

数　学　【3】(3)

【3】は，2辺OA，OCがそれぞれx軸，y軸と接する長方形OABCの周上で，点Oから点Cを通って点Bまで進む点Pと，点Pの2倍の速さで点Oから点A，B，Cを通って点Oまで進む点Qについて，(1)で点Pが点Cと重なるときの点Qの座標，(2)で点Pが点Bと重なるときの直線PQの方程式，(3)で直線PQが長方形OABCの面積を2等分するときの点P，Qの座標を求める問題である。(1)，(2)は易問だが，(3)は，面積の2等分をどのように考えるかがポイントの難題である。

例えば，「長方形の面積を2等分する直線は対角線の交点を通る」ことを利用するなら，点P，Qの座標を文字で表した上で直線PQの方程式を作り，長方形OABCの対角線の交点の座標(5，2)を代入することで，直線PQの方程式や点P，Qの座標を決定する流れが考えられる。

また，長方形を直線で2つに切断した一方が三角形や台形などの図形になることを利用するなら，点Pの移動距離を文字で表した上で図形の辺の長さや面積を文字式で表し，長方形の面積の半分の20に等しい方程式を作って点P，Qの座標を決定する流れも考えられる。

注意すべきは，点P，Qがそれぞれ長方形OABCのどの辺上にあるかで座標を表す文字式の形が大きく変わる点であり，(Pのいる辺，Qのいる辺)のように表すと，(OC，OA)，(BC，OA)，(BC，AB)，(BC，BC)，(BC，OC)の5つの場合に分けて考えなければならない。

ただし，解答形式がマークシート式であることから，文字式の形や解答の個数が丸わかりであり，1つの解答が得られれば，他の場合は考えなくてもよいという進め方も可能である。要領の良さを必要とするという意味でも，合否の鍵を握る問題として挙げておきたい。

英　語　【5】問6・問7

【5】問6　文章中の chemical poison spray と mosquito plants の共通点を選ぶ問題。第5，6段落を参照し，以下のようにまとめることができる。

	chemical poison spray	mosquito plants
①蚊に効果的な油分と化学物質の両方を含む	－ 油分について記述なし	△ 油分または化学成分を含む
②大人の蚊を殺す効果がある	○	× 蚊を遠ざけるだけ
③蚊以外の虫には効果なし	× 他の虫にも有害	－ 他の虫について記述なし
④効果がシーズンを通して効くほど長くは続かない	○ シーズン中に何度も使用する必要がある	○ 化合物が放出された時だけ効果がある

【5】　問7　本文の内容に合っていないものを選ぶ問題。各選択肢の全訳は以下の通り。

①「蚊は水を好むので川の近くに住んでいる人々は多くの蚊を経験する」(○)　②「もし水が少しなら，

蚊はその中に卵を産むことはできない」(×)　③「私たちを蚊から守るのに効果的な化学物質がある」(○)　④「扇風機は蚊の活動を削減する，なぜならそれは殺虫剤を広げるからだ」(×)　⑤「蚊草が破れると，蚊を遠ざけることができる」(○)　⑥「蚊は網戸を通って家の中に入ることはできない」(○)　⑦「自分自身を蚊から守るためにできることがたくさんある」(○)

理　科　【1】(3)・(4)

大問が4題で，各分野から1題ずつの出題であった。問題レベルは全般的には標準的であるが，幾分難しい計算問題も出題されている。教科書の内容を偏りなく広く理解しておくことが大切である。

今回合否を分ける鍵となった問題として，【1】の(3)，(4)を取り上げる。溶解度の問題である。

(3)　析出した結晶の質量の大きさを比べる問題である。①では20℃の水100gに溶ける硝酸カリウムが31.6gであり，0℃では13.3gまでしか溶けないので，析出する結晶は$31.6-13.3=18.3$(g)である。②では，60℃の水200gに$55.0\times 2=110$(g)まで溶ける塩化アンモニウムを，20℃まで冷やすと$37.5\times 2=75$(g)までしか溶けないので，$110-75=35$(g)が析出する。③では，40℃の水300gにミョウバンが$24.0\times 3=72$(g)まで溶けるが，20℃では$11.5\times 3=34.5$(g)しか溶けないので，$72-34.5=37.5$(g)が析出する。④では，0℃の水100gに硝酸カリウムは13.3g，ミョウバンは5.7gまで溶けるので，析出する硝酸カリウムは$40-13.3=26.7$(g)，ミョウバンは$15-5.7=9.3$(g)であり，合計は$26.7+9.3=36$(g)になる。よって最も析出する結晶の質量が大きいものは，③である。

(4)　60℃の水100gに塩化アンモニウムは最大で55.0g溶け，このとき飽和水溶液の質量は155gである。これを0℃まで冷やすと$55.0-29.7=25.3$(g)が析出する。同様に60℃で124gの塩化アンモニウム飽和水溶液を0℃まで冷やしたときx(g)の結晶が析出したとすると，$155:25.3=124:x$　　$x=20.24\fallingdotseq 20.2$(g)が析出する。

全体に問題のレベルは標準的で，理科の基礎知識をしっかりと理解しているかを問う内容の問題である。これまで計算問題に難問はなかったが，今年は遺伝の計算で少し難しい内容が見られた。しっかりと計算問題も解けるように演習を十分に行うことが大切である。

社　会　【6】問2

設問は「産業革命後の世界各国について説明した4つの文の中で間違っているものを1つ選べ」というもの。①は「ロンドンは世界最大の都市となり初の万国博覧会も開催された」というもの。人口が多い少ないは都市の面積にも左右される。3000万人を擁し世界最大の都市ともいわれる重慶の面積は北海道ほどもあるし，東京・川崎・横浜の境界を考えることにどれほど意味があるかは大いに疑問である。それはさておき，産業革命後のロンドンには多くの人々が流入し第1次世界大戦前後までは世界最大の都市であったことは確かなようだ。各国が国家の力を競って出展した万国博が初めて開催されたのは1851年のロンドンで，幕末にチョンマゲ姿で写真に写る日本代表者を目にした受験生も多いのではないだろうか。②は「プロイセンではビスマルクの下，統一帝国が成立した」というもの。長い間小国に分裂していたドイツがナポレオン体制の崩壊後プロイセンを中心に統一が進められ1871年にプロイセン国王をドイツ皇帝とする統一ドイツ帝国が成立した。これを進めたのがビスマルクの鉄血政策であり，以降ドイツは急速にイギリスのライバルとして世界史の中に登場してくる。③は「ロシアは大黒屋光太夫を送り届け日本に通商を求めた」というもの。大黒屋は伊勢の国の船頭で江戸への航海中に遭難，漂着したカムチャツカからロシアに送られエカチェリーナ2世に謁見，ラクスマンの来日に伴い日本に送還された。ラクスマンが根室に来航したのは1792年のことである。通商はかなわず長崎への入港許可証を受けて彼はロシアに帰還することになる。④は「南北戦争後のアメリカは世界最大の資本主義国となった」というもの。幕末時に発生した南北戦争では工業化を目指す北部が勝利，アメリカは保護関税と西部開発を中心に急速に経済発展を遂げることになる。19世紀末にはイギリスを追い抜いて世界最大の工業国となった。ただ，それで世界の覇権を握ったとするのは早計でありイギリスの覇権がアメリカに取って代わられるのは第1次世界大戦後である。

いずれにしても世界の出来事は受験生にとってなかなか手ごわい分野である。世界史という分野で考えるのではなく，日本史の背景という視点でとらえることが克服の手掛かりとなるであろう。

国　語　【三】問一

★　合否を分けるポイント

【一】と【二】の文章を読んだ生徒の感想に関する形式の設問だ。独立した大問となっているが，例年二つの文章と生徒の発言の正誤を判断させる設問は出題されているので，いつも通り落ち着いて取り組もう。それぞれの文章の大意や重要な表現の意味を，自分の言葉で置き換えて理解できるかどうかが合否を分けるポイントとなる。

★　こう答えると「合格」できない！

それぞれの選択肢の語句はいずれも本文に取り上げられており，選択肢だけでは判断ができない。また，二つの空欄にそれぞれの選択肢を一つずつあてはめて検討していくのでは効率が悪く，「合格」できない。空欄の前後の内容が書かれている部分を本文に探し，その本文と生徒の感想を重ねることから始めよう。

★　これで「合格」！

生徒1と生徒2は耕作についての感想を述べており，生徒3は権太についての感想を述べている。まず，空欄 X を含む生徒2の「拭き掃除をやらずに楽をするという利益を見積もっていた」の「利益を見積もる」という表現に着目しよう。【一】の文章の「ホームで」で始まる段落に「若者の知性は，しっかり見積もるに違いない。」とあり，ここから「見積もる」のは，「知性」だとわかる。生徒1の「周りからほめられるように行動して叱られることを避けていた」ことも「知性」によるものだと判断すれば，正答は⑤だと予測できる。次に，空欄 Y の直前の「弱者に対する責任を自分から果たそうとしている」から，権太は「電車で席を譲る」人だと判断すれば，正答は⑤で良いと確認でき，「合格」だ！　耕作が権太の言動に影響され，自分が間違っていたときづき自らを省みる様子に注目しよう。

MEMO

大切なことはメモしておこうネ!

ダウンロードコンテンツのご利用方法

※弊社 HP 内の各書籍ページより，解答用紙などのデータダウンロードが可能です。

※巻頭「収録内容」ページの下部 QR コードを読み取ると，書籍ページにアクセスが出来ます。（ Step 4 からスタート）

Step 1 東京学参 HP（https://www.gakusan.co.jp/）にアクセス

Step 2 下へスクロール『フリーワード検索』に書籍名を入力

Step 3 検索結果から購入された書籍の表紙画像をクリックし，書籍ページにアクセス

Step 4 書籍ページ内の表紙画像下にある『ダウンロードページ』を

クリックし，ダウンロードページにアクセス

Step 5 巻頭「収録内容」ページの下部に記載されている

パスワードを入力し，『送信』をクリック

解答用紙・+αデータ配信ページへスマホでアクセス！ ⇒

＊データのダウンロードは 2024 年 3 月末日まで。

＊データへのアクセスには，右記のパスワードの入力が必要となります。 ⇒ ●●●●●●

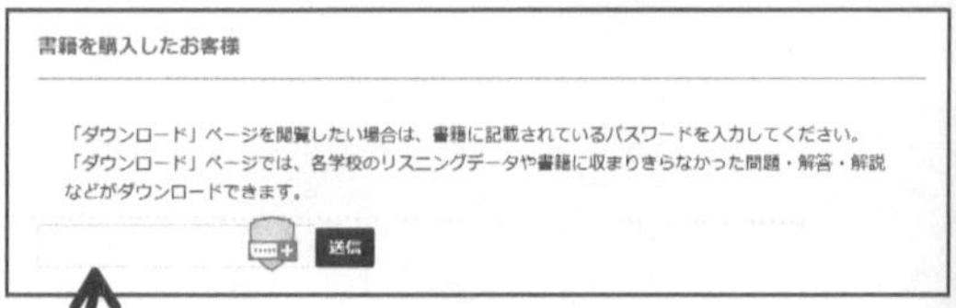

Step 6 使用したいコンテンツをクリック

※ PC ではマウス操作で保存が可能です。

2023年度

★★★★★★★★★★★★★★★★★★★★★★★★

入　試　問　題

2023年度

中京高等学校入試問題

【数　学】（40分）　＜満点：100点＞

次の【1】～【4】の □ に適する数値，符号を答えなさい。

【1】

(1) $-4-(-2)\times 8-9=\boxed{\text{ア}}$

(2) $\dfrac{x-3}{4}-\dfrac{x-2}{3}=\dfrac{\boxed{\text{イ}}x-\boxed{\text{ウ}}}{\boxed{\text{エオ}}}$

(3) 連立方程式 $\begin{cases}2x-3y=-10\\5x-2y=8\end{cases}$ の解は，$x=\boxed{\text{カ}}$，$y=\boxed{\text{キ}}$である。

(4) $(1+\sqrt{5})(2+\sqrt{5})=\boxed{\text{ク}}+\boxed{\text{ケ}}\sqrt{5}$

(5) $(x+3)^2+2(x+3)-8$を因数分解すると，
$(x+\boxed{\text{コ}})(x+\boxed{\text{サ}})$ となる。ただし，$\boxed{\text{コ}}<\boxed{\text{サ}}$とする。

(6) 反比例$y=\dfrac{12}{x}$について，xの変域が$\boxed{\text{シ}}\leqq x\leqq\boxed{\text{ス}}$のとき，$y$の変域が$2\leqq y\leqq 4$である。

(7) 半径が3㎝の球の体積は $\boxed{\text{セソ}}\,\pi$ ㎝^{3}である。

(8) 4個の数字0，1，2，3から異なる3個を並べて3桁の自然数をつくるとき，全部で [タチ] 個できる。

【2】 ある通販サイトで，お菓子4つとおもちゃ2つを買いたい。サイトAでは，全商品を定価の10%引きで買うことができ，合計金額は1620円になる。またサイトBでは，お菓子は定価の55%引き，おもちゃは定価の20%引きで買うことができ，合計金額は1188円になる。サイトBで購入する場合，お菓子1つの金額は[アイ]円，おもちゃ1つの金額は[ウエオ]円である。

【3】 座標平面上に4点O(0，0)，A(10，0)，B(10，4)，C(0，4) を頂点とする長方形OABCがある。長方形OABCの周上を動く点P，Qがあり，点PはOを出発し，Cを通ってBまで進み，点QはPと同時にOを出発し，A，B，Cを通ってOまでPの2倍の速さで進む。

(1) 点Pが点Cと重なったとき，点Qの座標は $(\boxed{\text{ア}},\ \boxed{\text{イ}})$ である。

(2) 点Pが点Bと重なったとき，直線PQの方程式は$y=\dfrac{\boxed{\text{ウ}}}{\boxed{\text{エ}}}x$である。

(3) 直線PQが長方形OABCの面積を半分にするときの点P，Qの座標は

$\mathrm{P}\left(\dfrac{\boxed{\text{オ}}}{\boxed{\text{カ}}},\ \boxed{\text{キ}}\right)$，$\mathrm{Q}\left(\dfrac{\boxed{\text{クケ}}}{\boxed{\text{コ}}},\ \boxed{\text{サ}}\right)$ である。

ただし，点Pが点Bと重なるときは除く。

【4】 1辺の長さが7㎝である正方形ABCDの辺BC上に，BE＝5㎝となるように点Eをとる。頂点Aから直線DEに垂線を引き，直線DC，BCとの交点をそれぞれF，Gとする。

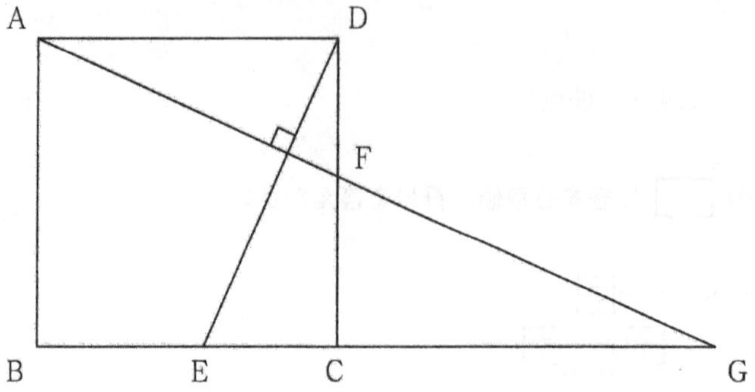

⑴ ∠DEC＝a°とすると，∠CDE＝（[アイ]－a)°である。

⑵ DF＝[ウ]㎝である。

⑶ ∠BCG＝90°となるように，頂点Gを持ち上げるようにして線分CFで折り曲げる。このとき，点Gが移動した位置の点をHとすると，立体H－ABCFの体積は[エオカ]㎝^{3}である。

【英　語】（40分）　＜満点：100点＞

【１】 次の各文の（　）に入る最も適切なものを，それぞれ下の①～④の中から１つずつ選び，解答番号 1 ～ 10 にマークしなさい。

問１　解答番号 1

At eight last night, I was (　　　) a bath.

① sleeping　② slept　③ taking　④ taken

問２　解答番号 2

What are you going (　　　) about?

① write　② writing　③ wrote　④ to write

問３　解答番号 3

(　　　) do you want for your birthday, a pen or a pen case?

① How　② Which　③ When　④ Where

問４　解答番号 4

(　　　) your mother a volleyball fan then?

① Is　② Was　③ Are　④ Were

問５　解答番号 5

Although Lucy's father is from Gifu, she (　　　) there.

① has visit　② has visited　③ has never visit　④ has never visited

問６　解答番号 6

Tokyo Sky Tree is (　　　) Tokyo Tower.

① as taller as　② taller than　③ the more tall than　④ the tallest of

問７　解答番号 7

I'm looking (　　　) to seeing my friend in Los Angeles,

① at　② for　③ forward　④ like

問８　解答番号 8

That picture (　　　) us of our trip to Okinawa.

① records　② remains　③ remembers　④ reminds

問９　解答番号 9

If I (　　　) big wings, I could fly over the island.

① have　② will have　③ had　④ don't have

問10　解答番号 10

Tell me (　　　) you have done today.

① that　② which　③ who　④ what

【２】 後の各文の日本語に合うように【　】内の語句を並べ替え，【　】の中で３番目と５番目にくる語句をそれぞれ１つずつ選び，解答番号 11 ～ 20 にマークしなさい。ただし，文頭にくる語も小文字で表記してあります。

問１　３番目 11 ，５番目 12

あなたは何本のバットを持っていますか。

【 ① bats ② you ③ how ④ do ⑤ many ⑥ have 】?

問２ ３番目 [13]，５番目 [14]

あなたはそれを明日提出する必要はありません。

【 ① don't ② turn it ③ you ④ in ⑤ to ⑥ have 】 tomorrow.

問３ ３番目 [15]，５番目 [16]

あなたにギターの演奏の仕方を教えましょう。

I 【 ① how ② show ③ to ④ will ⑤ play ⑥ you 】 the guitar.

問４ ３番目 [17]，５番目 [18]

これは私がインターネットで見つけた情報です。

【 ① found ② information ③ I ④ that ⑤ is ⑥ this 】 on the Internet.

問５ ３番目 [19]，５番目 [20]

もし質問があれば，気軽にお尋ねください。

【 ① to ② feel ③ if ④ me ⑤ free ⑥ ask 】 you have any question.

【３】 後の会話を読み，最後の文に対する応答として最も適切なものを，それぞれ下の①～③の中から１つずつ選び，解答番号 [21] ～ [25] にマークしなさい。

問１ A：Are you coming to the company soccer game on Saturday night?

B：Well, I love soccer, but I don't know if I can go.

A：Really? Do you have to work?

B：[21]

① No. I don't like to play soccer.

② No. My parents may come for dinner.

③ No. I will have a business trip to Korea then.

問２ A：Do you know what the name of this song is?

B：No, I don't. Why don't you look for the title online?

A：But how?

B：[22]

① Just look at the title of the song.

② Just ask me the name of the song.

③ Just search for the words to the song.

問３ A：What are you making? It smells great.

B：It's *Oden*, a popular food from Japan.

A：Wow. Well, I want to eat some. I'm so hungry.

B：[23]

① Fine. I'll buy some at the store.

② OK. It'll be ready in a few minutes.

③ Well, I didn't feel like cooking today.

問４ A：Could you help me with something?

B：Sure.　What do you need?

A：Well, I don't know how to use this computer.

B：［24］

① OK.　Let me have a look.

② Oh, that's not my computer.

③ Well, I'll call you back soon.

問5　A：This is Mizunami Fire Department.

B：Hello.　A little boy climbed up a tree and now he cannot come down. Could you send someone to help?

A：Of course.　Just tell where it is.

B：［25］

［注釈］ Fire Department　消防署

① Well, he is almost four years old.

② Yeah.　This is the first time he has done this.

③ OK.　It's in the park near Mizunami Station.

【4】 それぞれの問いの答えとして最も適切なものを，選択肢の中から選びなさい。

問1　あなたはワークシートのグラフ（次のページ）を完成させようとしています。

下の説明を読み，グラフ中の4つの空欄に入れるのに最も適切なものを①～④の中から1つずつ選び，解答番号［26］～［29］にマークしなさい。同じ選択肢は1度のみ使用すること。

> One hundred high school students were asked this question: What social networking site do you use most often?　The top four were: "Cat Dog," "Interesting," "Fine Book," and "Traveler."　The top four alone get 90% of the total.　Of these four, "Interesting" is used most often, gets 32%.　"Traveler" was the most popular SNS ten years ago, but this time, it was between "Cat Dog" and "Fine Book." "Cat Dog" and "Fine Book" started their service at the same year.　However, "Fine Book" is losing its popularity these days, and it gets only 10% this time.

≪選択肢≫

① Cat Dog

② Interesting

③ Fine Book

④ Traveler

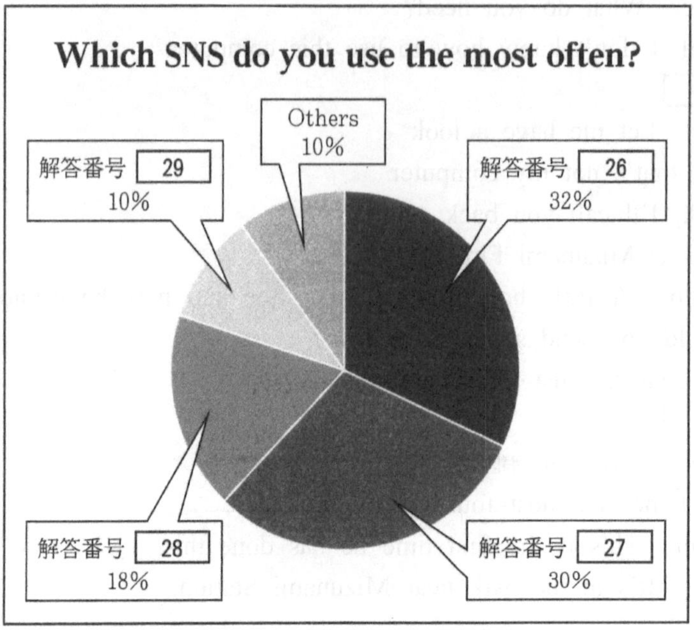

問２　あなたはキャンプをしようとしています。次のページのキャンプ場の利用に関する注意書きを読み，**質問**１～３に対する答えとして最も適切なものをそれぞれ①～④の中から１つずつ選び，解答番号 30 ～ 32 にマークしなさい。

質問１　解答番号 30

If you want to camp from July 1st to July 4th (3 nights), you must pay (　　).

① ¥4,000
② ¥12,000
③ ¥16,000
④ ¥18,000

質問２　解答番号 31

What should camping guests do first at Green River National Park?

① Write their information at the park center.
② Visit the boat house to go to their camping area.
③ Go to the camping area to pay money.
④ Learn some rules about this camping site.

質問３　解答番号 32

Which is NOT written in the camping rules?

① Guests must put out any fire before going to bed.
② Guests must be quiet after 10 p.m.
③ Guests must use trash box at the park center.
④ Guests must pay money when they use boat rentals.

Green River National Park

Welcome to Green River National Park in Gifu. Guests can enjoy camping and boat rentals in the beautiful nature!

Information for Camping
Guests who want to camp must call two weeks before the first day.
Here is the number: 0572-68-4635

Camping Price
—¥4,000 per night

- From July 2 – July 12, it costs an extra ¥2,000 per night.

When you enter the park, please go to the Green River National Park Center first.
You must write your name and phone number there, and pay for the camping.
Then, you can go to the camping area.

Camping Rules
—Please respect other guests and be quiet after 10 p.m.
—Please take your trash home with you.
—Do not give food to any wild animals.
—Please put out any fire before going to bed.

- If you do not follow the camping rules, you will have to leave the park.

Boat Rentals
—A two-hour rental costs ¥2,000 per person.
—It's open from 10 a.m. to 3 p.m.

- Please come to Boat House when you try it!

[注釈] rental 借りること，レンタル ／ per ～につき ／ extra 追加の ／ put out ～を消す

【5】 次の英文を読んで，後の問いに答えなさい。

[①] Almost everyone who spends time outdoors has experienced mosquitoes. [②] But there are things people can do to reduce mosquitoes. [③] It means you can protect yourself. Jessica Damiano is a gardening expert. [④] She writes about outdoor living. In a story, Damiano said the best control is prevention. In that story, she also gave suggestions on how to reduce the number of mosquitoes around you.

It may seem difficult to avoid mosquitoes. Some areas of the world have more mosquitoes. People who (ア) near rivers may experience more mosquitoes. But there (イ) some ways you can take to reduce the number. Mosquitoes need only a centimeter of water to lay eggs. They can lay hundreds of eggs at a time. So, check around your houses for water. Water can easily gather in small containers − a child's toy or a trash can. Remove water, even though it seems small. You can remove ウ) it by making holes in the bottoms of containers.

Other sources of water such as in ponds can be treated with chemicals. Damiano suggests a bacterium that is called Bti. The bacterium is a safe and effective way to kill mosquito larvae. Several kinds of Bti can be used. Each Bti is made for different insects. So be sure to buy the one for mosquitoes. There are also many shapes of Bti. For example, a ring-shaped product, "Mosquito Dunks," is famous. The ring floats in water and is effective for 30 days. Experts say that "Mosquito dunks will not harm people, pets and other insects."

Mosquitoes like overgrown plants. Keep your yard clean. Do not let plants grow too tall. Using a fan at high speed will reduce mosquito activity. It works by blowing the insects away. Also, when we breathe out, carbon dioxide from our breath attracts mosquitoes, エ) [㋐ reduce ㋑ we ㋒ our carbon dioxide ㋓ a fan ㋔ help ㋕ can ㋖ to] quickly.

Damiano suggests avoiding chemical poison sprays. These can damage other insects. She says these chemicals only control a small number of the adult mosquitoes. Also, she said, poisons for insects need to be used many times in a season to work well.

Damiano says that "mosquito plants" sold as mosquito repellents contain oils or chemicals that keep away mosquitoes. But the plants only keep them away when those chemical compounds are released, usually when those plants break. Just having such a plant around will not help.

There are other things you can do to protect yourself. Put screens in your doors and windows or keep them closed. And reduce time spent outdoors between the early evening and the early morning because mosquitoes are most active during that time.

But are mosquitoes all bad? Damiano says that reducing mosquitoes around you will not damage the environment.

[出典]

VOA LEARNING ENGLISH.「How to Cut Down on Mosquitoes」. August 22, 2022.
https://learningenglish.voanews.com/a/how-to-cut-down-on-mosquitoes/6705857.html,
(参照 2022-09-03)

[注釈] mosquito(es) 蚊 ／ gardening ガーデニング ／ prevention 防止 ／ avoid を避ける
container 容器（などの水が溜まる場所） ／ source （物・事の）源 ／ treat を処理する
bacterium 細菌 ／ larvae 幼虫 ／ ring-shaped リング状の ／ float 浮く
overgrown 大きくなりすぎた ／ blow を吹き飛ばす ／ breathe out 息を吐く
carbon dioxide 二酸化炭素 ／ spray スプレー ／ mosquito repellent 蚊よけ剤

chemical compound　化合物　／　screen　網戸　／　insect　虫

問１　次の文を入れるのに最も適当な箇所を本文中の①～④の中から１つ選び，解答番号 33 にマークしなさい。

These insects can spread disease.

問２　空所（ア）・（イ）に入れるのに適切な組み合わせを下の①～④の中から１つ選び，解答番号 34 にマークしなさい。

①　（ア）live　（イ）is　　②　（ア）live　（イ）are
③　（ア）lives　（イ）is　　④　（ア）lives　（イ）are

問３　下線部ウ）が指すものを下の①～④の中から１つ選び，解答番号 35 にマークしなさい。

①　蚊　②　卵　③　水　④　容器

問４　“Mosquito Dunk” について，本文中で述べられている内容に**合っていないもの**を下の①～④の中から１つ選び，解答番号 36 にマークしなさい。

①　人やペット，蚊以外の虫にも効果があること
②　水に浮かぶこと
③　リング状の商品であること
④　約１ケ月効果加持続すること

問５　下線部エ）の［　］内の語句を並べ加え，その中で**３番目**と**５番目**にくる語句の組み合わせとして正しいものを下の①～④の中から１つ選び，解答番号 37 にマークしなさい。ただし，［　］内には不要な１語が含まれているので用いないこと。また文頭にくる語も小文字で示してある。

①　㋐－㋔　②　㋒－㋓　③　㋔－㋐　④　㋕－㋔

問６　“chemical poison spray” と “mosquito plants” の共通点を下の①～④の中から１つ選び，解答番号 38 にマークしなさい。

①　蚊に効果的な油分と化学物質の両方を含んでいること
②　使用した際に成長した大人の蚊を殺す効果があること
③　蚊以外の虫に対しては殺す効果も損傷を与える効果もないこと
④　使用した際の効果はシーズン通して効くほど長くは続かないこと

問７　本文の内容に**合っていないもの**を下の①～⑦の中から２つ選び，解答番号 39 ， 40 にマークしなさい。解答の順番は問いません。

①　Mosquitoes like water, so people living near rivers experience many mosquitoes.
②　If water is small, mosquitoes cannot lay eggs in it.
③　Some chemicals are effective enough to prevent us from mosquitoes.
④　A fan reduces mosquitoes activity because it spreads chemical poison.
⑤　When mosquito plants break, they can keep mosquitoes away.
⑥　Mosquitoes cannot go through screens into your houses.
⑦　There are many things you can do to protect yourself from mosquitoes.

【理　科】（40分）　＜満点：100点＞

【１】 表は，硝酸カリウム，塩化アンモニウム，ミョウバンの溶解度〔g / 水100 g〕をまとめたものである。以下の問いに答えなさい。

水の温度[℃] / 物質の種類	0	20	40	60	80
硝酸カリウム	13.3	31.6	63.9	109	169
塩化アンモニウム	29.7	37.5	45.9	55.0	65.0
ミョウバン	5.7	11.5	24.0	57.5	320.6

⑴ 固体の物質を水に溶かし，温度による溶解度の差を利用して，再び結晶として取り出す操作を何というか。最も適当なものを次の①～④の中から１つ選び，解答番号 [1] にマークしなさい。

① 結晶化　② 結晶　③ 再結晶　④ 再結晶化

⑵ 60℃の水250 g に溶ける硝酸カリウムの質量は最大で何 g か。解答番号 [2] ～ [5] に当てはまる数字をマークしなさい。

[2][3][4].[5] g

⑶ 次の①～④の操作の中から，析出した結晶の質量が最も大きいものを１つ選び，解答番号 [6] にマークしなさい。

① 硝酸カリウムを20℃の水100 g に溶かして飽和水溶液にし，０℃まで冷やす
② 塩化アンモニウムを60℃の水200 g に溶かして飽和水溶液にし，20℃まで冷やす
③ ミョウバンを40℃の水300 g に溶かして飽和水溶液にし，20℃まで冷やす
④ 硝酸カリウム40 g とミョウバン15 g を40℃の水100 g に溶かして０℃まで冷やす

⑷ 60℃の塩化アンモニウム飽和水溶液124 g を０℃まで冷やしたとき得られる結晶は何 g か。小数第２位を四捨五入して解答番号 [7] ～ [9] に当てはまる数字をマークしなさい。

[7][8].[9] g

⑸ ⑷で得られた結晶を水に溶かし，質量パーセント濃度が20％となる水溶液をつくるには，水は何 g 必要か。小数第２位を四捨五入して解答番号 [10] ～ [12] に当てはまる数字をマークしなさい。ただし，⑷の解答を用いて計算すること。

[10][11].[12] g

⑹ 質量パーセント濃度10％，15％，20％の硝酸カリウム水溶液をそれぞれ50 g，100 g，200 g 混合した。この混合した水溶液の質量パーセント濃度は何％か。小数第１位を四捨五入して解答番号 [13]，[14] に当てはまる数字をマークしなさい。

[13][14] ％

【２】 次の文章を読み，後の問いに答えなさい。

地球の表面は，プレートとよばれる厚さ100㎞ほどの岩盤でおおわれており，このプレートの境界付近で地震が起こることが多い。日本列島付近は４つのプレートが接しており，世界でも有数の地震多発地帯と言われている。表１はある場所で発生した地震について，A～Cの３つの地点での観測結果をまとめたものである。ただし，Ｐ波やＳ波は大地を一定の速さで伝わるもめとする。

表１

地点	震源からの距離	到達時刻	
		Ｐ波	Ｓ波
A	12km	8時28分52秒	8時28分54秒
B	48km	8時28分58秒	8時29分06秒
C	60km	8時29分00秒	8時29分10秒

(1) 地震が発生した場所の真上の地点を何というか。最も適当なものを次の①～④の中から１つ選び，解答番号 15 にマークしなさい。

① 震災　② 震点　③ 震源　④ 震央

(2) 震度とマグユチュードがそれぞれ表すものの組み合わせとして正しいものはどれか。最も適当なものを次の①～⑧の中から１つ選び，解答番号 16 にマークしなさい。

	震度	マグニチュード
①	地震の規模	ゆれの大きさ
②	地震のエネルギー	地震の継続時間
③	ゆれの大きさ	地震の継続時間
④	地震の継続時間	地震のエネルギー
⑤	地震の規模	地震のエネルギー
⑥	地震のエネルギー	地震の規模
⑦	ゆれの大きさ	地震の規模
⑧	地震の継続時間	ゆれの大きさ

(3) 地点Bでの初期微動継続時間は何秒か。最も適当なものを次の①～⑤の中から１つ選び，解答番号 17 にマークしなさい。

① ２秒　② ４秒　③ ６秒　④ ８秒　⑤ 10秒

(4) この地震のＰ波の速さとＳ波の速さの組み合わせとして正しいものはどれか。最も適当なものを次の①～⑥の中から１つ選び，解答番号 18 にマークしなさい。

	①	②	③	④	⑤	⑥
Ｐ波の速さ [km/秒]	6	6	7	7	8	8
Ｓ波の速さ [km/秒]	3	4	3	4	3	4

(5)　この地震の発生時刻はいつか。最も適当なものを次の①～④の中から１つ選び，解答番号 19 にマークしなさい。

①　８時28分30秒　②　８時28分40秒　③　８時28分50秒　④　８時29分00秒

(6)　表１より，震源からの距離と初期微動継続時間の関係を表すグラフとして正しいものはどれか。最も適当なものを次の①～④の中から１つ選び，解答番号 20 にマークしなさい。

①
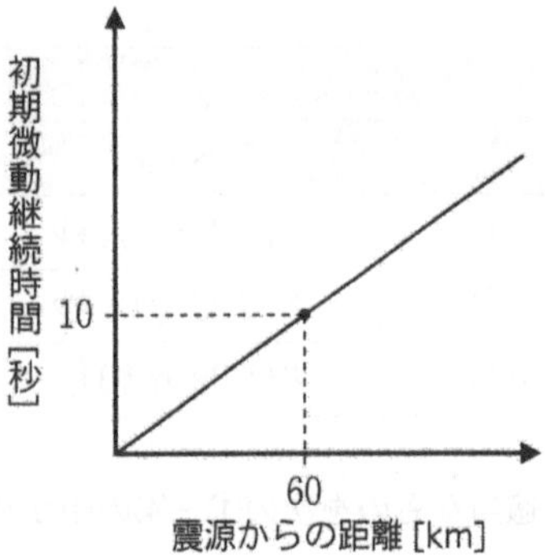

②
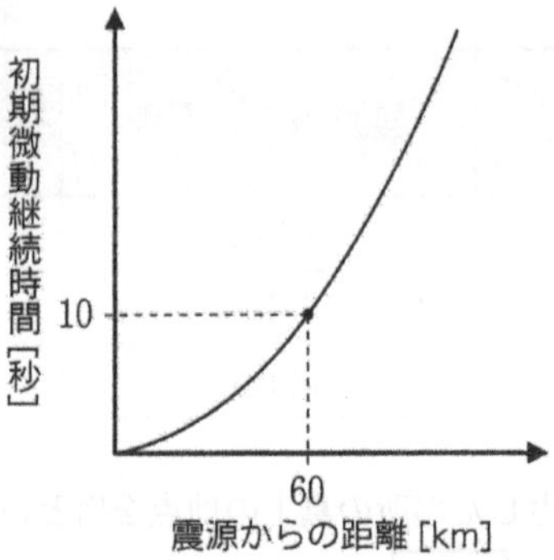

③
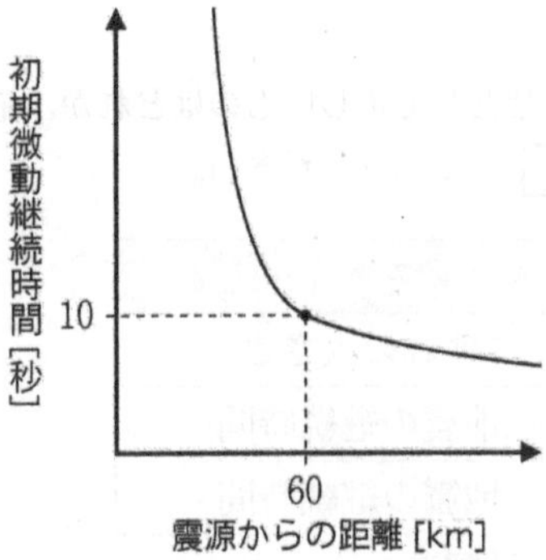

④
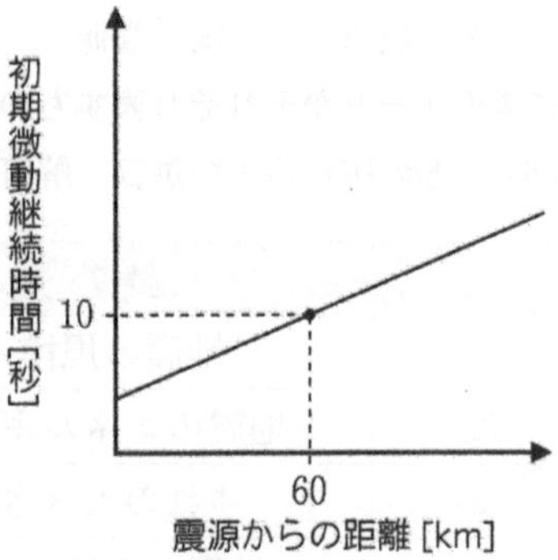

(7)　震源からの距離が72㎞の地点Ｄで観測される初期微動継続時間は何秒か。最も適当なものを次の①～④の中から１つ選び，解答番号 21 にマークしなさい。

①　３秒　②　９秒　③　12秒　④　18秒

【３】次の文章Ａ，Ｂを読んで，後の問いに答えなさい。

Ａ　乾燥した天候が続くと，衣類を脱ぐときにパチパチと音がしたり，金属にふれるとびりっと感じたりすることがある。これらの現象は 22 が原因で起こっている。電気には＋と－の２種類がある。いっぱんに物体はこれらの電気を同量持っているためふつうの状態ではそれらが打ち消し合っている。しかし，異なる物質でできた物体どうしをこすり合わせると，一方の物体の 23 が他方に移動するため，ア<u>どちらの物体も電気をもつようになる</u>。同じ種類の電気を帯びた物体どうしは 24 ，異なる種類の電気を帯びた物体どうしは 25 。電気を帯びた物体に，電気が流れやすい物体を近づけると，電気を帯びた物体から電気が空間をへだてて一瞬で流れることがある。これを 26 という。

蛍光灯に似た放電管に誘導コイルをつなぎ，管内の空気を真空ポンプでぬいていくと，26 が起こり始め，空気中をわずかな電流が流れている状態になる。空気をさらに抜いていくと 26 が起こりやすくなり，管内に電流が流れ続ける。このとき管内の圧力によって極板間は，気体特有の光を発するようになる。さらに，放電管内が空気のない状態に近づくと，全体があわく [27] に光る。このように，気体の圧力を小さくした空間に電流が流れる現象を [28] という。

放電管をクルックス管に変え，＋極板を十字型の金属板にすると，イ＋極側の管壁に十字型のかげができる。このことから，ウ電極板から目に見えない何かが出ていることがわかる。蛍光板入りクルックス管では，上記の目に見えない何かは，蛍光色の線として確認できる。図１のようにクルックス管上下の電極板を電源につなぐと，このエ蛍光色の線は一方の電極側に曲がる。このことから，この線は電気を帯びたものの流れであることがわかる。またこの線が曲げられた方向から考えると，この線は [29] の電気を帯びたものの流れであると考えられる。

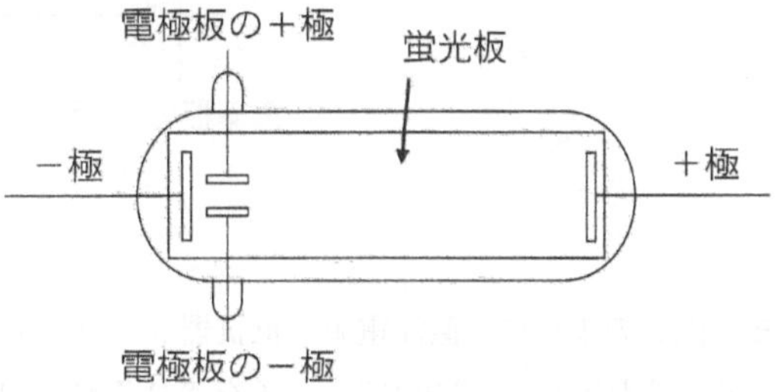

図１

(1) 文中の [22] ～ [29] に入る語句として最も適当なものを，それぞれ次の①～④の中から１つずつ選び，解答番号 [22] ～ [29] にマークしなさい。

[22]	① 静電気	② 電流	③ 電圧	④ 電気
[23]	① －の電気	② ＋の電気	③ 中性子	④ 電流
[24]	① 結びつき	② 引き合い	③ 反発し合い	④ 強め合い
[25]	① 結びつく	② 引き合う	③ 反発し合う	④ 弱め合う
[26]	① 電気の移動	② 充電	③ 放電	④ 帯電
[27]	① 紫色	② 赤色	③ 青色	④ 黄色
[28]	① 発光現象	② 蛍光発色	③ 真空放電	④ 真空発光
[29]	① ＋	② －	③ ０	④ 蛍光色

(2) 下線部**ア**の現象の名称として最も適当なものを①～④の中から１つ選び，解答番号 [30] にマークしなさい。

① 電気の移動　② 充電　③ 放電　④ 帯電

(3) 下線部**イ**の結果から，極板から何かが出ていることがわかる。この何かが進む方向と，出ているものの正体の組み合わせとして最も適当なものを次の①～④の中から１つ選び，解答番号 [31] にマークしなさい。

① ＋極から－極へ，電子が飛び出している。
② ＋極から－極へ，陽子が飛び出している。
③ －極から＋極へ，電子が飛び出している。
④ －極から＋極へ，陽子が飛び出している。

(4) 下線部**ウ**の名称として最も適当なものを次の①～④の中から１つ選び，解答番号 [32] にマークしなさい。

① 黄色線　② 放電線　③ 陽極線　④ 陰極線

(5) 下線部**エ**の曲がる方向として最も適当なものを図２（次のページ）の①～③の中から１つ選び，解答番号 [33] にマークしなさい。

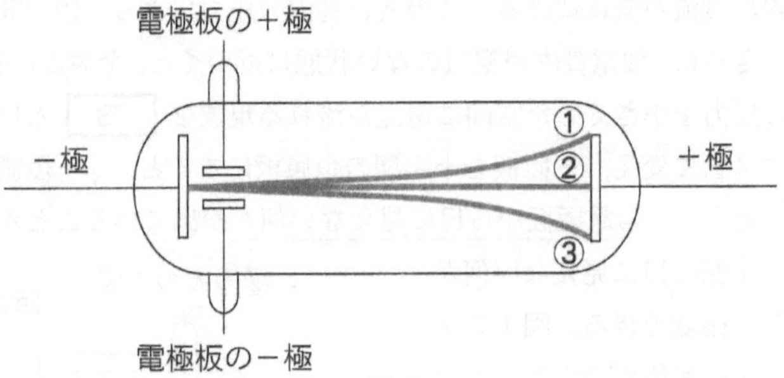

図2

B　図3のように，直流電源，抵抗器a，b，cをつないだ回路がある。抵抗器a，bの電気抵抗はそれぞれ2.0Ω，6.0Ωで，点イを流れる電流の大きさは3.0A，イ－エ間の電圧は6.0Vであった。

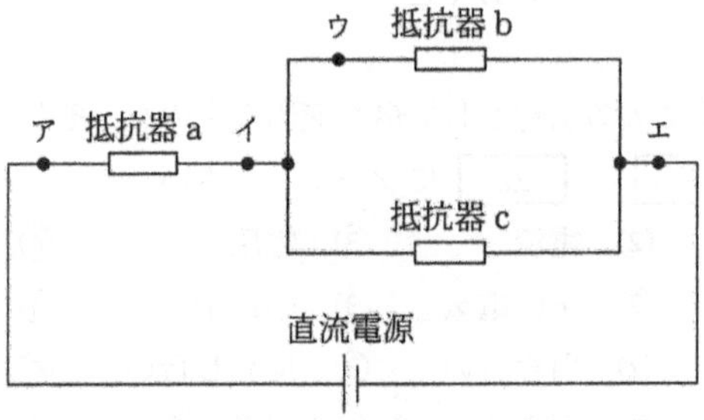

図3

(6)　抵抗器cに流れる電流の大きさは何Aか。最も適当なものを次の①～④の中から1つ選び，解答番号 34 にマークしなさい。

①　1.0A　②　2.0A　③　3.0A　④　6.0A

(7)　抵抗器cの抵抗は何Ωか。最も適当なものを次の①～④の中から1つ選び，解答番号 35 にマークしなさい。

①　2.0Ω　②　3.0Ω　③　4.0Ω　④　5.0Ω

(8)　直流電源の電圧は何Vか。最も適当なものを次の①～④の中から1つ選び，解答番号 36 にマークしなさい。

①　6.0V　②　8.0V　③　10V　④　12V

(9)　抵抗器cでの消費電力は何Wか。最も適当なものを次の①～④の中から1つ選び，解答番号 37 にマークしなさい。

①　6.0W　②　9.0W　③　12W　④　18W

【4】 次の文章を読み，後の問いに答えなさい。

エンドウには，親・子・孫とA代々丸い種子しか作らないものと，B代々しわの種子しか作らないものなどがある。

メンデルは，C代々しわの形質を持った種子を作るものと代々丸の形質を持った種子を作るものを交配させ，子を作らせた。この結果，全てに（ア）の種子ができた。D（ア）の種子を自然状態で栽培したところ，孫は丸としわの種子を作った。

(1)　下線部Aや下線部Bのように，その形質がすべて親と同じ場合，これらの系統を何というか。最も適当なものを次の①～⑦の中から１つ選び，解答番号 [38] にマークしなさい。また，下線部A，Bのように，どちらか一方の形質しか現れない２つの形質どうしを何というか。最も適当なものを次の①～⑦の中から１つ選び，解答番号 [39] にマークしなさい。

①　顕性形質　②　潜性形質　③　対立形質　④　純系
⑤　純粋　⑥　相同染色体　⑦　遺伝子

(2)　（ア）の種子の形質として，最も適当なものを次の①～⑤の中から１つ選び，解答番号 [40] にマークしなさい。

①　丸　②　少ししわのある丸　③　半分が丸く，半分がしわ
④　丸い部分が残るしわ　⑤　しわ

(3)　下線部A，Bでは親の形質が子の形質になっているのに，下線部Cでは，一方の親の形質が子に現れなかったのはなぜか。最も適当なものを次の①～④の中から１つ選び，解答番号 [41] にマークしなさい。

①　一方の形質がなくなったから。
②　二つの形質が混ざり合って，中間の形質が出来たから。
③　遺伝子組換えが起き，突然変異が起きたから。
④　一方の形質が他方の形質にかくれたから。

(4)　下の式は，下線部Dの孫の代でできた丸としわの種子の比を最も簡単な整数で表したものである。解答番号 [42]，[43] に当てはまる数字をマークしなさい。

丸：しわ＝ [42] ： [43]

(5)　下線部Dのように，子の代では現れなかったが孫の代で現れた形質を何というか。最も適当なものを次の①～⑥の中から１つ選び，解答番号 [44] にマークしなさい。

①　顕性形質　②　潜性形質　③　対立形質
④　純系　⑤　相同染色体　⑥　遺伝子

(6)　この実験結果から，メンデルは形質のもとになるものの存在を想定し，種子の形質のもとになるものが個体の中に複数あると考えた。１つの細胞の中に，それはいくつあるか。解答番号 [45] に当てはまる数字をマークしなさい。

(7)　メンデルが想定した形質のもとになるものを，現代では何と呼んでいるか。最も適当なものを次の①～⑥の中から１つ選び，解答番号 [46] にマークしなさい。

①　ＤＮＡ　②　クローン　③　遺伝子　④　染色体　⑤　核　⑥　進化

(8)　下線部Cでできた（ア）の種子を，代々しわの種子と交配させた。下の式はこのときできた種子の形質を最も簡単な整数比で表したものである。解答番号 [47]，[48] に当てはまる数字をマークしなさい。

丸：しわ＝ [47] ： [48]

(9)　下線部Dでできた丸の種子を全て自家受粉させた。下の式はこのときできた種子の形質を最も簡単な整数比で表したものである。解答番号 [49]，[50] に当てはまる数字をマークしなさい。

丸：しわ＝ [49] ： [50]

【社　会】（40分）　＜満点：100点＞

【１】 ヨーロッパに関する地図を見て，後の問いに答えなさい。

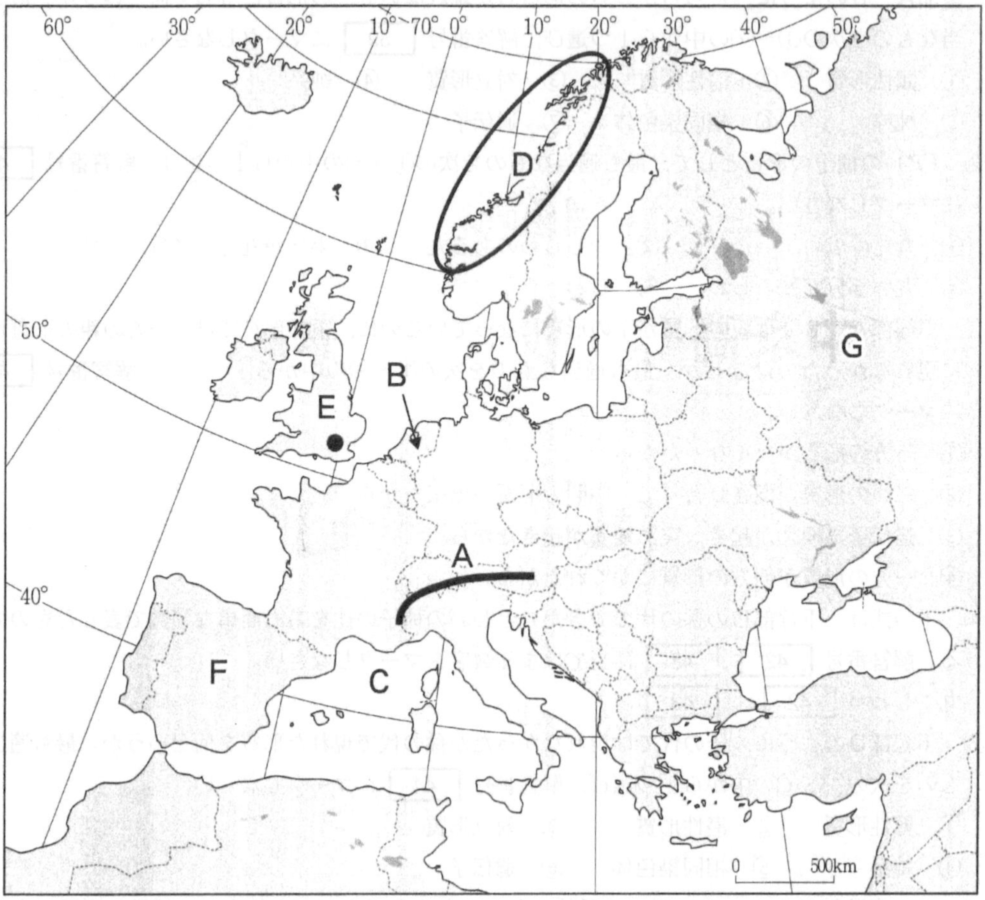

問１　地図中Aは，スイスとイタリアの国境に位置する山脈である。この山脈の名称として正しいものを，次の①～④の中から１つ選び，解答番号 1 にマークしなさい。

①　ヒマラヤ山脈

②　アンデス山脈

③　アパラチア山脈

④　アルプス山脈

問２　地図中Bの国で見られる風景として正しいものを，次のページの①～④の中から１つ選び，解答番号 2 にマークしなさい。

①

②

③

④

問3　地図中**C**の沿岸部は，夏は高温で乾燥し，冬は温暖で雨が多い気候である。この地域で栽培される作物として，**誤っているもの**を，次の①～④の中から１つ選び，解答番号 3 にマークしなさい。

①　バナナ　　②　オレンジ　　③　小麦　　④　オリーブ

問4　地図中**D**の地域で見られる，氷河によって作られた細長く奥行きのある湾を何というか。正しいものを，次の①～④の中から１つ選び，解答番号 4 にマークしなさい。

①　大陸棚　　②　フォッサマグナ　　③　リアス海岸　　④　フィヨルド

問5　地図中の都市**E**には，本初子午線が通っている。東京が２月４日午後２時だった時，都市**E**は２月４日の何時になるか。正しいものを，次の①～④の中から１つ選び，解答番号 5 にマークしなさい。

①　午前５時　　②　午前８時　　③　午後８時　　④　午後11時

問6　ヨーロッパには多様な民族が暮らしており，独自の言語や文化をもっている。ヨーロッパの言語分布は３つに分けることができる。地図中**F**・**G**の国で主に使用される言語として正しいものを，次の①～③の中からそれぞれ１つ選びなさい。なお，**F**の解答を解答番号 6 に，**G**の解答を解答番号 7 にそれぞれマークしなさい。

①　スラブ系言語　　②　ゲルマン系言語　　③　ラテン系言語

問7　次のページの会話文はヨーロッパについて調べたリョウマくんとケイタくんの会話の一部である。文中の下線部①～⑥の中で，**誤りを含むもの**を２つ選び，解答番号 8 ・ 9 に

それぞれマークしなさい。（順不同）

ケイタ　：リョウマくんはヨーロッパについて調べたんだね。

リョウマ：うん。ヨーロッパの国々には面積の小さい国が多いから，なんでだろう，と思ったんだ。

ケイタ　：地図を見ると確かに小さな国が密集している地域もあるね。

リョウマ：ヨーロッパにはさまざまな民族がいて，それぞれの民族をもとに国が成立していることが多いんだ。でも①民族は違っても文化を共有したりしてるんだよ。

ケイタ　：小さな国だと大きな国に攻められたりしないのかな？

リョウマ：そうなんだよね。それで大きな国との競争に負けないように，②第二次世界大戦前に，国境をはさんで存在する石炭や鉄鉱石を共同で使ったり，国家のわくをこえて経済的に協力する動きが始まったんだ。

ケイタ　：確か授業でも習ったよ，③1967年に発足したＥＣだよね。

リョウマ：④ＥＣは1993年にはヨーロッパ共同体に発展して，自由に国境を通過できたり⑤共通通貨であるユーロが導入されたりしているんだ。

ケイタ　：すごく便利になったんだね。

リョウマ：でも問題も起きてるんだ。

ケイタ　：え？なんで？

リョウマ：a経済格差の問題だよ。今まで別々の国だったものが統合されていく中で，加盟国の中には国民総所得の格差が10倍以上になっている国もあるんだ。だから⑥所得の低い国に補助金を出すなどしてるんだけど……。

ケイタ　：いいことばかりじゃないんだね……。

問８　文中の波線部ａについて，1960年代以降，北アフリカの国々やトルコなとがら仕事を求めてヨーロッパに移住する人々が増えている。これらの人々が信仰する主な宗教として正しいものを，次の①～④の中から１つ選び，解答番号 [10] にマークしなさい。

①　ヒンドゥー教　　②　キリスト教　　③　イスラム教　　④　仏教

【２】 みゆさんが，夏休みの課題研究で人権について調べたメモを読み，後の問いに答えなさい。

> メモ①
> ・人権とは，人間が生まれながらにして持っている権利である。
> ・人権が保障されるまでには，人々の長い間の努力があった。
> ・17世紀から18世紀にかけての近代革命では，ａ人権の考え方（人権思想）が，身分制度の下での国王の支配をたおすうえで大きな力になった。

問１　以下の資料Ⅰ～Ⅳは，メモ中の下線部ａに関する資料である。資料Ⅰ～Ⅳを読んで，古いものから順番に並べたときに，**２番目に古い資料とその名称の組み合わせ**として正しいものを，次のページの①～④の中から１つ選び，解答番号 [11] にマークしなさい。

資料Ⅰ

第１条　議会の同意なしに，国王の権限によって法律とその効力を停止することは違法である。

資料Ⅱ

第１条　人は生まれながらに，自由で平等な権利を持つ。社会的な区別は，ただ公共の利益に関係のある場合にしか設けられてはならない。

資料Ⅲ

いかなる自由民も，正当な裁判または国の法律によらなければ，逮捕や監禁をされたり，土地をうばわれたり，法による保護をうばわれたり，国外に追放されたり，その他の方法によって権利を侵害されたりすることはない。

資料Ⅳ

我々は以下のことを自明の真理であると信じる。人間はみな平等に創られ，ゆずりわたすことのできない権利を神によってあたえられていること，その中には，生命，自由，幸福の追求がふくまれていること，である。

①　資料Ⅰ－権利章典　　②　資料Ⅱ－フランス人権宣言
③　資料Ⅲ－マグナカルタ　　④　資料Ⅳ－アメリカ独立宣言

メモ②
・近代革命の結果保障された人権は，b自由権と平等権だった。
・19世紀になると，資本主義経済が発展したが，社会に貧富の差が広がった。
・労働者は低い賃金で長時間労働を強いられた。
・改善策として，c普通選挙運動や労働運動が盛んになった。

問２　メモ中の下線部bについて，日本国憲法では政府が出版物の内容などを事前に確認する検閲を禁止している。検閲によって制限される自由として，**誤っているもの**を，次の①～④の中から１つ選び，解答番号 12 にマークしなさい。

①　思想・良心の自由　　②　居住・移転・職業選択の自由
③　集会・結社・表現の自由　　④　学問の自由

問３　メモ中の下線部cについて，日本で男女普通選挙が法律で認められた年は西暦何年か。また，何歳以上の男女が対象になったか。法律の成立年と対象年齢の組み合わせとして正しいものを，次の①～④の中から１つ選び，解答番号 13 にマークしなさい。

①　1925年－25歳以上　　②　1945年－25歳以上
③　1925年－20歳以上　　④　1945年－20歳以上

【３】　後の３つのメモは，ヒデくんが日本国憲法の三つの基本原理について学習をしたときに残したメモである。それぞれのメモを読み，後の問いに答えなさい。

メモ①　【国民主権について】
・主権を持つ者は国民である。
・日本では，主権を持つ国民によって選ばれた代表者が，a国会で政治につい決定する議会制民主主義を採用している。

・b天皇は主権者ではなく，日本国と日本国民統合の「象徴」である。

問1　メモ中の下線部aについて，国会の種類は４つある。その種類と説明の組み合わせとして正しいものを，次の①～④の中から１つ選び，解答番号 14 にマークしなさい。

①　通常国会－毎年２回，１月と６月に召集される
②　参議院の緊急集会－衆議院の解散中の緊急時に，裁判所の求めによって開かれる
③　特別国会－衆議院解散後の総選挙の日から10日以内に召集される
④　臨時国会－いずれかの議院の総議員の1/4以上の要求があった場合に召集される

問2　メモ中の下線部bについて，天皇は，国の政治についての権限を持たず，憲法に定められた国事行為のみを行なう。その国事行為として，**誤っているもの**を，次の①～④の中から１つ選び，解答番号 15 にマークしなさい。

①　国会の指名に基づく内閣総理大臣の任命　　②　国会の指名に基づく最高裁判所長官の任命
③　国会の召集　　④　衆議院の解散

メモ②　【基本的人権の尊重について】
・私たちが自由で人間らしい生活を送れるように，c基本的人権が保障されている。
・個人の尊重の考え方は，d「法の下の平等」と深く関係している。
・1989年に国際連合で採択されたe「子どもの権利条約」を日本は1994年に批准した。

問3　メモ中の下線部cについて，基本的人権として，**誤っているもの**を，次の①～④の中から１つ選び，解答番号 16 にマークしなさい。

①　社会権　②　参政権　③　行政権　④　平等権

問4　メモ中の下線部dについて定めた憲法第14条の条文を下に示す。条文中の３つの下線部の正誤を判定し，正しいものを，次の①～④の中から１つ選び，解答番号 17 にマークしなさい。

第14条

すべて国民は，法の下に平等であつて，人種，信条，性別，社会的身分又は門地により，政治的，経済的又は社会的関係において，差別されない。

①　すべて正しい　②　１つ誤り　③　２つ誤り　④　すべて誤り

問5　メモ中の下線部eの，「子どもの権利条約」をはじめ，様々な人権に関する条約がある。そうした人権に関する条約として，**誤っているもの**を，次の①～④の中から１つ選び，解答番号 18 にマークしなさい。

①　人種差別撤廃条約　②　女子差別撤廃条約
③　障害者権利条約　④　核拡散防止条約

メモ③　【平和主義について】
・日本は，戦争を放棄し世界の平和のため努力するという平和主義をかかげた。
・日本は，国を防衛するために自衛隊を持っている。
・日本は，防衛のために，アメリカとf日米安全保障条約を結んでいる。

問６　メモ③の内容について述べた文として，**誤っているもの**を，次の①～④の中から１つ選び，解答番号［19］にマークしなさい。

①　日本国憲法の第９条第１項は，陸海空軍などの戦力を持たず，交戦権を認めないと定めている。

②　日米安全保障条約は，他国が日本の領域を攻撃したときには，日本とアメリカが共同で対応することを約束している。

③　自衛隊は近年，日本の防衛だけでなく，さまざまな国際貢献の活動を行なっている。

④　日本は，核兵器を「持たず，作らず，持ちこませず」という非核三原則をかかげている。

問７　メモ中の下線部ｆの日米安全保障条約は，アメリカ軍が日本の領域に駐留することを認めており，沖縄県を中心に各地にアメリカ軍基地が設置されている。以下の文は沖縄県にあるアメリカ軍専用施設数と基地の面積について述べたものである。空欄に入る値の組合せとして正しいものを，次の①～④の中から１つ選び，解答番号［20］にマークしなさい。

2019年現在で，日本にあるアメリカ軍専用施設数の約（　あ　）％，面積の約（　い　）％が沖縄県に集中している。

①　あ－70　い－40　　②　あ－40　い－70

③　あ－60　い－90　　④　あ－90　い－60

【４】　３人の生徒それぞれの発表資料Ａ～Ｃを読み，後の問いに答えなさい。

Ａ

太郎さんのメモ　　◎テーマ：中国の歴史書

中国の歴史書のうち，３世紀の倭については，「魏志倭人伝」（資料Ⅰ）に，5世紀の倭については，「宋書」倭国伝（倭王武の手紙）（資料Ⅱ）にそれぞれ記述がある。

【資料Ⅰ】「魏志倭人伝」

> …南に進むと（　ア　）に着く。ここは女王が都を置いているところである。…倭にはもともと男の王がいたが，その後国内が乱れたので一人の女子を王とした。名を卑弥呼といい，成人しているが夫はおらず，一人の弟が国政を補佐している。

【資料Ⅱ】「宋書」倭国伝（倭王武の手紙）

> 私の祖先は，自らよろいやかぶとを身に着け，山や川をかけめぐり，東は55国，西は66国，さらには海を渡って95国を平定しました。しかし私の使いが陛下の所に貢ぎ物を持っていくのを，高句麗がじゃましています。今度こそ高句麗を破ろうと思いますので，私に高い地位をあたえて激励してください。

問１　資料Ⅰの空欄（ア）に入る語句と，資料Ⅱから読みとれる，武が中国の皇帝に使いを送った理由を説明した文の組み合わせとして，正しいものを，後の①～④の中から１つ選び，解答番号［21］にマークしなさい。

①　奴国　　－　倭の王としての地位を認めてもらうため

② 奴国 － 中国と貿易を行ない，利益を得るため
③ 邪馬台国 － 倭の王としての地位を認めてもらうため
④ 邪馬台国 － 中国と貿易を行ない，利益を得るため

B

花子さんのメモ　◎テーマ：古代の建築文化

日本は木造の建築物が多いため，石やレンガを使用するヨーロッパの建築物と比べると残りにくい。a古代の建築物となると，現存する最古の木造建築物といわれる（ イ ）（写真Ⅰ）や鑑真が開いた（ ウ ）の一部（写真Ⅱ）など寺院がほとんどである。

【写真Ⅰ】

【写真Ⅱ】

問２　メモ中の下線部aに関連して，原始・古代の建築物や暮らしについて述べた文として，**誤っているもの**を，次の①～④の中から１つ選び，解答番号 22 にマークしなさい。

① 縄文時代の人々は竪穴住居に住み，集団を作っていた。
② 弥生時代には，収穫した米をたくわえる高床倉庫が広まった。
③ 古墳の多くは表面に石がしきつめられ，さまざまな形の埴輪が置かれた。
④ 平安時代には，貴族たちは書院造の屋敷に生活するようになった。

問３　メモ中の空欄（イ）・（ウ）に入る語句の組み合わせとして正しいものを，次の①～④の中から１つ選び，解答番号 23 にマークしなさい。

① イ 東大寺－ウ 興福寺　② イ 東大寺－ウ 唐招提寺
③ イ 法隆寺－ウ 興福寺　④ イ 法隆寺－ウ 唐招提寺

C

次郎さんのメモ　◎テーマ：中世から近世の法制度の流れ

【資料Ⅲ】 御成敗式目（部分要約）

一．諸国の守護の職務は，頼朝公の時代に定められたように，京都の御所の警備と，謀反や殺人などの犯罪人の取りしまりに限る。

一．武士が20年の間，実際に土地を支配しているならば，その権利を認める。

【資料Ⅳ】 武家諸法度（部分要約）

一．諸国の城は，修理する場合であっても，必ず幕府に申し出ること。まして新しい城を造ることは厳しく禁止する。
一．幕府の許可なしに，婚姻を結んではならない。

【資料Ⅴ】 公事方御定書（部分要約）

一．ぬすみをはたらいた者
金十両以上か十両以上のもの　　死罪
金十両以下か十両以下のもの　　入墨たたき

問４　メモ中の資料Ⅲに関して，次郎さんは以下のように分析した。文中の空欄（Ｘ）に入る文として正しいものを，次の①～④の中から１つ選び，解答番号 24 にマークしなさい。

【分析】

北条泰時は，執権を中心とした有力御家人の話し合いである評定を設けた。資料Ⅲは，（　Ｘ　）で，朝廷の決定や律令とは別に制定された。

① 武家の社会で行なわれていた慣習に基づいて決めたもの
② 武士や民衆の行動を取りしまり，荘園領主の支配を認めないとしたもの
③ 御家人が手放した土地を返させるように命じたもの
④ 旗本や御家人の札差からの借金を帳消しにしたもの

問５　次郎さんは，先生からメモの中に以下の資料を加えるようにアドバイスを受けた。この資料が制定されたのはいつか。正しいものを，次の①～④の中から１つ選び，解答番号 25 にマークしなさい。

【資料】 甲州法度之次第（部分要約）

一．けんかをした者はいかなる理由によるものでも処罰する。
一．許可を得ないで他国へおくり物や手紙を送ることは一切禁止する。

① 資料Ⅲの前　　② 資料ⅢとⅣの間
③ 資料ⅣとⅤの間　　④ 資料Ⅴの後

問６　メモ中の資料Ⅴが発布されたときの将軍は誰か。正しいものを，次の①～④の中から１つ選び，解答番号 26 にマークしなさい。

① 徳川秀忠　　② 徳川綱吉
③ 徳川吉宗　　④ 徳川家斉

【５】 博物館で資料の調査をした。２つの班の考察を読み，後の問いに答えなさい。

A班の考察　　選んだ資料：「一遍聖絵」（資料Ⅰ・Ⅱ・Ⅲ）

【資料Ⅰ】

【資料Ⅱ】

問１　A班が，資料Ⅰ・Ⅱに関して考察した以下の文X・Yについて，その正誤の組み合わせとして正しいものを，次の①～④の中から１つ選び，解答番号 27 にマークしなさい。

X　資料Ⅰには，武士の館が描かれ，複数の建物が廊下で結ばれていることが分かる。

Y　資料Ⅱには，定期市のようすが描かれている。

①　X　正　　Y　正　　　②　X　正　　Y　誤

③　X　誤　　Y　正　　　④　X　誤　　Y　誤

問２　A班は，さらに資料Ⅲから「時宗の教えの広め方」も学んだ。一遍が開いた時宗の教えを説明した文として正しいものを，次の①～④の中から１つ選び，解答番号 28 にマークしなさい。

【資料Ⅲ】

①　この世での幸福と社会の安定を願って祈とうを行なった。

②　座禅を組むことにより，自らの力で悟りを開こうとした。

③　踊念仏や念仏の札を配ることで，教えを広めようとした。

④　「南無妙法蓮華経」と題目を唱えれば，人も国も救われると説いた。

B班の考察　　選んだ資料：「月次風俗図屏風」（資料Ⅳ）と「老農夜話」（資料Ⅴ）

・【資料Ⅳ】は，a 14～15世紀にかけての田植えの風景を描いたものである。この時期は，何度もききんが起こった一方で，村の結びつきが強まり，農民がそろって田植えを行なうようになった。

・【資料Ⅴ】は，江戸時代につくられた b 新しい農具で作業をしているようすが描かれている。18世紀初めに，近畿地方の進んだ農業技術が各地に伝わったことで，農業の生産力が高まった。

問３　文中の下線部ａに関連して，14～15世紀の東アジアの情勢について述べた文として，**誤っているものを**，次の①～④の中から１つ選び，解答番号 [29] にマークしなさい。

①　日明貿易（勘合貿易）では，日本は銅銭や生糸，絹織物を輸出し，かわりに刀や銅，硫黄などを大量に輸入した。

②　朝鮮半島では，李成桂が高麗をほろぼして，朝鮮国を建てた。

③　琉球では，尚氏が首里を都とする琉球王国を建てて，中継貿易で栄えた。

④　蝦夷地では，津軽を根拠地にした安藤氏がアイヌ民族と交易を行なうようになった。

問４　文中の下線部ｂに関連して，江戸時代につくられた新しい農具として，**誤っているものを**，次の①～④の中から１つ選び，解答番号 [30] にマークしなさい。

①　備中ぐわ　　②　石包丁　　③　千歯こき　　④　唐箕

【６】 次の文章を読み，後の問いに答えなさい。

16～18世紀までのヨーロッパ諸国は，国力ではアジアに劣っていた。しかし，キリスト教の布教や富の獲得の意欲を持っていたａイギリスとフランスで革命が起こり，アメリカ合衆国が独立するなど，新しい政治の仕組みや考え方が生まれた。さらにはｂ産業革命が起こった結果，ヨーロッパはアジアに対して軍事力で優勢になり，戦争によって相手を従わせ，支配することが可能になった。こうしたヨーロッパの動きの先頭に立っていたのが，ｃイギリスである。

問１　文中の下線部ａについて，イギリス・フランス・アメリカのそれぞれで起こった出来事を説明した文として，**誤っているものを**，次の①～④の中から１つ選び，解答番号 [31] にマークしなさい。

①　三部会の平民議員らが中心となって国民議会を作り，人権宣言を発表した。

②　労働者のストライキや兵士の乱が続き，臨時政府ができて，それまでの政府が崩壊した。

③　植民地の人々が新税に対する反対運動を始めたが，これが弾圧されたため戦争となった。

④　国王が議会を無視した政治を続けたため，議会との間で内戦が起こり，議会側が勝利し，国王を処刑した。

問２　文中の下線部ｂについて，これによって各国は大きく変化を遂げた。19世紀の各国の状況を説明した文として，**誤っているものを**，次の①～④の中から１つ選び，解答番号 [32] にマークしなさい。

①　イギリスの首都ロンドンは世界最大の都市となり，世界初の万国博覧会も開催された。

②　プロイセンではビスマルクの指導の下，統一帝国（ドイツ帝国）が成立した。

③　ロシアは日本に漂流民大黒屋光太夫を送り届け，通商を求めた。

④　南北戦争後のアメリカは，移民を受け入れ，工業を発展させ，世界最大の資本主義国となった。

問３　文中の下線部ｂについて，日本の産業革命は1880年代後半に始まった。次のページに示すグラフは，ある製品の生産と貿易の変化を示したものである。この製品の原料となっている植物を，後の①～④の中から１つ選び，解答番号 [33] にマークしなさい。

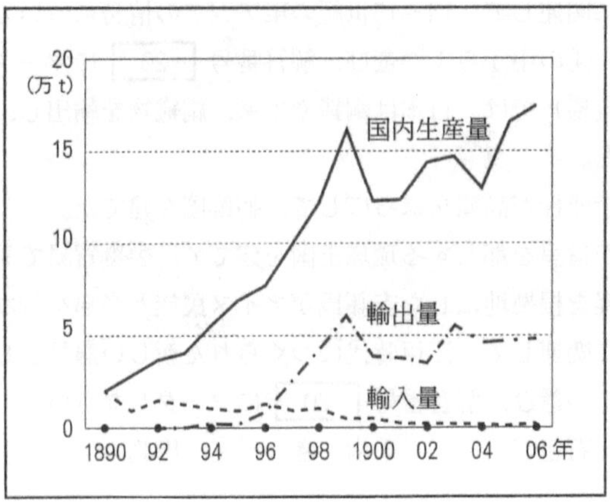

① あさ

② くわ

③ 紅花

④ 綿

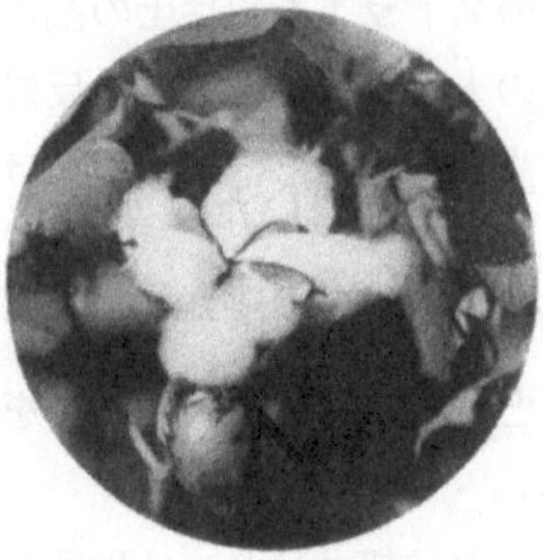

問4　文中の下線部**c**について，次のページの**あ**～**え**の図版の出来事にはすべてイギリスが関わっている。それぞれの出来事**ア**～**エ**と図版の組み合わせとして正しいものを，次の①～④の中から1つ選び，解答番号 34 にマークしなさい。

ア：ボストン茶会事件　　**イ**：下関砲台占領事件

ウ：インド大反乱　　**エ**：アヘン戦争

① **あ**－**ア**　**い**－**エ**　　② **う**－**イ**　**え**－**ウ**

③ **い**－**ウ**　**う**－**イ**　　④ **あ**－**エ**　**え**－**ア**

あ

い

う

え

問５　問４の図版「あ」の出来事が起こったころ，日本では水野忠邦が老中として政権をにぎっていた。水野忠邦が行なった天保の改革の内容として正しいものを，次の①～④の中から１つ選び，解答番号 35 にマークしなさい。

① 株仲間の解散　　② 銅の専売制の実施
③ 昌平坂学問所の設立　　④ 上げ米の制の制定

【７】 次の年表を見て，後の問いに答えなさい。

年代	出来事
1854	a 日米和親条約を結ぶ
1858	b 日米修好通商条約を結ぶ
c 1871	日清修好条規を結ぶ　岩倉使節団を派遣する
1876	d 日朝修好条規を結ぶ
1894	日清戦争が始まる　➡1895　下関条約
1904	e 日露戦争が始まる　➡1905　ポーツマス条約
1914	第一次世界大戦が始まる（～1918）
1939	第二次世界大戦が始まる（～ f 1945）

問１　年表中の下線部 a・b について，この２つの条約はいわゆる「不平等条約」である。特に b

の条約では，アメリカに対し領事裁判権を認め，関税自主権が認められていない。領事裁判権の撤廃に成功した人物を，次の①～④の中から１つ選び，解答番号 [36] にマークしなさい。

① 井上馨　② 陸奥宗光　③ 小村寿太郎　④ 大隈重信

問２　年表中の下線部ｃについて，この年の出来事の後，征韓論という考えが生まれた。この考えに関連することを説明した文として，**誤っているもの**を，次の①～④の中から１つ選び，解答番号 [37] にマークしなさい。

① この考えを主張したのは，西郷隆盛らである。

② この考えを否定し，国力の充実を優先させた人物は，岩倉具視らである。

③ 征韓論政変で政府を去った板垣退助は，自由民権運動を進めた。

④ 征韓論政変の後，江藤新平は内務卿に就任した。

問３　年表中の下線部ｄについて，この条約を結んだ後，1945年までの日本と朝鮮（韓国）の関係について説明した文として，**誤っているもの**を，次の①～④の中から１つ選び，解答番号 [38] にマークしなさい。

① 日清戦争後に結ばれた下関条約において，朝鮮の独立が認められた。

② 日露戦争後に，日本は韓国の外交権を奪って保護国とし，朝鮮総督府を置いた。

③ 日本の植民地支配に対し，朝鮮では1919年に三・一独立運動が起こった。

④ 日中戦争が長引く中，日本は朝鮮において皇民化政策を進めた。

問４　年表中の下線部ｅについて，この戦争に関連する出来事を説明した文として，**誤っているもの**を，次の①～④の中から１つ選び，解答番号 [39] にマークしなさい。

① この戦争に出兵した弟を思って，与謝野晶子が詩を発表した。

② キリスト教徒の内村鑑三は日露戦争の開戦に反対した。

③ 戦争後の条約で，日本は台湾・澎湖諸島を譲渡された。

④ 賠償金が得られなかったことに対し，日比谷焼き打ち事件が発生した。

問５　年表中の下線部ｆについて，1945年以降の日本で活躍した政治家とその業績の組み合わせとして，**誤っているもの**を，次の①～④の中から１つ選び，解答番号 [40] にマークしなさい。

① 吉田　茂　－　サンフランシスコ平和条約を結んだ

② 鳩山一郎　－　日ソ共同宣言を調印した

③ 佐藤栄作　－　日米安全保障条約を改定した

④ 田中角栄　－　日中共同声明を発表した

生徒1　【二】の文章の前半で描かれている耕作は、権太との下校の場面まで、周りからほめられるように行動して叱られることを避けていたのだから【一】の文章で指摘されている X を存分に備えていると考えられるよ。

生徒2　そうだね。X のある耕作は、先生にわからなければ不正をしてもかまわない、という考えから机の拭き掃除をやらずに楽をするという利益を見積もっていたことになるからね。

生徒3　そういう耕作に対して権太は【一】の文章で言えば、弱者に対する責任を自分から果たそうとしているのだから Y 人にあたるね。

生徒A　権太は体の弱い母親の代わりに農作業をすることを、父親に叱られるからという理由ではなく、自分からやらねばならないことだと思ってやっているね。

生徒B　それは、権太が貧しい農家を支える立場として、【一】の文章で言うと29行目にある「体の不自由な人を思いやりましょう、いたわりの心が大切です」という標語を大切にしているからでしょう。

生徒C　権太の父親は、【一】の文章の剣道の先生のような存在と言えるね。【一】の文章の言葉で言えば、権太の「倫理の胚珠」に影響を与えているんだ。

生徒D　耕作の心の中にも包み持っている道徳があるからこそ、最後には権太の父親の言葉が響いたんだね。

生徒E　【一】の文章の13行目で「今の大人はもう忘れているのではないか」と筆者は指摘しているけれど、「倫理の胚珠」を揺さぶられた耕作と権太は、きっと大人になっても弱い者に対する責任を果たしていくと想像できるよ。

問一　**生徒1～3**の会話における空欄 X ・ Y に入る語句の組み合わせとして最適なものを、次の①～⑤の中から一つ選び、解答番号 23 にマークしなさい。

① X　責任　　Y　電車で席を譲る
② X　胚珠　　Y　ホームに並んで待つ
③ X　口実　　Y　責任を負おうとする
④ X　道徳　　Y　ホームに並んで待つ
⑤ X　知性　　Y　電車で席を譲る

問二　**生徒A～E**の中で一人だけ理解を**誤っている**者がいる。その生徒を次の①～⑤の中から選び、解答番号 24 にマークしなさい。

①　**生徒A**　②　**生徒B**　③　**生徒C**　④　**生徒D**
⑤　**生徒E**

だ、という権太の説明で納得できたということ。

④ やるべきことはどのような状況でも行うべきだ、という権太の父親の考え方が、家庭の事情によって学校に遅刻するのは当然のなりゆきだ、と権太に聞いて納得できたということ。

⑤ 叱られないからやらないというのはだめだ、という権太の考え方が、権太のあたたかい心遣いで助けられた過去を、鮮やかに思い出した途端に納得できたということ。

問六　傍線部D「耕作は内心恥ずかしかった」とあるが、耕作がそのように感じた理由として最適なものを、次の①～⑤の中から一つ選び、解答番号 20 にマークしなさい。

① 先生に叱られることが嫌で、家の手伝いも満足にこなさずに走って登校している自分に比べ、病の親の代わりに農作業を終えてから登校する権太のほうが偉いと思ったから。

② 周りからの評価を気にして行動している自分に比べ、先生に叱られることがわかっていながら母親を気遣って手伝いをする権太のほうがはるかに立派だと思ったから。

③ 同じ農家の子どもでありながら、遅刻をしたくないばかりに手伝いをあまりしていない自分に比べ、手伝いを済ませて登校する権太のほうが責任感が強いと思ったから。

④ いつも周りから偉いと評価されていい気になっていた自分に比べ、学校では控えめで目立つことのない権太のほうが優しくて誰からも好かれる存在だと思ったから。

⑤ ほめられるばかりで叱られることに全く慣れていない自分に比べ、先生から繰り返し注意されても平気で遅刻してくる権太のほうが強くて勇気があると思ったから。

問七　本文の表現の特徴について**誤っているもの**を、次の①～⑥の中から二つ選び、解答番号 21 ・ 22 にマークしなさい。（順不同）

① 二人の少年の心情がそれぞれの視点で描かれ、「するべ」「いやださ」といった方言によっていっそう少年たちの感情が伝わりやすくなっている。

② 郭公の鳴き声は、はじめの場面での耕作の不安げな心情と、終わりの場面での理解し合えた少年たちの喜びの心情の両方を巧みに表現している。

③ 36行目「矢車だけがカラカラとまわっている」という表現は、権太がこの時の耕作の考えに共感できないでいることを暗示している。

④ 三度の（カッコ）の表現は耕作の心の中の言葉を表しており、権太の言葉をきっかけにして耕作が次第に心の成長を遂げていく様子を伝えている。

⑤ 会話文における45行目と62行目にある「……」は、平凡ではあるが誠実な権太の言葉を受けて耕作が思考し、気づきを得る様を表している。

⑥ 39行目「二人の下駄の音」についての描写は、耕作と権太の間に結ばれた、幼い頃からの友としての絆《きずな》の深さを暗示している。

【三】　次の場面は八人の生徒が、【一】・【二】の文章の内容を比較して感想を述べ合っているものである。これを読み、後の問いに答えなさい。

b　指をさされまいとする　解答番号 14

① 指摘を受けないようにする　② ほめられないようにする
③ 指図をされないようにする　④ 非難されないようにする
⑤ 気づかれないようにする

c　無理だ　解答番号 15

① 無責任で正しくない　② 無神経で遠慮がない
③ 無理解で思いやりがない　④ 不親切でそっけない
⑤ 不可解で理屈に合わない

問二　文中の空欄 X に入る擬態語として最適なものを、次の①～⑤の中から一つ選び、解答番号 16 にマークしなさい。

① きょろきょろ　② びくびく　③ うじうじ
④ いらいら　⑤ そわそわ

問三　傍線部A「権太は黙って、耕作の顔を見た」と、傍線部B「にこっと笑って、権太はバケツの水を取替えに行った」における権太の心情の説明として最適なものを、次の①～⑤の中から一つ選び、解答番号 17 にマークしなさい。

① 傍線部Aでは耕作の提案の意味がわからずにいたが、傍線部Bでは耕作に机を拭く気がないとわかったため、自分一人だけでもやり遂げようと意地になっている。
② 傍線部Aでは耕作の言い出したことにあっけにとられ、傍線部Bでは耕作の浅知恵をたしなめて、人として守らねばならないものを行動で示そうと意気込んでいる。
③ 傍線部Aでは耕作の優等生らしくない発言がのみ込めないでいたが、傍線部Bでは手早く掃除することで、先生の言いつけに背いている耕作を安心させようとしている。
④ 傍線部Aでは耕作の助言を聞いて机を拭くことをやめようかと迷っていたが、傍線部Bでは罰掃除と無関係な耕作を頼らずに、一人でやりぬこうと改心している。
⑤ 傍線部Aでは耕作の言ったことに内心驚き、傍線部Bでは人に認められるためではなく、やらねばならないことをしっかりやろうという思いに満ちている。

問四　次の一文は、本文中の［ア］～［オ］のどこに入るか。最適な箇所を、後の①～⑤の中から一つ選び、解答番号 18 にマークしなさい。

叱られるということは、いつもほめられている耕作には、耐えがたい恥ずかしさであった。

① ［ア］　② ［イ］　③ ［ウ］　④ ［エ］　⑤ ［オ］

問五　傍線部C「今度は権太の言葉が、耕作の胸にすぽっとはまりこんだ」とあるが、これはどういうことか。最適なものを、後の①～⑤の中から一つ選び、解答番号 19 にマークしなさい。

① 汚れていない机でも拭くべきだ、という権太の考え方が、手を抜いて楽することが正しいかどうかをよく考えて判断すべきだ、と権太に諭されて納得できたということ。
② 先生に叱られないことが明らかな状況でも机を拭こう、という権太の考え方が、やらなければならないことはやるものだ、という権太の言葉で納得できたということ。
③ 叱られるかどうかで行動の方向性を決めるな、という権太の父親の考え方が、叱られないことよりもやるべきことをやる方が大事

「したら[注4]権ちゃん、先生に叱られても、割合平気なんだね」

「平気じゃないけどさ。泣いたことだってあるけどさ。だけど、先生に叱られるからと言って、母ちゃんの手伝いをしないで、学校に走って来たりはしないよ」

「偉いなあ」

D耕作は内心恥ずかしかった。権太は先生にいくら叱られても、毎日遅れてくる。親の肥立《ひだ》ち[注5]の悪いのはわかっているが、何とか遅れない工夫はないのかと、耕作は内心思うこともあった。叱る先生がc無理だとは思いながらも、そう思うことがあった。だが、権太は、学校に遅れるよりも、病気の母親をいたわらないほうが、悪いことだとはっきり確信しているのだ。

（中略）

「そうだなあ、権ちゃん。権ちゃんの言うとおりだなあ」

耕作は素直に言った。級長の若浜は、

「先生に言ってやるぞ、叱られるぞ」

と言った。[オ] 若浜のことだから、先生に言いつけることだろう。若浜は、途中入学の耕作にいつもひけ目を感じている。耕作のほうが、級長の自分より成績がいいからだ。

（叱られても、いいことはするもんなんだ）

そう思うと、耕作はあらためて、

「叱られたっていい」

と、はっきり口に出して言った。ひどく清々《すがすが》しい心持ちだった。

「権ちゃん、走るか」

「うん」

もう、沢に入る曲り角が見える。二人は駆け出した。ここにも、郭公が啼いていた。

（三浦綾子《みうらあやこ》『泥流地帯《でいりゅうちたい》』による）

注1 矢車……軸の周囲に矢羽根を放射状に取り付け、風を受けて回るようにしたもの。

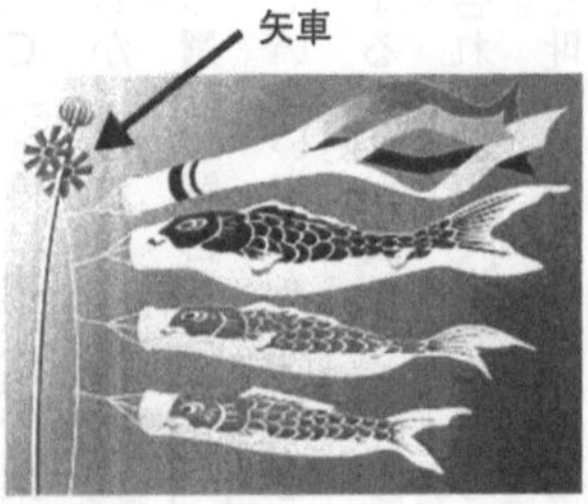

注2 七、八丁……一丁は約一〇九メートル。

注3 三十五銭……貨幣単位で一銭は一円の百分の一。大正初期の三十五銭は現在の三千円前後と考えられる。

注4 したら……そうしたら（北海道地方の方言）。

注5 肥立ち……病人が健康を回復すること。

問一 波線部a～cの意味として最適なものを、後の①～⑤の中から一つずつ選び、解答番号 13 ～ 15 にマークしなさい。

a 大みえを切った　解答番号 13

① 自分をよく見せるために、できもしないことを言った
② 相手にばかにされないよう、大げさな態度を取った
③ 周りを見下して、大人びたものの言い方をした
④ その場の勢いに任せて、いいかげんなことを口にした
⑤ 相手をひるませるために、大胆なうそをついた

「耕ちゃん、どうして走った？」

「のろのろ歩いていて、先生に見つかったら、手伝ったことがわかるだろう？」

「うん」

二人は急ぎ足で歩いて行く。

「わかったら叱られるからな」［イ］

権太は黙っていた。もう鯉のぼりの上っていない棹《さお》の先に、矢車[注1]だけがカラカラとまわっている。

「若浜の奴、先生に言いつけるかな」

二人の下駄の音が、仲よくひびく。歩調が合っている。

「耕ちゃん、お前そんなに叱られるのいやか」

「そりゃあいやださ。権ちゃんは平気か、毎日叱られて」

「平気っていうことはないけどさ。だけどねえ、家の父ちゃんは、叱られるからするとか、叱られないからしないというのは、ダメだって、いつも言うからね」

「……ふうん。だって、誰でもみんな、叱られるからしたり、しなかったりするんじゃないか」［ウ］

耕作には、権太の言うことが、よくわからない。生《うま》れた時から、二人は隣り同士だ。隣りと言っても、七、八丁[注2]は離れている。そのせいか、権太といつも遊んで来た。権太は平凡だが気持のあたたかい子だ。今年の正月も、一緒に市街に遊びに出て、耕作が三十五銭[注3]落した時、権太が言ってくれた。

「耕ちゃん、諦《あきら》めれ。俺たち五銭ずつ貸してやっから」

そのおかげで、耕作は買いたいノートや、かまぼこを買えた。あの時の金は、祖父にもらってみんなに返した。が、そのありがたかったことは、今も忘れてはいない。

権太はそんな親切な少年だった。が、いつも一緒に魚釣りをしたり、ぶどう取りに行ったりして遊ぶだけで、特に何かについて深く話し合うといったことが、今までなかった。

権太が言った。

「あんなぁ耕ちゃん。父ちゃんが言ってるよ。叱られても、叱られなくても、やらなきゃあならんことはやるもんだって」

「叱られても、叱られなくても……うん、そうか、わかった」

C今度は権太の言葉が、耕作の胸にすぽっとはまりこんだ。

（そうか。先生に叱られても、自分で正しいと思ったことは、したほうがいいんだな）

権太の言葉を納得した途端、耕作はがんと頬《ほお》を殴られた思いがした。

耕作は小さい時から、いつも人にほめられて来た。家の者にも、近所の者にも、学校の先生にもほめられて来た。

「耕作は利口もんだ」

「耕ちゃんを見れ、行儀がいいこと」

「耕作は偉くなるぞ」

いつもそう言われつづけて来た。字も絵もほめられた。雑記帳の使い方も、朗読も、ほめられた。いつの間にか、耕作の心の中には、よりほめられたい思いが渦巻くようになった。ほめられたいと思うことは、また叱られまいとすることであり、誰にもb指をさされまいとすることでもあった。［エ］それが今、権太に言われて、はじめて自分のどこかがまちがっていることに気がついたのだ。

解答番号 [10] の選択肢

① ルールとして、言葉による指示や強制がある
② ルールとして、言葉による指示はあるが強制はない
③ ルールと異なり、言葉による指示はないが強制はある
④ ルールと異なり、言葉による指示や強制の有無は場合による

解答番号 [11] の選択肢

① 役に立って目立とうとする
② 相手の立場を考えて振る舞う
③ 気恥ずかしくて行動に移せない
④ 倫理の胚珠が揺さぶられ実行する

解答番号 [12] の選択肢

① 何も得られない　② 共同体が破綻する
③ 他者から賞賛される　④ 共同体が維持される

【二】 次の文章は、大正時代に北海道にあった高等小学校（現在の中学一・二年にあたる）を場面とした小説の一節である。耕作と権太《ごんた》は貧しい農家に生まれ、家の手伝いをしながら通学している。遅刻と宿題忘れを繰り返す権太に、担任の先生は掃除を命じた。これに続く場面を読んで、後の問いに答えなさい。

罰当番の井上権太に手伝って、耕作は手早く箒《ほうき》を使っている。近くで、さっきから郭公《かっこう》がしきりに啼《な》いている。床を掃きながら、耕作は内心 [X] していた。いつ先生が現れるかわからない。手伝っているのを見つけられたら、何と言って叱られるだろう。先生は権太に一人でやれと言ったのだ。耕作も、井上権太も共に叱られるにちがいない。

先程、級長の若浜が、

「先生に言ってやるぞ。叱られるぞ、お前も」

と言った。その時は、

「叱られてもいい」

と、a大みえを切った。が、やっぱり叱られるのはいやだ。[ア]

机を並べ終って、権太がバケツを持ち、水を替えに行こうとした。

「権ちゃん、今日は机拭きやめておこうや。二時間しかなかったから、そんなに汚れていないよ」

A権太は黙って、耕作の顔を見た。

「拭き掃除しなくてもわからんよ」

「耕ちゃん、わかってもわからんくても、することだけはするべ」

Bにこっと笑って、権太はバケツの水を取替えに行った。

（わかってもわからんくても、することだけはするべ？）

権太の言った言葉を、耕作は胸の中でくり返した。ひどく恥ずかしい気がした。

権太が帰って来た。二人は雑巾を固く絞って、机の上を拭きはじめた。次に耕作は、先生の教卓と、弁当棚を拭いた。権太は窓の桟《さん》を拭いている。いつもなら、先生の教卓をまっ先に拭くのだ。それが今日は後まわしになった。何となく後まわしにしたい気持が、耕作の中にあった。

最後に黒板を拭き、掃除は終った。再び権太が水を捨てに行き、二人は急いで学校を出た。校庭を横切る時、職員室に一番近い教室に、先生達がたくさんいるのが見えた。耕作は走り出した。走って校門を出ると、追いついた権太が、

くて正しい人間になれる気がしたから。

② 尊敬する剣道の先生の教えを忠実に守ろうとすることによって、剣士としての自覚が一層強められたから。

③ 弱いものを守らなければならないという道場主の教えによって、かえって自分の弱さを思い知ったから。

④ 自分は強いと思い込むことによって、弱い者に対する責任を果たそうとする気持ちが呼び起こされたから。

⑤ 他の乗客に席を譲るという教えを実行することによって、自分に対する評価がより高まると考えたから。

問四　傍線部B「若者の知性は、しっかり見積もるに違いない」とあるが、ここにおける「知性」の意味として最適なものを、次の①～⑤の中から一つ選び、解答番号 [7] にマークしなさい。

① 共同体の利益と自分の利益とをどのように結びつけるかを考える力。

② 共同体の中で自分の利益を得るにはどうすればよいかを考える力。

③ 共同体の力で各人の利己的な行動をどう抑えるかを考える力。

④ 共同体の破綻が自分の利益にどう影響するかを考える力。

⑤ 共同体のきまりを守るにはどうすればよいかを考える力。

問五　空欄 [エ] に入る適語を、次の①～⑤の中から一つ選び、解答番号 [8] にマークしなさい。

① 馬の耳に念仏　② 虎の威を借る狐《きつね》　③ 狸《たぬき》寝入り

④ 豚に真珠　⑤ まな板の鯉《こい》

問六　波線部X「決して」、波線部Y「ない」の品詞名の組み合わせとして最適なものを、次の①～⑤の中から一つ選び、解答番号 [9] にマークしなさい。

① X 副詞 Y 助動詞　② X 形容動詞 Y 副詞　③ X 感動詞 Y 形容詞

④ X 接続詞 Y 助詞　⑤ X 連体詞 Y 動詞

問七　傍線部C「電車で席を譲ることは、ホームで並ぶこととは違う」について、本文の内容を次の表にまとめた。表の空欄に入る最適なものを、次のページの各群の①～④の中からそれぞれ一つずつ選び、解答番号 [10]・[11]・[12] にマークしなさい。

	電車で席を譲ること	ホームに並ぶこと
言葉による指示・強制	ルールと異なり言葉による指示や強制がない	[10]
態度・行動	[11]	守らないと得にならないから守る
結　果	喜びを感じることができる	[12]

が破綻《はたん》することの個人にとっての身の危険も、知性はよく知っている。

［ウ］、私たちはホームで行儀よく並ぶ。ドアが開くまでは、我慢して並ぶのである。この場合、道徳は、知性が知性にかけるブレーキにほかならない。これと同じ理由で、若者が老人に席を譲らなくてはならないのだとしたら、どうだろう。B若者の知性は、しっかり見積もるに違いない。これで得をするのは、あんまり先の話だと。そこで［エ］になる。誰も彼を責められない。

C電車で席を譲ることは、ホームで並ぶこととは違う。席を譲ることには、共同体に道徳をもたらす元の力から、私たち一人一人がほんのわずかでも鼓舞されなければならない。その力は、言葉になったあれこれのルールとはほとんど関係がない。したがって、具体的には何も指示しないし、強制しない。それでも、私たちはその力に鼓舞されて席を譲る。不思議にも譲る。その時の喜びを、まったく知らない者がいるだろうか。

（前田英樹《まえだひでき》『倫理という力』による）

注1　倫理的……人として守り行うべき道をわきまえて行動する様子。
注2　胚珠……植物の種子となるもののこと。
注3　潜在的……外には現れず内部に目立たないで存在する様子。

問一　傍線部a～dのカタカナを漢字に改めたときと同じ漢字を含むものを、次の各群の①～⑤の中からそれぞれ一つずつ選び、解答番号［1］～［4］にマークしなさい。

a　標ジュン　解答番号［1］
① 単ジュンな間違いをする　② ジュン番を守る
③ 校内をジュン回する　④ 遠足のジュン備をする
⑤ 血液がジュン環する

b　遠セイ　解答番号［2］
① 世界をセイ服する　② セイ人式に出席する
③ 行列ができるほどセイ況だ　④ セイ治に関心がある
⑤ 台風のセイ力が拡大する

c　特シュ　解答番号［3］
① シュ類が豊富だ　② 日本のシュ都は東京だ
③ 彼はシュ勝な人だ　④ 免許をシュ得する
⑤ シュ猟に出かける

d　発キ　解答番号［4］
① 大会をキ権する　② 怪キ現象が起こる
③ キ則を守る　④ 日本には四キがある
⑤ 指キ者を務める

問二　文中の空欄［ア］～［ウ］に補う語の組み合わせとして最適なものを、次の①～⑤の中から一つ選び、解答番号［5］にマークしなさい。

① ア つまり　イ しかし　ウ たとえば
② ア つまり　イ もちろん　ウ そして
③ ア なぜなら　イ むろん　ウ だから
④ ア なぜなら　イ つまり　ウ けれども
⑤ ア なぜなら　イ ただし　ウ むしろ

問三　傍線部A「私たち子供は、こうした教えに発奮した」とあるが、子供たちが発奮したのはなぜか。その理由として最適なものを、後の①～⑤の中から一つ選び、解答番号［6］にマークしなさい。

① 子供に比べて体力がある大人に席を譲ることによって、自分が強

【国　語】（四〇分）〈満点：一〇〇点〉

【一】 次の文章を読んで、後の問いに答えなさい。

私は子供《こども》の頃、奈良市に住んでいて、そこで剣道の町道場に通っていたことがある。道場主は、ａ標ジュンよりずっと短い竹刀《しない》を持ち、とても独特な剣道をする人で、私は立派な先生だと思っていた。この先生に連れられて子供たちがｂ遠セイ試合に行くことがある。電車に乗る時、先生は私たちにまず一番最後に乗り込むように言い、立っている人が一人もいなくなるまで座るなと言った。

私たち子供は、その言いつけを守ることに無邪気に奮い立った。[ア]、私たちは先生の考え方をちゃんと知っていたからだ。先生の考えはこうである。お前たち剣道をする者は、しない者より強い。強いと無理にも思い込まねばならん。剣道をして強くなったということは、しない者に対する責任がたちまち生じたということだ。電車では最後に座る者となって、その責任を負え。こういう教えに男の子たちがどれくらい発奮するものか、今の大人はもう忘れているのではないか。

[イ]、私たち子供が習い覚えた剣道など何事でもない。この先生の発明で偉いところは、無理にも強いと思い込め、ということだろう。これは単に強い者の考え方ではない。責任を負うことを選ぼうとする者の考え方である。道場の外に出れば剣道をしない他人がうようよいる。その他人に対して責任を負おうとすることが、剣道で「強い」ことだ。そういう考え方なのである。剣道は口実に過ぎない。人間はさまざまな口実で、無理にも強いと思い込むことができる。弱いと知りつつ、思い込み、席を譲ることができる。そういう人間はすでに強く、その強さは倫理的[注1]である。

Ａ私たち子供は、こうした教えに発奮した。発奮するように生まれついていたのだろう。だが私たちは、決してｃ特シュな性質を持っていたわけではない。否応《いやおう》なく群れのなかに生まれ落ちた大部分の人間が、胚珠《はいしゅ》[注2]のように包み持っている性質を持っていたに過ぎない。共同体の道徳といえども、この胚珠が〈潜在的道徳〉[注3]から吸い上げる力なくしては、Ｘ決してほんとうには働かＹない。

お年寄りに席を譲りましょう、体の不自由な人を思いやりましょう、いたわりの心が大切です。こういう押し付けの標語では、子供は恥ずかしくて席を立てない。譲られたほうも座る気がしない。剣道の先生の言いつけで私たちが座らなかったのは、私たちにはそのことから来る強い喜びがあったからだ。倫理の胚珠を揺さぶる道徳の言葉が、そこではっきりと語られていたからだ。

始発駅に電車が入ってきて、やがてドアが開くと、並んでいた客たちは目の色変えて座席になだれ込む。自分さえ座れれば、他人のことはどうでもよい、それはある意味で当然だろう。客たちの振る舞いは、見ているとなかなかに素早く、賢い。乗車に関する過去のいろいろなデータが抜け目なく活用され、現状に正確に当てはめられている。個々の知性というものが本領をｄ発キするのは、こういう時である。彼らはその一瞬前まではホームでちゃんと並んでいた。だがこれもまた、並ばないことは結局自分の得にならないと知っていたからだろう。

ホームで並ぶというルールは、共同体の道徳から来ている。この道徳を、口で言ったり守ったりさせるものは、知性だと言える。完全に利己的に振る舞うことの身の危険を、普通の知性はよく知っている。共同体

MEMO

大切なことはメモしておこうネ！

2023年度

解答と解説

《2023年度の配点は解答欄に掲載してあります。》

＜数学解答＞《学校からの正答の発表はありません。》

【1】 (1) ア 3 (2) イ － ウ 1 エ 1 オ 2 (3) カ 4 キ 6
(4) ク 7 ケ 3 (5) コ 1 サ 7 (6) シ 3 ス 6 (7) セ 3
ソ 6 (8) タ 1 チ 8

【2】 ア 8 イ 1 ウ 4 エ 3 オ 2

【3】 (1) ア 8 イ 0 (2) ウ 2 エ 5 (3) オ 2 カ 3 キ 4
ク 2 ケ 8 コ 3 サ 0

【4】 (1) ア 9 イ 0 (2) ウ 2 (3) エ 2 オ 4 カ 5

○推定配点○

【1】 各5点×8 【2】 10点 【3】 (1)・(2) 各5点×2 (3) 15点
【4】 (1)・(2) 各5点×2 (3) 15点 計100点

＜数学解説＞

基本 【1】 (数と式の計算，分数式，連立方程式，展開と平方根，因数分解，反比例，球の体積，場合の数)

(1) $-4-(-2)\times8-9=-4-(-16)-9=-4+16-9=3$

(2) $\frac{x-3}{4}-\frac{x-2}{3}=\frac{3(x-3)}{4\times3}-\frac{4(x-2)}{3\times4}=\frac{3(x-3)-4(x-2)}{12}=\frac{3x-9-4x+8}{12}=\frac{-x-1}{12}$

(3) $2x-3y=-10$…①，$5x-2y=8$…②とする。①の両辺を2倍して，$4x-6y=-20$…③ ②の両辺を3倍して，$15x-6y=24$…④ ④の両辺から③の両辺をひいて，$11x=44$ $x=4$ さらに，$x=4$を①に代入して，$2\times4-3y=-10$ $8-3y=-10$ $-3y=-10-8$ $-3y=-18$ $y=6$

(4) $(1+\sqrt{5})(2+\sqrt{5})=1\times2+1\times\sqrt{5}+2\times\sqrt{5}+\sqrt{5}\times\sqrt{5}=2+3\sqrt{5}+5=7+3\sqrt{5}$

(5) $A=x+3$とすると，$(x+3)^2+2(x+3)-8=A^2+2A-8=(A-2)(A+4)$ おきもどして，$(x+3-2)(x+3+4)=(x+1)(x+7)$

(6) $y=\frac{12}{x}$より，$xy=12$…① ①に$y=2$を代入して，$2x=12$ $x=6$ また，①に$y=4$を代入して，$4x=12$ $x=3$ よって，yの変域が$2\leqq y\leqq4$のとき，$3\leqq x\leqq6$

(7) 半径が3cmの球の体積は，$\frac{4}{3}\times\pi\times3^3=4\times\pi\times9=36\pi$ (cm^3)

(8) 3桁の自然数を，百の位，十の位，一の位の順に数字を選んでつくるものとする。まず，百の位の数字は0以外の1，2，3から選ばなければならないので，選び方は3通り。次に，十の位の数字は，百の位で選んだ数字以外の3つの数字から選ぶので，選び方は3通り。そして，一の位の数字は，百の位と十の位で選んだ数字以外の2つの数字から選ぶので，選び方は2通り。よって，3桁の自然数は$3\times3\times2=18$(個)できる。

重要 【2】 (連立方程式の文章題，割合の利用)

お菓子の定価をx円，おもちゃの定価をy円とする。サイトAでは，全商品を定価の10%引きで買えて，合計金額が1620円になるので，$(4x+2y)\times\left(1-\frac{10}{100}\right)=1620$　$\frac{90}{100}(4x+2y)=1620$　両辺を10倍して，$9(4x+2y)=16200$　$36x+18y=16200$　両辺を18でわって，$2x+y=900$　$y=900-2x$…①　また，サイトBでは，お菓子を定価の55%引き，おもちゃを定価の20%引きで買えて，合計金額が1188円になるので，$4x\times\left(1-\frac{55}{100}\right)+2y\times\left(1-\frac{20}{100}\right)=1188$　$4x\times\frac{45}{100}+2y\times\frac{80}{100}=1188$　両辺を100倍して$4x\times45+2y\times80=118800$　$180x+160y=118800$　両辺を20でわって，$9x+8y=5940$…②　②に①を代入して，$9x+8(900-2x)=5940$　$9x+7200-16x=5940$　$9x-16x=5940-7200$　$-7x=-1260$　$x=180$　さらに，$x=180$を①に代入して，$y=900-2\times180$　$y=900-360$　$y=540$　よって，お菓子の定価は180円，おもちゃの定価は540円となる。このとき，お菓子とおもちゃをサイトBで購入する場合，お菓子1つの金額は$180\times\left(1-\frac{55}{100}\right)=180\times\frac{45}{100}=81$(円)，おもちゃ1つの金額は$540\times\left(1-\frac{20}{100}\right)=540\times\frac{80}{100}=432$(円)となる。

【3】 (動点と図形の融合問題)

基本 (1)　点Cの座標がC(0, 4)であることから，点Pが点Oを出発して点Cと重なったとき，点Pが進んだ距離は4となる。さらに，点Qは点Pの2倍の速さで進むので，点Qが点Oを出発して進んだ距離は8となる。このとき，線分OAの長さは10なので，点Qは線分OA上にある。よって，点Pが点Cと重なったとき，点Qの座標は(8, 0)

重要 (2)　点Bの座標がB(10, 4)であることから，線分OCの長さは4，線分CBの長さは10となるので，点Pが点Bと重なったとき，点Pが点Oを出発してから進んだ距離は14となる。さらに，点Qは点Pの2倍の速さで進むので，点Qが点Oを出発してから進んだ距離は28となる。このとき，線分OAの長さは10，線分ABの長さは4，線分BCの長さは10，線分COの長さは4なので，点Qは点Oと重なる。よって，点Pが点Bと重なったとき，点Pの座標は(10, 4)，点Qの座標は(0, 0)，直線PQの傾きは$\frac{4}{10}=\frac{2}{5}$となるので，直線PQの方程式は$y=\frac{2}{5}x$

やや難 (3)　長方形OABCの面積は，OA=10，OC=4より，10×4=40となる。したがって，直線PQが長方形OABCを区切ってできる2つの図形の面積がそれぞれ20になるときの点P，Qの座標を求めればよい。ここで，点Qは点Pの2倍の速さで進むので，点Pが点Oを出発してからの移動距離を$x(0\leqq x\leqq14)$とすると，点Qが点Oを出発してからの移動距離は$2x(0\leqq2x\leqq28)$と表せる。$0\leqq x\leqq4$すなわち$0\leqq2x\leqq8$のとき，点Pは辺OC上，点Qは辺OA上にあり，△OPQは長方形OABCの半分の面積の△OACよりも小さい三角形なので，直線PQが長方形OABCの面積を半分にするxの値は存在しない。$4\leqq x\leqq5$すなわち$8\leqq2x\leqq10$のとき，点Pは辺CB上，点Qは辺OA上にあり，直線PQで長方形OABCを2つに分けた図形の一方は台形OQPCとなる。このとき，点Pの座標はP$(x-4,\ 4)$，点Qの座標はQ$(2x,\ 0)$と表せるので，線分CPの長さは$x-4$，線分OQの長さは$2x$となり，台形OQPCの上底は$x-4$，下底は$2x$，高さは4となる。さらに，台形OQPCの面積は$\{(x-4)+2x\}\times4\div2=(x-4+2x)\times2=(3x-4)\times2=6x-8$となり，その面積が20に等しいので，$6x-8=20$　$6x=28$　$x=\frac{14}{3}$　このとき，$x=\frac{14}{3}=4\frac{2}{3}$は$4\leqq x\leqq5$を満たすので，直線PQが長方形OABCの面積を半分にするときの点Pのx座標は$\frac{14}{3}-4=\frac{14}{3}-\frac{12}{3}=\frac{2}{3}$，点Pの$y$座標は4，点Qの$x$座標は$2\times\frac{14}{3}=\frac{28}{3}$，点Qの$y$座標は0となる。P$\left(\frac{2}{3},\ 4\right)$，Q$\left(\frac{28}{3},\ 0\right)$となる。$5\leqq x\leqq7$すなわち$10\leqq2x\leqq14$のとき，点Pは辺CB上，点Qは辺AB上にあり，五角形OAQPCは長方形OABC

の面積の半分の△OACよりも大きくなるので，直線PQが長方形OABCの面積を半分にするxの値は存在しない。$7\leqq x\leqq 12$すなわち$14\leqq 2x\leqq 24$のとき，点Pも点Qも辺CB上にあり，直線PQは長方形OABCの辺CBと重なるので，直線PQは長方形OABCを2つに分けられず，面積を半分にできない。$12\leqq x\leqq 14$すなわち$24\leqq 2x\leqq 28$のとき，点Pは辺CB上，点Qは辺OC上にあり，五角形OABPQは長方形OABCの半分の面積の△OABよりも大きくなるので，直線PQが長方形OABCの面積を半分にするxの値は存在しない。

【4】（三角形と角，三角形の合同，三角形の相似，四角錐の体積）

基本　(1)　△DECは∠DCE＝90°の直角三角形であり，三角形の内角の和は180°なので，∠DEC＝a°とすると，∠CDE＝180°－∠DCE－∠DEC＝180°－90°－a°＝90°－a°＝(90－a)°

重要　(2)　直線AGと直線DEの交点を点Pとする。(1)より，∠CDE＝(90－a)°なので，∠ADP＝∠ADC－∠CDE＝90°－(90－a)°＝a°　また，∠APD＝90°の直角三角形ADPにおいて，三角形の内角の和は180°なので，∠DAP＝180°－∠APD－∠ADP＝180°－90°－a°＝90°－a°＝(90－a)°　このとき，∠CDE＝∠DAP＝∠DAF＝(90－a)°…①　さらに，△CDEと△DAFにおいて，DC＝AD…②　∠DCE＝∠ADF＝90°…③　よって，①，②，③より，1組の辺とその両端の角がそれぞれ等しいので，△CDE≡△DAF　このとき，CE＝DF＝2となり，DF＝2(cm)

やや難　(3)　立体H－ABCFは，底面が台形ABCF，高さCHが線分CGの長さに等しい四角錐となる。このとき，AB＝BC＝7，CF＝CD－DF＝7－2＝5となるので，底面の台形ABCFの面積は(7＋5)×7÷2＝12×7÷2＝42　また，△ADFと△GCFにおいて，対頂角が等しいので，∠AFD＝∠GFC…①　AD//BGより，平行線の錯角は等しいので，∠DAF＝∠CGF…②　①，②より，2組の角がそれぞれ等しいので，△ADF∽△GCF　このとき，DA：CG＝DF：CFとなり，DA＝7，DF＝2，CF＝5より，7：CG＝2：5　2CG＝35　CG＝$\frac{35}{2}$　よって，立体H－ABCFは底面積が42，高さが$\frac{35}{2}$の四角錐となり，体積は，$42\times\frac{35}{2}\times\frac{1}{3}=7\times 35=245$(cm^3)

★ワンポイントアドバイス★

大半が基本レベルの問題ではあるが，それらを全部解くことだけで満足せずに，難度の上がった問題まで全て解くことを目指して取り組もう。基本レベルの問題だけの得点でよいと安易に考えず，意欲的に取り組むことが合格につながる。

＜英語解答＞《学校からの正答の発表はありません。》

【1】　問1　[1]　③　問2　[2]　④　問3　[3]　②　問4　[4]　②　問5　[5]　④
　　　問6　[6]　②　問7　[7]　③　問8　[8]　④　問9　[9]　③　問10　[10]　④

【2】　問1　[11]　①　[12]　②　問2　[13]　⑥　[14]　②　問3　[15]　⑥　[16]　③
　　　問4　[17]　②　[18]　③　問5　[19]　①　[20]　④

【3】　問1　[21]　②　問2　[22]　③　問3　[23]　②　問4　[24]　①　問5　[25]　③

【4】　問1　[26]　②　[27]　①　[28]　④　[29]　③　問2　[30]　③　[31]　①　[32]　③

【5】　問1　[33]　②　問2　[34]　②　問3　[35]　③　問4　[36]　①　問5　[37]　③
　　　問6　[38]　④　問7　[39]　②　[40]　④

○推定配点○

【1】　各2点×10　【2】　各4点×5(各完答)　【3】～【5】　各3点×20　計100点

＜英語解説＞

基本 【1】（語句補充・選択：進行形，熟語，時制，疑問詞，現在完了，比較，単語，仮定法，間接疑問）

問1 「昨晩8時に私はお風呂に入っていた」 過去進行形「～していた」take a bath「お風呂に入る」

問2 「あなたは何について書くつもりですか」 未来表現＜be going to ＋動詞の原形＞「～するつもりだ」 write about ～「～について書く」

問3 「あなたは誕生日にペンとペンケースのどちらがほしいですか」 which「どちら」

問4 「あなたのお母さんは当時バレーボールファンでしたか」 be 動詞の過去形の文。

問5 「ルーシーの父親は岐阜出身だが，彼女はそこに行ったことがない」 ＜have never ＋過去分詞＞「～したことがない」

問6 「東京スカイツリーは東京タワーより高い」 ＜比較級＋ than ～＞「～より…」

問7 「私はロサンゼルスの友人に会うことを楽しみにしている」 look forward to ～ing「～することを楽しみにする」 この表現は通例進行形で用いられ，be looking forward to ～ing となる。

問8 「あの写真は私たちに沖縄旅行を思い出させる」 ＜remind ＋人＋ of ～＞「(人)に～を思い出させる」

問9 「もし私に大きな翼があったら，その島の上を飛べるのに」 現在における実現の可能性の低い仮定は，仮定法過去で表す。＜If ＋主語＋動詞の過去形～，主語＋助動詞の過去形＋動詞の原形…＞「もし～なら…なのに」

問10 「今日あなたが何をしたか，私に教えてください」 what 以下は間接疑問で＜疑問詞 ＋主語＋動詞＞の語順。

重要 【2】（語句整序：疑問詞，助動詞，熟語，不定詞，関係代名詞，熟語，接続詞）

問1 How many bats do you have？ ＜How many ＋複数名詞＞「いくつの～」

問2 You don't have to turn it in(tomorrow.) ＜don't have to ＋動詞の原形＞「～する必要はない」 turn ～ in「～を提出する」

問3 (I)will show you how to play(the guitar.) ＜show ＋人＋もの＞「(人)に(もの)を見せる，教える」 ＜how to ＋動詞の原形＞「～する方法」

問4 This is information that I found(on the Internet.) that は目的格の関係代名詞で that I found on the Internet「私がインターネットで見つけた」が information を後ろから修飾する。

問5 Feel free to ask me if(you have any question.) ＜feel free to ＋動詞の原形＞「気軽に～する」 if ～「もし～ならば」

基本 【3】（対話文完成問題）

問1 A：あなたは土曜の夜の会社のサッカーの試合に来る予定？／B：うーん，僕はサッカーが大好きだけれど，行けるかどうかわからない。／A：本当？ 仕事をしないといけないの？／B：いいや。僕の両親が夕食に来るかもしれないんだ。

問2 A：この歌の題名が何か知っている？／B：いや，知らない。ネットで題名を調べたら？／A：でもどうやって？／B：その歌の歌詞を検索するんだよ。

問3 A：何を作っているの？ すごくいい匂いがする。／B：おでんよ。日本の人気のある食べ物よ。／A：へえ。少し食べたいな。僕はとてもお腹が空いているんだ。／B：いいよ。あと数分ででき上がるわ。

問4　A：ちょっと私を手伝ってくれる？／B：いいよ。何が必要なの？／A：私はこのコンピュータの使い方がわからないの。／B：わかった。僕に見させて。

問5　A：瑞浪消防署です。／B：もしもし。小さい男の子が木に登って，下りられません。救助のため誰か派遣してくれませんか。／A：もちろんです。場所を教えてください。／B：ええ。瑞浪駅の近くの公園内です。

重要【4】（長文読解問題・資料読解：英問英答，内容吟味，内容一致）

問1　（全訳）　100人の高校生がこの質問をされた。あなたはどのSNSサイトを最も頻繁に使いますか。上位4つは「Cat Dog」「Interesting」「Fine Book」「Traveler」だった。上位4つだけで合計の90％になる。これら4つのうち，「Interesting」が最も頻繁に使われ，32％になる。「Traveler」は10年前は最も人気のあるSNSだったが，今回は「Cat Dog」と「Fine Book」の間だった。「Cat Dog」と「Fine Book」は同じ年にサービスを開始した。しかし「Fine Book」は近頃人気を失っていて，今回はわずか10％だ。

[26]　最も頻繁に利用され，32％になるのは，「Interesting」。

[27]～[29]　2位は「Cat Dog」，4位は「Fine Book」で，「Traveler」はその間の3位。

問2（全訳）　グリーンリバー国立公園

岐阜グリーンリバー国立公園へようこそ。お客様は美しい自然の中でキャンプやボートレンタルが楽しめます。

○キャンプ情報

キャンプをしたいお客様は初日の2週間前に必ず電話してください。

番号はこちら：0572-68-4635

○キャンプ料金

－一晩4,000円

・7月2日－7月12日は一晩につき追加で2,000円かかります。

公園内に入りましたら，まずグリーンリバー国立公園センターにお越しください。

そこで氏名・電話番号を記入し，キャンプ料金を支払います。

その後，キャンプ場に行くことができます。

○キャンプのルール

－他のお客様にご配慮いただき，午後10時以降は静かにしてください。

－ゴミはお持ち帰りください。

－野生動物にエサを与えないでください。

－寝る前に全ての火を消してください。

・キャンプのルールに従わない場合は，公園を立ち退かなくてはなりません。

○ボートレンタル

－1人につき2時間のレンタルで2,000円かかります。

－午前10時から午後3時までです。

－ご利用の時はボートハウスにお越しください！

質問1　③「7月1日から7月4日まで（3泊）キャンプしたければ，16,000円支払わなくてはならない」　キャンプ料金4,000円×3泊＝12,000円。7月2日からは1泊につき追加料金2,000円がかかるので，追加分2,000円×2泊＝4,000円。合計で16,000円。

質問2　「グリーンリバー国立公園では，キャンプ客は最初に何をすべきか」①「パークセンターで自分たちの情報を書く」

質問3　「キャンプのルールに書かれていないものはどれか」③「客はパークセンターのごみ箱を使わなくてはならない」　ごみは家に持ち帰る，と書かれている。

【5】 (長文読解問題・紹介文：脱文補充，語句補充・選択，指示語，内容一致，語句整序，不定詞)

(全訳) 屋外で過ごす人のほぼ全員が蚊を経験したことがある。[②]この虫は病気を広げる可能性がある。しかし，蚊を減らすために人々ができることがある。それはあなたが自分自身を守ることができるという意味だ。ジェシカ・ダミアーノはガーデニング専門家である。彼女はアウトドア生活について執筆する。ある話の中で，ダミアーノは最良の管理は予防だと述べた。その話の中で，彼女は自分の周りの蚊の数を減らす方法について提案もした。

蚊を避けることは難しく思われるかもしれない。世界には蚊が多い地域がある。川の近くに(ア)住む人々はより多くの蚊を経験するかもしれない。しかしその数を減らすためにあなたができる方法がいくつかある。蚊は卵を産むのにわずか1cmの水があればよい。彼らは1回に数百の卵を産むことができる。そこで，水に関して，家の周りを確認しよう。水は小さな容器に簡単に集まる。子供のおもちゃやゴミの缶などだ。たとえほんの少しに見えたとしても，水を取り除こう。容器の底に穴をあけることによって(ウ)それを取り除くことができる。

池のような他の水源は化学薬品で処理が可能だ。ダミアーノは Bti と呼ばれる細菌を勧める。その細菌は蚊の幼虫を殺すのに安全で効果的な方法だ。数種類の Bti が利用できる。それぞれの Bti が異なる虫を対象として作られている。そのため，必ず蚊用のものを買いなさい。また，多くの形状の Bti がある。例えば，リング状の製品「モスキート・ダンクス」が有名だ。そのリングは水に浮き，30日間効果がある。専門家は「モスキート・ダンクスは人，ペット，他の虫に害はありません」と言う。

蚊は生い茂った植物を好む。庭をきれいにしておこう。植物が成長しすぎないようにしなさい。扇風機を高速度で使うことは蚊の活動を減らす。それはその虫を吹き飛ばすことによって効果を発揮する。また，私たちが息を吐く時，息から出る二酸化炭素が蚊を引き寄せる。(エ)扇風機は私たちの二酸化炭素を素早く減らすのに役立つ。

ダミアーノは化学薬品の殺虫スプレーを避けるよう提案する。これらは他の虫に有害な可能性がある。このような化学薬品はわずかな数の大人の蚊に対応するだけだ，と彼女は言う。また，殺虫剤がよく効くためには1シーズンに何度も使う必要がある，と彼女は述べた。

ダミアーノは，蚊よけ剤として売られている「蚊草」は蚊を遠ざける油分または化学成分を含んでいる，と言う。しかし，これらの植物は，ちぎれた時にそのような化合物が排出される場合のみ，蚊を遠ざける。そのような植物を置いておくだけでは役に立たない。

自分自身を守るためにあなたができることは他にもある。ドアや窓に網戸を付けるか，閉めておく。そして夕方から早朝の間は屋外で過ごす時間を減らす，なぜならその時間は蚊が最も活動的だからだ。

しかし蚊は全て悪いのか。ダミアーノは，自分の周りの蚊を減らすことは環境に害を与えないと言う。

問1 全訳下線部参照。②に入れると，蚊は病気を広げる可能性があるが，蚊を減らして自分を守ることができる，という文の流れになる。

問2 (ア) 直前の関係代名詞 who の先行詞は People(複数)なので，動詞は live となる。
(イ) <There are +複数名詞>「～がある」

問3 下線部ウの直前の文に remove water とあるのに着目する。

問4 第3段落最終文参照。人やペット，他の虫には害がない，とあるので①が誤り。

問5 A fan can help to reduce our carbon dioxide(quickly.) ㋑ we が不要。<help (+ to)+動詞の原形>「～するのに役立つ」

やや難 問6 第5，6段落参照。chemical poison spray は1シーズンに何度も使用しなくてはならない。また，mosquito plants は葉がちぎれて化合物が放出された時のみ効果があることから，シーズンを通して長く効果があるとは言えない。

重要 問7　②「もし水が少しなら，蚊はその中に卵を産むことはできない」(×)　④「扇風機は蚊の活動を削減する，なぜならそれは殺虫剤を広げるからだ」(×)

★ワンポイントアドバイス★

【5】の長文読解問題は，身の回りの蚊を少なくすることについての文章。段落ごとに内容を正しく読み取ろう。

＜理科解答＞《学校からの正答の発表はありません。》

【1】　(1)　[1]　③　(2)　[2]　②　[3]　⑦　[4]　②　[5]　⑤　(3)　[6]　③
(4)　[7]　②　[8]　⓪　[9]　②　(5)　[10]　⑨　[11]　⑥　[12]　⓪
(6)　[13]　①　[14]　⑦

【2】　(1)　[15]　④　(2)　[16]　⑦　(3)　[17]　④　(4)　[18]　①　(5)　[19]　③
(6)　[20]　①　(7)　[21]　③

【3】　A　(1)　[22]　①　[23]　①　[24]　③　[25]　②　[26]　③　[27]　①　[28]　③
[29]　②　(2)　[30]　④　(3)　[31]　③　(4)　[32]　④　(5)　[33]　①
B　(6)　[34]　②　(7)　[35]　②　(8)　[36]　④　(9)　[37]　③

【4】　(1)　[38]　④　[39]　③　(2)　[40]　①　(3)　[41]　④　(4)　[42]　③　[43]　①
(5)　[44]　②　(6)　[45]　②　(7)　[46]　③　(8)　[47]　①　[48]　①
(9)　[49]　⑤　[50]　①

○推定配点○

【1】　(2)　8点　(4)・(5)　各6点×2　(6)　4点　他　各2点×2
【2】　各2点×7　【3】　各2点×16
【4】　(4)・(8)・(9)　各4点×3　他　各2点×7　計100点

＜理科解説＞

【1】　(溶液とその性質―溶解度)

基本 (1)　固体の水への溶解度の違いを利用して物質を分離する方法を，再結晶という。

重要 (2)　60℃で水100gに溶ける硝酸カリウムは109gである。水の量が2.5倍なので，溶ける硝酸カリウムの最大量は109×2.5＝272.5(g)になる。

重要 (3)　①　20℃の水100gに硝酸カリウムは31.6g溶ける。0℃では13.3gまで溶けるので，析出する結晶は31.6－13.3＝18.3(g)である。　②　塩化アンモニウムは60℃の水200gに55×2＝110(g)溶ける。20℃では200gの水に37.5×2＝75(g)まで溶けるので，析出する結晶は110－75＝35(g)である。　③　ミョウバンは40℃の水300gに24.0×3＝72(g)まで溶ける。20℃では11.5×3＝34.5(g)まで溶けるので，結晶は72－34.5＝37.5(g)析出する。　④　硝酸カリウム40gもミョウバン15gも，40℃の水100gには完全に溶ける。0℃にすると硝酸カリムは40－13.3＝26.7(g)，ミョウバンは15－5.7＝9.3(g)が析出し，結晶の合計は36gになる。よって析出した結晶の質量が最も大きいものは，③である。

重要 (4)　60℃の塩化アンモニウム飽和水溶液155gを0℃まで冷やすと，結晶は55−29.7＝25.3(g)析出する。124gの塩化アンモニウム飽和水溶液を0℃まで冷やすとx(g)の結晶が析出するとして，155：25.3＝124：x　　x＝20.24≒20.2(g)である。

(5)　(4)の飽和水溶液中に含まれる塩化アンモニウムは，$124\times\frac{55}{155}=44$(g)である。この結晶を含む飽和溶液に$y$(g)の水を加えて20％の水溶液にするので，$\frac{55}{124+y}\times100=20$　　y＝96(g)になる。もし，問題の意図するところが，「(4)で得られた結晶をろ過して取り出し，これを水に溶かして20％の水溶液にする。」というものであるならば，必要な水の量をz(g)として，$\frac{20.24}{z+20.24}\times100=20$　z＝80.96≒81.0gとなる。

(6)　混合水溶液中の硝酸カリムの質量は，50×0.1＋100×0.15＋200×0.20＝60(g)であり，水溶液の合計の質量は350gなので，$\frac{60}{350}\times100=17.1$≒17(％)である。

【2】 (大地の動き・地震─地震波)

基本 (1)　地震の発生場所を震源といい，その真上の地上の地点を震央という。

基本 (2)　地震のゆれの大きさを震度，地震のエネルギーの大きさもしくは地震の規模をマグニチュードという。

(3)　初期微動継続時間とは，観測地点にP波が到達してからS波が到達するまでの時間をさす。B地点での初期微動継続時間は8秒である。

重要 (4)　A地点からB地点でまでの距離は36kmである。この距離をP波は6秒で伝わり，S波は12秒で伝わるので，P波の速さは36÷6＝6(km/秒)，S波の速さは36÷12＝3(km/秒)である。

重要 (5)　震源からA地点までの距離が12kmであり，この間をP波が伝わるのにかかる時間は12÷6＝2(秒)である。よって地震の発生時刻は，A地点にP波が到達した8時28分52秒より2秒前の8時28分50秒である。

(6)　震源からの距離をx(km)，初期微動継続時間をt(秒)とすると，$t=\frac{x}{3}-\frac{x}{6}=\frac{x}{6}$となり初期微動継続時間と震源からの距離は比例する。よってグラフは①になる。

(7)　$t=\frac{x}{6}$にx＝72kmを代入して，t＝12(秒)である。

【3】 (原子と分子・電流と電圧─放電，オームの法則)

A (1)　[22]　物質内にたまった状態の電気を静電気と呼ぶ。　[23]　マイナスの電気を持った電子が移動することで，静電気が発生する。　[24]　同じ種類の電気を帯びた物体どうしは反発しあう。　[25]　異なる種類の電気を帯びた電気どうしは引き合う。　[26]　電気を帯びた物体から，電気が空間をへだてて一瞬で流れる現象を放電という。　[27]　真空に近づけると，全体の色が紫色に光る。　[28]　このような現象を真空放電という。　[29]　−極からマイナスの電気を帯びた電子が放出されている。

(2)　電気を帯びた状態を帯電という。

重要 (3)　＋極側の管壁に影ができるので，−極側から何かが出ていることがわかる。−極側から出るのは電子である。

基本 (4)　真空管の中で観察される電子の流れを陰極線という。

基本 (5)　陰極線は−の電気を帯びるので，電極板の＋極側にひかれて曲げられる。そのため図の①のような進路になる。

重要 B (6)　イ−エ間の電圧が6.0Vなので，抵抗器bを流れる電流は6.0÷6.0＝1.0(A)である。点イを3.0Aの電流が流れるので，抵抗器cを流れる電流は2.0Aである。

(7)　抵抗器cに6.0Vの電圧がかかるので，抵抗の大きさは6.0÷2.0＝3.0(Ω)である。

(8)　アーイ間に流れる電流も3.0Aであり，抵抗器aにかかる電圧は2.0×3.0＝6.0(V)である。よって直流電源の電圧は12Vになる。

(9)　(消費電力)＝(電圧)×(電流)より，6.0×2.0＝12(W)である。

【4】 (生殖と遺伝―メンデルの遺伝の法則)

基本　(1)　その形質が全て親と同じ系統を純系という。一方の形質しか現れない2つの形質を対立形質といい，異なる形質の遺伝子が組み合わさった時に現れる形質を顕性形質，現れない形質を潜性形質という。

基本　(2)　純系のしわの種子と丸の種子を掛け合わせるとき，子どもにはすべて丸の形質が現れる。丸が顕性形質である。

(3)　丸の形質を発現させる遺伝子と，しわを発現させる遺伝子が組み合わされると，一方の形質だけが発現し，他方の形質は隠される。

重要　(4)　純系の丸の親の遺伝子の組み合わせをRR，純系のしわの遺伝子の組み合わせをrrとすると，子どもの遺伝子型はRrとなる。これを交配してできる孫の遺伝子の方とその割合は，RR：Rr：rr＝1：2：1となる。RRとRrは丸の種子でありrrはしわの種子なので，丸：しわ＝3：1である。

重要　(5)　そのような形質を潜性形質という。

(6)　メンデルは，形質のもとになるものとして要素(エレメント)の存在を仮定した。1つの形質に対して2つのエレメントがあるとした。

(7)　メンデルの仮定した要素(エレメント)は，現在では遺伝子と呼ばれている。

重要　(8)　下線部Cでできた丸の種子の遺伝子型はRrである。これに純系のしわの種子rrを掛け合わせると，Rr：rr＝1：1で現れる。種子の形質の比は丸：しわ＝1：1になる。

やや難　(9)　下線部Dでできた丸の種子の遺伝子型はRRとRrであり，RR：Rr＝1：2である。これらを自家受粉させる。自家受粉とは，同じ花のおしべの花粉をめしべに受粉させることであり，RRとRRを掛け合わせ，RrとRrを掛け合わせることである。RRどうしの自家受粉では子供の遺伝子型はすべてRRである。Rrどうしのかけあわせでは子供の遺伝子型の比は，RR：Rr：rr＝1：2：1である。加えて，親の遺伝子型の比がRR：Rr＝1：2なのでこの比も考慮すると，子供の遺伝子型の比はRR：Rr：rr＝6：4：2＝3：2：1となる。形質の比は，丸：しわ＝5：1になる。

★ワンポイントアドバイス★

基本問題が大半だが，幾分難しい計算問題も出題される。基礎知識をしっかりと持ったうえで，応用問題も問題集などで練習しておきたい。

＜社会解答＞《学校からの正答の発表はありません。》

【1】 問1 ④　問2 ①　問3 ①　問4 ④　問5 ①　問6 F ③　G ①
問7 ②, ④　問8 ③

【2】 問1 ①　問2 ②　問3 ④

【3】 問1 ④　問2 ②　問3 ③　問4 ①　問5 ④　問6 ①　問7 ②

【4】 問1 ③　問2 ④　問3 ④　問4 ①　問5 ②　問6 ③

【5】 問1 ③ 問2 ③ 問3 ① 問4 ②
【6】 問1 ② 問2 ③ 問3 ④ 問4 ③[④] 問5 ①
【7】 問1 ② 問2 ④ 問3 ② 問4 ③ 問5 ③
○推定配点○
【1】～【3】 各3点×20 【4】～【7】 各2点×20 計100点

＜社会解説＞

【1】 (地理―ヨーロッパの自然・民族・時差の計算など)

基本 問1 ヨーロッパ南部を東西に走る氷河におおわれた雄大な山脈。

問2 オランダの正式名称ネーデルラントは低地を意味し，国土の約4分の1が海面より低い。そのため，昔から風車を動力とした干拓事業で国土を拡大してきた。

問3 地中海地方では冬の降水を利用して小麦を，夏は乾燥に耐えるオリーブやオレンジなどの柑橘類の栽培がさかんである。バナナは熱帯地方で栽培。

問4 氷河が削ったU字谷に海水が浸入した地形。カナダ西部やチリなどにもみられる。

重要 問5 経度15度で時差は1時間。135÷15＝9なので日本より9時間遅れている。

問6 スペインなど南ヨーロッパはラテン系民族でカトリック，ドイツなど北部はゲルマン系民族でプロテスタント，ロシアなど東部はスラブ系民族で正教会が中心となっている。

問7 ② ヨーロッパの統合は2度の大戦への反省から第二次大戦後に誕生した組織。 ④ EC(ヨーロッパ共同体)は1993年にEU(ヨーロッパ連合)に発展。

問8 トルコは2000年代の初めからEU加盟交渉をしているが，それがいまだに実現していない要因の一つが宗教問題ともいわれている。

【2】 (公民―人権・憲法など)

問1 マグナカルタ(1215)→権利章典(1689)→独立宣言(1776)→人権宣言(1789)の順。

問2 居住・移転・職業選択の自由は経済活動の自由に分類される。

基本 問3 戦後の民主化の中，1945年に女性選挙権と25歳から20歳への引き下げが実現した。

【3】 (公民―憲法・政治のしくみなど)

問1 必要に応じて召集される国会。常会は毎年1回，緊急集会は内閣の求め，特別会は30日以内。

重要 問2 最高裁判所の長官は内閣の指名に基づいて天皇が任命する。

問3 行政権とは国会による立法を具体的に執行する権能で内閣に属している。

問4 門地とは出生によって当然に生ずる社会的な地位で，生まれとか家柄といったもの。

問5 核拡散防止条約(NPT)は新たな核保有を禁止する条約。

やや難 問6 9条1項は戦争の放棄を，2項で戦力の不保持と交戦権の否認を規定している。

問7 専用施設の約70％(県面積の8％，沖縄本島に限ると15％)が沖縄に集中，航空機の騒音や事故，軍関係者による犯罪など県民の生活に大きな影響を与えている。

【4】 (日本の歴史―古代～近世の政治・社会・文化史など)

問1 邪馬台国の女王卑弥呼は「親魏倭王」の称号と銅鏡100枚などを賜ったという。

問2 貴族の屋敷は寝殿造。書院造は室町時代に完成した日本家屋の原型といわれる建築様式。

問3 イ 7世紀初めに創建，その後全焼したが8世紀初めまでに再建された。 ウ 戒律を授けるために請われて来日した唐の高僧・鑑真によって建てられた寺。

重要 問4 頼朝の示した例を重視し，武家社会独自の慣習などに基づいた初の武家法。

問5 16世紀中ごろに成立した喧嘩両成敗など家臣の統制を定めた武田家の分国法(信玄家法)。

問6　8代将軍・徳川吉宗が裁判や刑の基準を定めた成文法。

【5】（日本の歴史―中世～近世の政治・社会史など）

問1　X　堀や板塀をめぐらせた武士の館。　Y　さまざまなものが並べられた市の様子。

問2　念仏を称《とな》えれば救われると説き，念仏踊りをしながら全国を行脚《あんぎゃ》した僧。

問3　日明貿易では銅銭や生糸・絹織物などを輸入，刀剣や銅・硫黄などを輸出した。

基本　問4　弥生時代に使用された磨製石器。穴に通したひもを指にかけ稲の穂を摘んだ。

【6】（日本と世界の歴史―中世～近世の政治・経済史など）

問1　1917年，第1次大戦中のロシアで兵士や労働者が反乱，皇帝を倒して臨時政府を樹立した。

問2　ラクスマンが大黒屋光太夫を伴って根室に来航したのは1792年。

やや難　問3　日清戦争前後に日本の軽工業分野の産業革命は急速に進行，1890年ごろには綿糸の生産が輸入を超え，1897年ごろには輸出が輸入を超え生糸と並ぶ主要輸出品となった。

問4　あはアヘン戦争，いはインド大反乱，うは下関砲台占領事件，えはボストン茶会事件。

問5　天保の改革では物価高騰の要因として株仲間の解散を命じたがその効果はなかった。

【7】（日本の歴史―近代～現代の政治・外交史など）

問1　1894年，外相・陸奥宗光は日英通商航海条例を結び領事裁判権の撤廃に成功した。

問2　征韓論で下野した江藤新平は翌年故郷に戻り反乱（佐賀の乱）の指導者に擁立され刑死した。

問3　第2次日韓協約（1905年）で外交権を奪い設置したのは統監府（初代統監は伊藤博文）。

重要　問4　台湾・澎湖諸島を獲得したのは日清戦争。日露戦争では南樺太（サハリン）を獲得。

問5　日米安全保障条約の改定を強行し辞職したのは佐藤栄作の兄・岸信介。

★ワンポイントアドバイス★

世界史はなかなかなじみの薄い分野である。学習する際には日本史との関連の中でとらえると同時に，公民の国際政治と絡めて学習する習慣をつけよう。

＜国語解答＞《学校からの正答の発表はありません。》

【一】　問一　a ④　b ①　c ③　d ⑤　問二 ③　問三 ④　問四 ②
問五 ③　問六 ①　問七 [10] ③　[11] ④　[12] ④

【二】　問一　a ②　b ④　c ③　問二 ②　問三 ⑤　問四 ④　問五 ③
問六 ②　問七 ①・②

【三】　問一 ⑤　問二 ②

○推定配点○

【一】　問一・問七　各2点×7　他　各5点×5　【二】　問一　各2点×3　他　各5点×7
【三】　各10点×2　計100点

＜国語解説＞

【一】（論説文―大意・要旨，内容吟味，文脈把握，接続語の問題，脱文・脱語補充，漢字の読み書き，ことわざ・慣用句，品詞・用法）

問一　a　標準　①　単純　②　順番　③　巡回　④　準備　⑤　循環
　　　b　遠征　①　征服　②　成人　③　盛況　④　政治　⑤　勢力
　　　c　特殊　①　種類　②　首都　③　殊勝　④　取得　⑤　狩猟
　　　d　発揮　①　棄権　②　怪奇　③　規則　④　四季　⑤　指揮

問二　ア　「私たち子供は……奮い立った」という前の理由を，後で「私たちは先生の考え方をちゃんと知っていたからだ」と述べているので，理由の意味を表す語を補う。　イ　後の「私たち子供が習い覚えた剣道など何事でもない」と予想される反論を述べているので，もちろん，言うまでもなく，といったん肯定する意味を表す語を補う。　ウ　「共同体が破綻することの個人にとっての身の危険も，知性はよく知っている」という前から，当然予想される内容が後に「私たちはホームで行儀よく並ぶ」と続いているので，順接の意味を表す語を補う。

問三　傍線部Aの「こうした教え」は，直前の段落の「人間はさまざまな口実で，無理にも強いと思い込むことができる。弱いと知りつつ，思い込み，席を譲ることができる。」という先生の考えを指し示している。この内容を言い換えている④が最適。この「弱いと知りつつ」に，①の「強くて正しい人間になれる気がした」は合わない。②の「剣士としての自覚」や⑤の「自分に対する評価」については述べていない。直前の段落の「そういう人間はすでに強く，その強さは倫理的である」に，③の「自分の弱さを思い知った」も合わない。

やや難　問四　「老人に席を譲らなくてはならない」場合，「若者の知性」は「これで得をするのは，あんまり先の話だ」と「見積もる」という文脈になる。自分が席を譲ってもらえるのはずいぶん先なので今は譲らなくても良いということになり，「ここにおける『知性』」とは「自分の利益を得るにはどうすればよいかを考える力」の意味だとわかる。この文脈に，①の「共同体の利益と自分の利益とをどのように結びつけるか」という思考は合わない。ドアが開いた途端座席になだれ込む様子に，③の「利己的な行動をどう抑えるか」や⑤の「共同体のきまりを守るには」も合わない。④の「共同体の破綻」はホームで並ばないことによるので，最適ではない。

問五　自分が席を譲ってもらえるのはずいぶん先だから今は譲らなくてもよいと考えた時に，若者はどうするのかを考える。眠っているふりをする，という意味の語が入る。

基本　問六　X　自立語で活用がなく「働かない」という用言を修飾しているので，副詞。　Y　付属語で活用があるので，助動詞。

重要　問七　[10]　「ホームに並ぶこと」について，直前の段落で「ホームで並ぶというルールは，共同体の道徳から来ている」と述べている。「共同体の道徳」なので，明文化された「ルール」はないが，守らないと周囲から非難されるので「強制はある」と言うことになる。　[11]　同じ段落に「私たちはその力に鼓舞されて席を譲る」とあり，「その力」は「共同体に道徳をもたらす元の力から」「鼓舞」されたもので，「私たち子供は」で始まる段落で「この胚珠が〈潜在的道徳〉から吸い上げる力」，「お年寄りに」で始まる段落で「倫理の胚珠」と表現している。　[12]　直前の段落で「ホームで並ぶというルールは，共同体の道徳から来ている」もので，ルールを守らず利己的に振る舞うと「共同体が破綻」し個人にとっても身の危険を感じるようになると述べている。したがって，「ホームに並ぶこと」は共同体が維持される，という結果になる。

【二】（小説―情景・心情，内容吟味，文脈把握，脱文・脱語補充，語句の意味，表現技法）

問一　a　「大みえ」は，歌舞伎の役者の特別な決めのポーズの意味からできた言葉であることから判断する。　b　「指をさされる」は，「後ろ指をさされる」とも言う。　c　母親の手伝いをして遅刻した権太を叱る先生に対して言っていることから，ここでの「無理」は「無理解」という意味だと判断する。

問二　直後の「いつ先生が現れるかわからない。手伝っているのを見つけられたら，何と言って叱られるだろう」という心情には，不安を感じて落ち着かない様子を意味する擬態語が合う。「叱られる」などの表現に，⑤の「そわそわ」はそぐわない。

問三　「拭き掃除しなくてもわからんよ」と言う耕作に対して，権太は「耕ちゃん，わかってもわからんくても，することだけはするべ」と言っている。この権太の言葉を「やらねばならないことをしっかりやろう」と表現している⑤が最適。権太の言葉に，①の「意地になっている」様子や，②の「浅知恵をたしなめ」る様子，③の「手早く掃除」しようとする様子は読み取れない。また，権太の行動は一貫しており，④の「やめようかと迷っていた」も最適ではない。

問四　挿入文に「いつもほめられている耕作」とあるので，耕作がほめられている描写の後に入る。「耕作は小さい時から」で始まる段落に「いつも人にほめられて来た……いつの間にか，耕作の心の中には，よりほめられたい思いは渦巻くようになった。ほめられたいと思うことは，また叱られまいとすることであり，誰にも指をさされまいとすることでもあった」とあり，この「指をさされ」るが，挿入文の「耐え難い恥ずかしさ」にも通じるので，[エ]に入る。

問五　直後の「(そうか。先生に叱られても，自分で正しいと思ったことは，したほうがいいんだな)」という耕作の心の中の言葉に着目する。耕作は今まで叱られないことばかりを考えていたが，「家の父ちゃんは，叱られるからするとか，叱られないからしないというのは，ダメだって，いつも言うからね」という権太の言葉を聞いて，自分がまちがっていたことに気づき納得したことを表している。この内容に③が最適。①の「手を抜いて楽する」ことを耕作は考えたわけではない。②の「先生に叱られないことが明らかな状況」ではない。耕作は，④の「家庭の事情によって学校に遅刻するのは当然」と納得したわけではない。⑤の「権太のあたたかい心遣い」を思い出したためではない。

重要　問六　耕作はほめられたいと思うあまり叱られまいとしていたが，権太の言葉で「自分のどこかがまちがっていることに気がついた」のである。「先生に叱られるからと言って，母ちゃんの手伝いをしないで，学校に走って来たりはしないよ」という権太の言葉を聞いて，耕作は「偉いなあ」と言っていることから，②の理由が最適。①の「家の手伝いも満足にこな」していなかったことを，耕作は反省しているわけではない。③の「責任感」に通じる描写はない。④⑤は母親の手伝いについて述べるものではない。

やや難　問七　本文は終始耕作の視点で描かれているので，「それぞれの視点で」とある①は誤っている。本文中で二人は仲違いをしたわけではないので，「理解し合えた少年たちの喜び」とある②も誤っている。

【三】(大意・要旨)

重要　問一　X　生徒2の「拭き掃除をやらずに楽をするという利益を見積もっていた」と，【一】の文章の「ホームで」で始まる段落「若者の知性は，しっかり見積もるに違いない。これで得をするのは，あんまり先の話だ」と重ね合わせる。ここから，耕作が備えているとする「知性」が入る。

Y　【二】の遅刻をして叱られることになっても病弱な母親を手伝う権太は，【一】の文章では，どのような人にあたるのか。生徒3の「弱者に対する責任を自分から果たそうとしている」をもとに，「私たち子供は」で始まる段落の「剣道をして強くなったということは，しない者に対する責任がたちまち生じたということだ。電車では最後に座る者となって，その責任を負え」に着目する。ここから，「電車で席を譲る」人のことだとわかる。

やや難　問二　【一】の文章に「体の不自由な人を思いやりましょう，いたわりの心が大切です。こういう押し付けの標語では，子供は恥ずかしくて席を立てない。譲られたほうも座る気がしない」とある。権太が遅刻をしても病気の母親を手伝うのは，「倫理の胚珠」に揺さぶられたためなので，「標語を大切にしているから」とある生徒Bは理解を誤っている。

★ワンポイントアドバイス★

難解な表現には，文章の後に注釈が付けられている。すばやく確認し読解の助けとする習慣をつけよう。

2022年度

★★★★★★★★★★★★★★★★★★★★★★★★

入　試　問　題

2022年度

中京高等学校入試問題

【数　学】（40分）　　＜満点：100点＞

次の【1】～【4】の $\boxed{}$ に適する数値，符号を答えなさい。

【1】

(1)　$-3+9\div(-3)=\boxed{\text{アイ}}$

(2)　$\dfrac{4}{3}a-\dfrac{a+5b}{2}=\dfrac{\boxed{\text{ウ}}a+\boxed{\text{エオ}}b}{\boxed{\text{カ}}}$

(3)　$2(x+3)(x-3)=\boxed{\text{キ}}x^2-\boxed{\text{クケ}}$

(4)　2次方程式$3x^2-2x-4=0$の解は，$x=\dfrac{\boxed{\text{コ}}\pm\sqrt{\boxed{\text{サシ}}}}{\boxed{\text{ス}}}$ である。

(5)　$\sqrt{20}$より小さい自然数は全部で$\boxed{\text{セ}}$個ある。

(6)　yはxに反比例し，$x=6$のとき，$y=4$である。
$x=2$のとき，$y=\boxed{\text{ソタ}}$ である。

(7)　半径が3㎝の球の表面積は $\boxed{\text{チツ}}$ π cm^{2}である。

(8)　1から5までの数字が1つずつ書かれた5枚のカードがある。
この中から同時に2枚引いたとき，カードに書かれた数の積が10以下になる確率は $\dfrac{\boxed{\text{テ}}}{\boxed{\text{トナ}}}$ である。

【2】

あるイベントで2日間限定の店を出店し，A，B 2つの商品を仕入れて販売をした。1日目は，AとBを合わせた個数の60%にあたる126個が売れた。この2日間でAの90%，Bの95%が売れて，残った商品の個数はA，B合わせて17個だった。A，Bの仕入れた個数はそれぞれ $\boxed{\text{アイウ}}$ 個，
$\boxed{\text{エオ}}$ 個である。

【3】

直線$y=\dfrac{1}{2}x+9$をℓとする。x座標が-2である直線ℓ上の点Aを通り，原点を頂点とする放物線Cがあり，この放物線上にx座標が1である点Bをとる。

(1)　点Aの座標は（-2，$\boxed{\text{ア}}$）で，
放物線Cは，関数$y=\boxed{\text{イ}}x^2$のグラフである。

(2)　点Bの座標は（1，$\boxed{\text{ウ}}$）で，
2点A，Bを通る直線の式は$y=\boxed{\text{エオ}}x+\boxed{\text{カ}}$ である。

(3)　直線$y=8x-6$と直線ℓの交点をPとするとき，

点Pの座標は（ [キ] , [クケ] ）である。

また，直線 ℓ 上にAB＝AQとなるような，x 座標が正である点Qをとると，点Qの座標は（ [コ] , [サシ] ）で，

△ABPと△ABQの面積比は [ス] ： [セ] となる。

【4】 図のように，平行四辺形ABCDの２本の対角線の交点をGとし，AD：BE＝５：２となるように線分BC上に点Eをとる。このとき，BDとAEの交点をＦとすると，△AFDと△AFGの面積比が10：３となった。

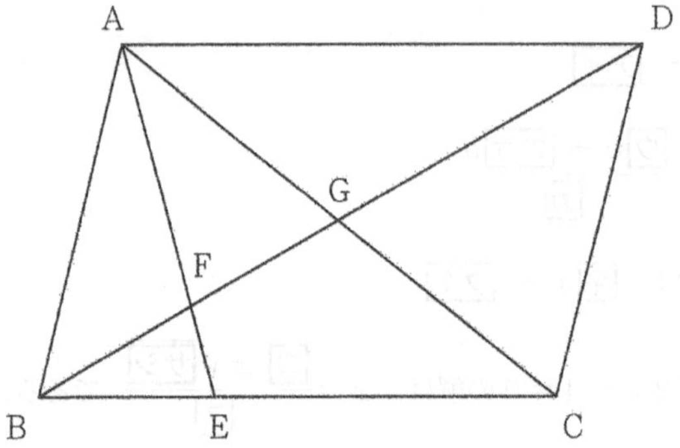

⑴ △AFDと△AFGの面積比から，FG：GD＝ [ア] ： [イ] である。

⑵ △BEFの面積を S とすると，△BEGの面積は $\dfrac{\boxed{ウ}}{\boxed{エ}}S$，

平行四辺形ABCDの面積は $\dfrac{\boxed{オカ}}{\boxed{キ}}S$ である。

【英　語】（40分）　＜満点：100点＞

【1】 次の各文の（　）に入る最も適切なものを，それぞれ下の①～④の中から1つずつ選び，解答番号 1 ～ 12 にマークしなさい。

問1　解答番号 1

My friend, Kyoko, loves music. She is good at (　　　).

①　sing　　②　song　　③　sang　　④　singing

問2　解答番号 2

English is the language (　　　) by many people in the world.

①　said　　②　spoken　　③　saying　　④　speaking

問3　解答番号 3

You (　　　) speak perfect English when you talk to Americans.

①　should not　　②　do not　　③　must not　　④　don’t have to

問4　解答番号 4

My sister (　　　) the piano when I came home.

①　played　　②　was playing　　③　plays　　④　is playing

問5　解答番号 5

Students (　　　) want to study in Canada have to study English hard.

①　when　　②　because　　③　who　　④　which

問6　解答番号 6

In our class, volleyball is the most popular (　　　) all the sports.

①　of　　②　to　　③　in　　④　for

問7　解答番号 7

Who is the old man (　　　) by the school gate?

①　stand　　②　standing　　③　stood　　④　stands

問8　解答番号 8

Hikaru’s family usually goes (　　　) in winter, but this year all her family will stay in Japan.

①　foreign country　　②　other countries

③　abroad　　④　straight

問9　解答番号 9

A：Did you enjoy Mr. Fast’s English lesson?

B：Yes. It was really (　　　).

①　nervous　　②　boring　　③　interested　　④　exciting

問10　解答番号 10

Ken: How long have you been playing tennis with your brother?

Mizuki: (　　　).

①　For two hours ago　　②　Since two hours

③　For this morning　　④　Since this morning

問11　解答番号 [11]

Alex: I'm sorry, Tina. I forgot to bring your dictionary to school.
Tina: That's OK. (　　).

① I will use it in the next class　② It's in my bag
③ I don't need it today　④ You have to take it soon

問12　解答番号 [12]

Tomoko: Ms. White, (　　)? I'm a little cold.
Ms. White: Sure, go ahead.

① how much was your coat　② may I shut the door
③ how do I get to the hospital　④ will you put on a sweater

【2】 次の各文の日本語に合うように【　】内の語句を並べ替え，【　】の中で３番目と５番目にくる語句をそれぞれ１つずつ選び，解答番号 [13] ～ [26] にマークしなさい。ただし，文頭にくる語も小文字で表記してあります。また，問６・問７は不要な語が一語含まれています。

問１　３番目 [13]，５番目 [14]

標識にはクマに注意と書いてあります。

The sign【① you　② beware　③ bears　④ says　⑤ must　⑥ of】.

問２　３番目 [15]，５番目 [16]

私たちがその問題を解決することが必要です。

It's【① the problem　② us　③ solve　④ for　⑤ to　⑥ necessary】.

問３　３番目 [17]，５番目 [18]

きっとこれらの本は多くの生徒たちに役立つでしょう。

I am【① help　② books　③ sure　④ these　⑤ will　⑥ that】many students.

問４　３番目 [19]，５番目 [20]

市民図書館はどこにあるか知っていますか。

【① the city library　② know　③ you　④ is　⑤ do　⑥ where】?

問５　３番目 [21]，５番目 [22]

母がくれた手紙で私は幸せな気持ちになりました。

【① gave　② made　③ me　④ that　⑤ the letter　⑥ my mother】me happy.

問６　３番目 [23]，５番目 [24]

このページには何匹の蝶がいますか。

【① butterflies　② many　③ see　④ much　⑤ you　⑥ do　⑦ how】on this page?　<u>一語不要</u>

問７　３番目 [25]，５番目 [26]

どの学校行事が一番楽しかったですか。

【① school event　② you　③ the best　④ enjoy　⑤ what　⑥ did　⑦ the most】?　<u>一語不要</u>

【3】 次の会話や指示文を読んで，Questionの答えとして最も適切なものをそれぞれ下の①～④の中から１つずつ選び，解答番号 [27]，[28] にマークしなさい。

問１　母親と息子が，ある日の予定について話しています。

Mother : Will you come straight home after school today?

Son : Not today. My class finishes just before three, and then I have to go to the library to do my homework with Ken. The library is near our school and it takes five minutes.

Mother : How long will you be there?

Son : For about two hours. Then I'm going to Mike's house to practice the guitar until eight.
I can go to his house in 10 minutes by bicycle.

Question: Where will the son be at 6:00 pm?　解答番号 [27]

①　At school　②　In the library　③　At Mike's house　④　At home

問２　ヨシコ（Yoshiko）とアラン（Allan）がまもなくやってくる２本の電車についてどちらの電車に乗るか話しています。

Yoshiko : Let's take the 8:50 train. It will leave in seven minutes.

Allan : The 8:50 train stops at only a few stations. That'll get us to Nagoya too early. The movie we are going to watch starts at 11:00. Let's take the other train leaving two minutes before it.

Yoshiko : Fine. Then we'll arrive at 10:00. We have time to have coffee before the movie.

Allan : That's perfect.

Question: What time will Yoshiko and Allan leave this station?　解答番号 [28]

①　At 8:43　②　At 8:48　③　At 8:50　④　At 8:57

問３　エミ（Emi）とトミー（Tommy）が先週の学校図書館の本の貸し出し数について話しています。

Emi : Students borrowed the most books on Friday. School library lent 80 books on that day. I think students wanted to read books on weekend.

Tommy : Yes, they have enough time to read on Saturday and Sunday. I'm surprised to see that 65 books were borrowed on Monday. Students usually don't come to the library on Monday.

Emi : It was raining all day last Monday and students didn't go outside during the break. On Thursday, each of 25 students borrowed 2 books and another 20 students borrowed one each.

Tommy : On Tuesday, students borrowed 50 books. They borrowed more books on Tuesday than on Wednesday.

Question: 次のページのグラフの（ [29] ）～（ [32] ）に入るものをそれぞれ次の①～⑤の中から１つずつ選び，解答番号にマークしなさい。

①　Monday　②　Tuesday　③　Wednesday　④　Thursday　⑤　Friday

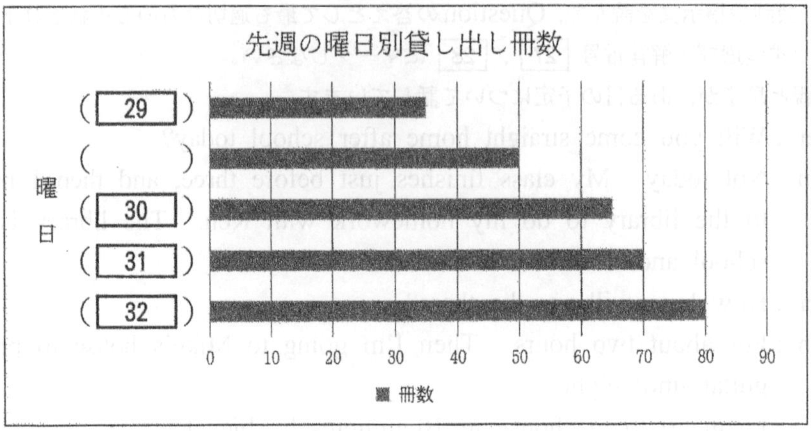

問4　ジュリア（Julia）とコウジ（Koji）がクラスの課外活動でどこに行くかの調査を行いました。3つの行き先について話しています。

Julia : The most popular place for girls is Tajimi Zoo. It's popular with about twice as many girls as boys.

Koji : Two pandas were born there in July. Girls like baby animals. The most popular place for boys is Gifu Castle.

Julia : Both boys and girls like Mizunami History Museum. The same number of students want to go there.

Koji : That's interesting. I thought that more boys liked to go there than girls.

Question: Which graph are Julia and Koji talking about?　解答番号 33

①
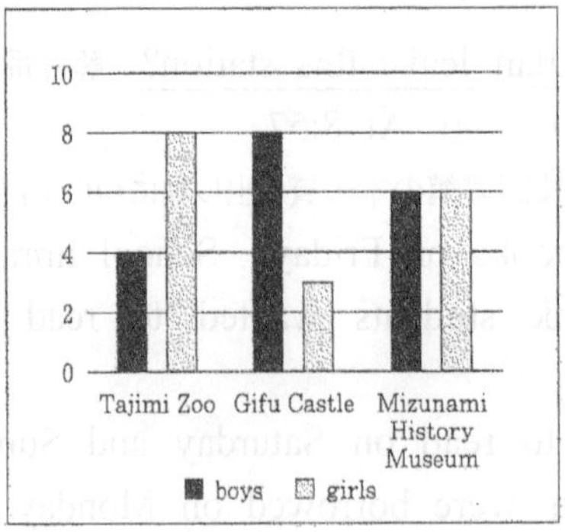

②
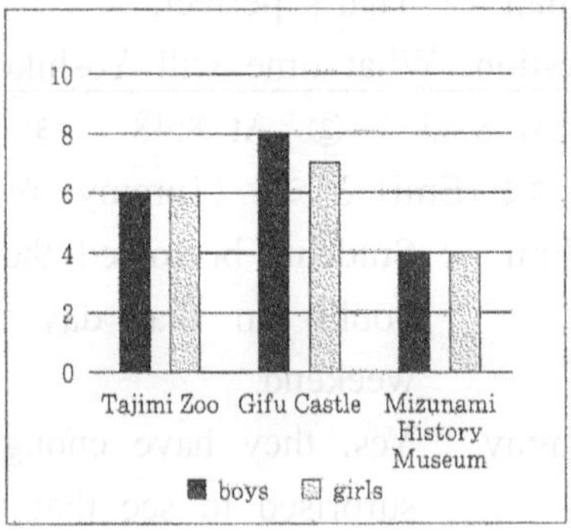

③
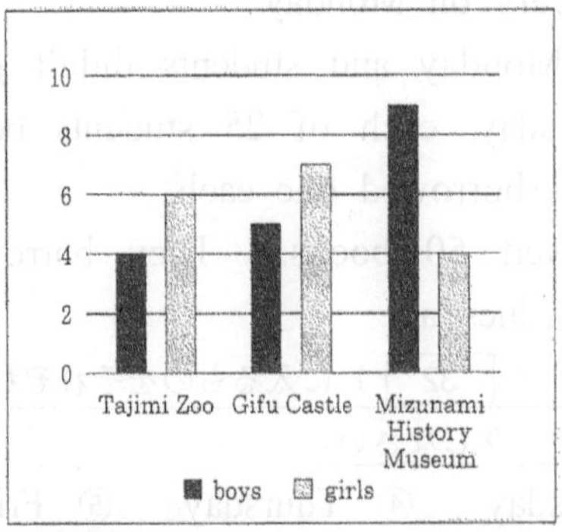

④
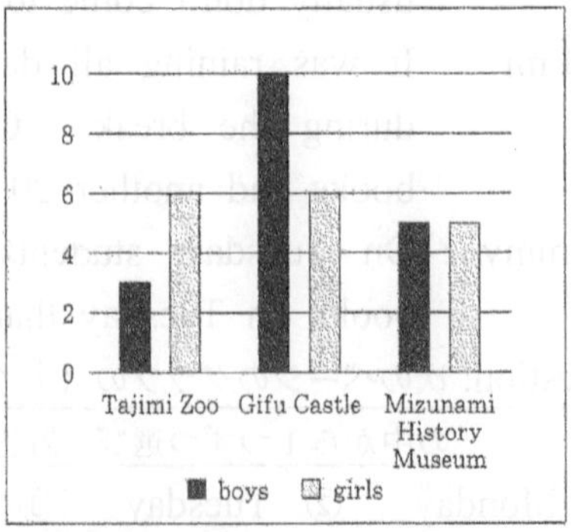

問５　レンタルＤＶＤを借りに行くと，次のような料金説明がありました。

If a customer rents up to three new DVDs, the price is 300 yen per DVD; for four or more, the price is 280 yen per DVD. If a customer rents semi-new or old DVDs, the price is 200 yen per DVD; one special set of 5 semi-new or old DVDs is 500 yen.

*up to ～ ～まで　per ～ ～につき　semi-new 準新作

Question: 表の 34 ～ 37 に入る金額をそれぞれ次の①～⑥の中から１つずつ選び，解答番号にマークしなさい。同じ番号を２度使っても構いません。

	New DVDs	Semi-new or old DVDs	Price
Tomoka	4	0	34
Hana	2	1	35
Masato	1	2	36
Shota	0	6	37

① 1200 yen　② 1120 yen　③ 1000 yen

④ 800 yen　⑤ 700 yen　⑥ 560 yen

問６　下の表は貯蔵室の野菜の生産地とおいしく食べられる期間を示しています。

First, I'd like you to put vegetables produced in Japan in the blue basket, and vegetables produced in other countries in the yellow basket. Then, if there is anything produced in Japan that has to be eaten within a week, take it out and put it in the green basket. And for vegetables produced in other countries, put ones that need to be used quickly in the red basket.

Vegetables	Producer	Good for	Basket color
Lettuce	Nagano	3 days	38
Sweet potatoes	Kagoshima	1 month	39
Green peppers	South Korea	4 days	40
Pumpkins	New Zealand	3 weeks	41

Question: 表の 38 ～ 41 に入るものをそれぞれ次の①～④の中から１つずつ選び，解答番号にマークしなさい。

① Blue　② Yellow　③ Green　④ Red

【４】 次の文を読んで，後の問いに答えなさい。

What do you imagine when you hear the color "green?" Most Japanese think of rich nature and freshness. In Western countries, green means something bad such as "jealousy," "inexperience" and "ア<u>weirdness</u>." You can see some monsters in the animations of western countries. They are sometimes green and have green eyes.

How about yellow? In Asian counties such as Japan and China, yellow is a noble color. In イancient China, only the emperor could wear in yellow. In the Christian cultural areas, yellow means the color of betrayal. This comes from Judah in the Christian religion. He betrayed Christ when he wore in yellow. It's sad some people call Asian people "yellow monkeys," and "yellow" may come from the bad ウimage of that. What color do you use when you paint the sun? Many Japanese children paint the sun red. Most children in the world paint the sun yellow. Some children paint it white, orange, or gold.

How about rainbows? They see seven colors in the rainbow in Japan and Korea. It depends on the countries, regions, ethnic groups and religions. They see six colors in America and England, five in Germany and France, four in Russia, Southeast Asia and Islamic worlds, and eight in some tribes of Africa. The way to see the sun's color and the rainbow's color depends on the eye color, and the place which they live in. The colors of the rainbows are connected with them together and we can't say what is correct. The difference of the rainbow colors depends on how to recognize each color.

Also, the image of numbers is different between Japan and other countries in the world. The Japanese don't like to use the number "four", because in Japanese the sound of "four" is the same as the sound of the word "death." They don't like to use this number on car's number plates, room numbers of apartments and hospitals. "Nine" is the same as "four." The sound of "nine" is the same as the sound of the word エ"pain" or "suffering." On the other hand, they don't use "thirteen" in western countries that believe in Christianity. There are many reasons why they don't like "thirteen," and they come from cultures and religions.

In addition, let's see the images of animals. What do you think about wolves? Bad images about wolves are given in children's stories such as "Little Red Riding Hood" and "Three Little Pigs." This way of thinking about wolves was made in the western countries, but Japanese have thought of them as God for a long time. "(オ)," Japanese pronunciation of wolves comes from the origin of "Great God." The Japanese are agricultural people and thankful for wolves which eat wild animals that damage crops. Western people are hunting people. Wolves are enemies which eat their livestock like sheep and cows.

In this way, the images of each word depend on the social and cultural background. We should also learn the background of the word when we learn foreign languages. To learn foreign languages is not just to change the words into the other languages. Why don't you try to think about the image of each word? カIt will【 (あ) you / (い) your / (う) make / (え) give / (お) learning / (か) and / (き) a pleasure / (く) rich 】.

jealousy 嫉妬　inexperience 経験不足　monster 怪物　noble 高貴な　emperor 皇帝

betrayal　裏切り　　Judah　（人名）ユダ　　Christian　キリスト教の　　religion　宗教
betray　裏切る　　Christ　キリスト　　Islamic　イスラム教の　　tribe　部族　　recognize　認識する
Christianity　キリスト教　　God　神　　pronunciation　発音　　origin　由来・起源
agricultural　農業の　　thankful　感謝している　　enemy　敵　　livestock　家畜　　background　背景

問１　下線部**ア**の意味として最も適切なものを次の①～④の中から１つ選び，解答番号 42 にマークしなさい。

①　活力　　②　無関心　　③　不気味　　④　快適

問２　下線部**イ**，**ウ**の単語の読みと同じ単語をそれぞれ次の①～④の中から１つずつ選び，解答番号 43 ，44 にマークしなさい。

イ　ancient　　解答番号 43

①　narrow　　②　salty　　③　dangerous　　④　valuable

ウ　image　　解答番号 44

①　manage　　②　explain　　③　aquarium　　④　translate

問３　下線部**エ**の意味に該当するものを次の①～④の中から１つ選び，解答番号 45 にマークしなさい。

①　久　　②　苦　　③　急　　④　九

問４　（**オ**）には，日本語の**読み**が入る。その読みから wolves の意味として最も適切なものを次の①～④の中から１つ選び，解答番号 46 にマークしなさい。

①　大鷹　　②　ヒグマ　　③　狼　　④　大鷲

問５　下線部**カ**を「それをするとあなたの学びは豊かなものになり，あなたに喜びをもたらすでしょう」となるように並べ替え，【　】の中で**３番目と６番目**にくる語句の組み合わせとして正しいものを次の①～④の中から１つ選び，解答番号 47 にマークしなさい。

①：(い)－(く)　　②：(う)－(か)　　③：(え)－(う)　　④：(お)－(え)

問６　なぜ虹の色は国や地域によって見え方や数が異なるのかについて本文と**合わないもの**を次の①～④の中から１つ選び，解答番号 48 にマークしなさい。

①　虹の色はつながっていて，何色《なんしょく》あるかはわからないから。
②　目の色や住んでいる場所により，見え方が違うから。
③　虹のそれぞれの色を何色と認識するかが違うから。
④　虹はすぐに消えてしまうので，何色《なんしょく》あるか数えられないから。

問７　本文の内容と合うものを次の①～⑥の中から２つ選び，解答番号 49 ，50 にマークしなさい。解答の順番は問いません。

①　“Green” has good images in many Asian countries.
②　An emperor had to wear something yellow because yellow was similar to gold.
③　The way to paint the sun is not the same among the children in the world.
④　Many people in western countries don’t like to use “four” or “nine.”
⑤　“Thirteen” is not used for car’s number plates and room numbers in hospitals.
⑥　Learning many things behind words is useful to understand other languages better.

【理　科】（40分）　＜満点：100点＞

【１】 次の文章を読んで，以下の問いに答えなさい。

植物には種子をつくる植物と種子をつくらない植物とがある。

カキやイチョウは種子をつくる植物である。カキの花は，（　ア　）が（　イ　）に包まれているため（　ウ　）植物とよばれる。これに対し，イチョウの花は（　ア　）が（　イ　）に包まれていないため（　エ　）植物とよばれる。実のなる（　ウ　）植物は受粉すると，（　イ　）が成長して（　オ　）になり，（　ア　）は（　カ　）になる。

種子をつくらない植物にはコケ植物やシダ植物があり，どちらも（　キ　）でふえる。コケ植物には根・茎・葉の区別が[A]（①あり・②なく,），維管束が[B]（①ある・②ない）。また，シダ植物には根・茎・葉の区別が[C]（①あり・②なく），維管束が[D]（①ある・②ない）。

⑴　文中の（ア）～（キ）に適する語を次の①～⑨の中から１つずつ選び，解答番号 [1] ～ [7] にマークしなさい。

（ア）：[1]　（イ）：[2]　（ウ）：[3]　（エ）：[4]

（オ）：[5]　（カ）：[6]　（キ）：[7]

①　果実　②　被子　③　おしべ　④　胞子　⑤　柱頭

⑥　種子　⑦　胚珠　⑧　裸子　⑨　子房

⑵　文中の[A]～[D]は①と②のどちらか適する語を選び，それぞれ解答番号 [8] ～ [11] にマークしなさい。

[A]：[8]　[B]：[9]　[C]：[10]　[D]：[11]

⑶　被子植物は単子葉類と双子葉類にわけることができる。次のａ～ｉについて，単子葉類の特徴には①，双子葉類の特徴には②，両方共通の特徴には③，どちらの特徴でもないものには④を選び，解答番号 [12] ～ [20] にマークしなさい。

ａ．ひげ根がたくさんのびる：[12]

ｂ．茎の維管束が不規則に散らばる：[13]

ｃ．仮根をもつ：[14]

ｄ．葉脈が網目状に通る：[15]

ｅ．葉の裏側に気孔が多い：[16]

ｆ．葉脈が平行に通る：[17]

ｇ．主根から側根がのびる：[18]

ｈ．茎の維管束が輪の形に並ぶ：[19]

ｉ．光合成をおこなう：[20]

⑷　次のａ～ｅの植物について，被子植物には①，裸子植物には②，コケ植物には③，シダ植物には④を選び，解答番号 [21] ～ [25] にマークしなさい。

ａ．スギナ：[21]

ｂ．トウモロコシ：[22]

ｃ．スギ：[23]

ｄ．サクラ：[24]

ｅ．スギゴケ：[25]

【２】 以下の問いＡ，Ｂに答えなさい。

Ａ 岐阜県瑞浪市に分布する瑞浪層群（約2000万年～約1500万年前）からは，さまざまな化石が見つかっている。見つかった化石をまとめると以下の表になる。

時代	瑞浪層群から見つかった化石	地形と環境
2000万年～1900万年前	コイなどの淡水魚やタニシの化石 メタセコイアなどの植物化石	ア
1900万年～1800万年前	ビカリアという貝の化石	イ
1800万年～1600万年前	クジラや魚類の化石	ウ
1600万年前	マングローブの花粉化石やサンゴの化石	エ
1600万年～1500万年前	深海に生息する生物の化石	オ

(1) 化石には，その生物が生きていた環境を示す（　ａ　）化石と，その化石を含む地層の年代を特定する（　ｂ　）化石がある。（ａ）と（ｂ）にあてはまる語句で正しい組み合わせを次の①～④の中から１つ選び，解答番号 26 にマークしなさい。

① ａ：基準　ｂ：標準　　② ａ：示準　ｂ：示相

③ ａ：示相　ｂ：示準　　④ ａ：環境　ｂ：時代

(2) 発見された化石から，2000万年～1500万年前のこの地域の地形や環境を推測するとどのようになるか。下の①～④の推測を表の ア ～ オ にあてはまるように解答番号 27 ～ 31 にマークしなさい。ただし同じものを複数回つかってもよい。

ア： 27　イ： 28　ウ： 29　エ： 30　オ： 31

① 深い海が広がっていた。

② やや深い海だった。

③ 暖かく浅い海が広がっていた。

④ 湖があり，周囲に森林が広がっていた。

(3) 次の表の年代を特定する化石と地質年代の組み合わせとして，**間違っているもの**はどれか。①～⑤の中から１つ選び，解答番号 32 にマークしなさい。

	化石	地質年代
①	フズリナ	古生代
②	リンボク	古生代
③	アンモナイト	中生代
④	デスモスチルス	中生代
⑤	ビカリア	新生代

Ｂ 図１はある地域の地形図を表し，図２は図１のＡ，Ｂ地点でのボーリング調査の結果を柱状図に表したものである。この地域の地層は一様に傾いており，曲がりやずれはない。また，凝灰岩が同じ時期に形成されたことがわかっている。（図１・図２は次のページにあります。）

図1

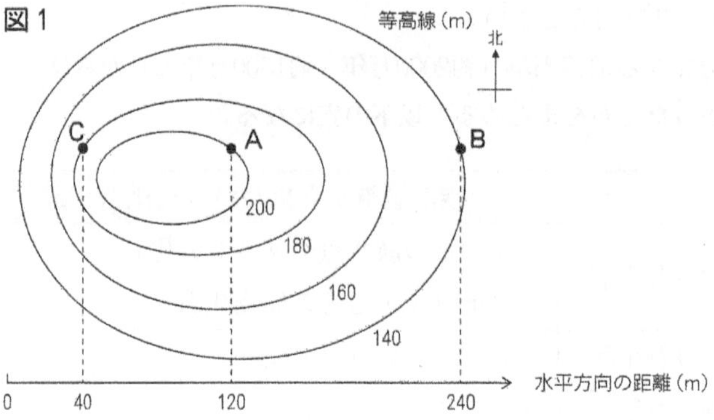

図2

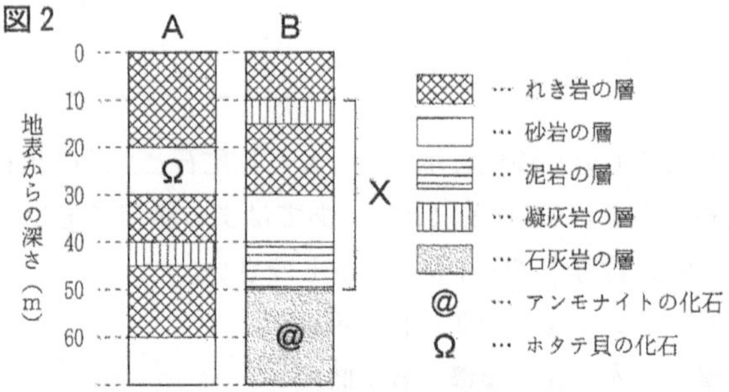

⑷　図１のC地点で垂直に25m掘ると，どの岩石がみられるか。次の①～⑤の中から１つ選び，解答番号 [33] にマークしなさい。

①　れき岩　　②　砂岩　　③　泥岩　　④　凝灰岩　　⑤　石灰岩

⑸　B地点のXの部分の層が海底で堆積したとき，この地域の海の深さはどのようになっていたか。次の①～④の中から１つ選び，解答番号 [34] にマークしなさい。

①　温暖な海から寒冷な海へと気候の変化はあったが，海の深さは一定だった。

②　最初浅い海だったが，やがて陸になり，ふたたび浅い海になった。

③　最初深い海だったのが，どんどん浅くなっていき，やがて陸になった。

④　最初陸だったが，やがて海になり，海の深さはどんどん深くなっていった。

⑹　次の文章の（ア）～（エ）に入る語句の組み合わせで，正しいものを下の①～⑥の中から１つ選び，解答番号 [35] にマークしなさい。

石灰岩は，（　ア　）からできた堆積岩で，うすい塩酸をかけると（　イ　）が発生する。一方チャートは塩酸をかけても変化は見られない。同じ堆積岩でも，（　ウ　）をつくる粒は丸みを帯びていることが多いが，（　エ　）は角ばっている粒によってできている。

	（　ア　）	（　イ　）	（　ウ　）	（　エ　）
①	貝殻やサンゴの骨格	水素	砂岩や泥岩	安山岩
②	貝殻やサンゴの骨格	二酸化炭素	凝灰岩	砂岩や泥岩
③	貝殻やサンゴの骨格	二酸化炭素	砂岩や泥岩	凝灰岩
④	ホウサンチュウなどの死がい	酸素	凝灰岩	安山岩
⑤	ホウサンチュウなどの死がい	酸素	砂岩や泥岩	砂岩や泥岩
⑥	ホウサンチュウなどの死がい	窒素	凝灰岩	凝灰岩

【3】 次のグラフは，銅の粉末を加熱したことで得られた酸化銅の質量を表したものである。以下の問いに答えなさい。

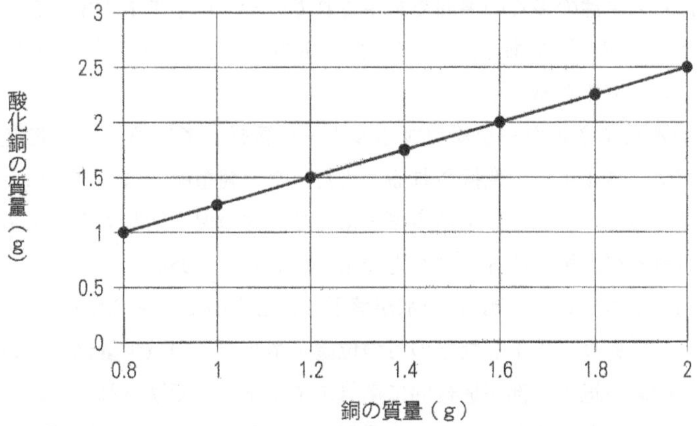

(1) 銅の粉末2.4gを加熱したとき，得られた酸化銅の質量は何gになるか。解答番号 [36]，[37] に入る数字をマークしなさい。

酸化銅の質量＝ [36].[37] g

(2) 銅の質量と結びつく酸素の質量の比を簡単な整数比で表しなさい。解答番号 [38]，[39] に入る適当な数字をマークしなさい。

銅の質量：酸素の質量＝ [38] ： [39]

(3) 酸化銅の粉末と炭素粉末を混ぜ合わせて熱することで得られる気体を説明しているものはどれか。次の①～⑤の中から１つ選び，解答番号 [40] にマークしなさい。

① 空気中に約８割含まれている。
② 無色無臭で，空気よりも軽い。
③ 炭酸水素ナトリウムを加熱することで得られる。
④ 刺激臭があり，水に非常に溶けやすく，上方置換法で捕集する。
⑤ 無色無臭で，都市ガスに使われている。

(4) 銅をマグネシウムにかえて1.2gを燃焼した。マグネシウムの質量と得られた酸化マグネシウムの質量の比を，簡単な整数比で表しなさい。解答番号 [41]，[42] に入る数字をマークしなさい。ただし，酸化マグネシウム中のマグネシウムと酸素の質量の比は，マグネシウム：酸素＝３：２とする。

マグネシウムの質量：酸化マグネシウムの質量＝ [41] ： [42]

(5) マグネシウムに熱水を加えるとゆっくりと反応した。反応でできた水溶液のpHは11であった。次の指示薬を加えたとき，どのような色に変化するか。それぞれ①～⑤の中から１つずつ選び，解答番号 [43]，[44] にマークしなさい。

フェノールフタレイン溶液： [43]
BTB溶液： [44]

① 赤色　② 黄色　③ 緑色　④ 青色　⑤ 無色

【４】次の文章を読んで，以下の問いに答えなさい。

エネルギーにはさまざまな形態があり，エネルギーは形態を変えることができる。その性質を用いたものが，私たちの生活の多くの場面で利用されている。化学エネルギーを電気エネルギーに変換しているものが（　ア　）であり，（　イ　）エネルギーを（　ウ　）エネルギーに変換しているものが発光ダイオードである。

発電ではいろいろなエネルギーを電気エネルギーに変換している。火力発電所では，熱エネルギーが最終的に電気エネルギーに変換される。また，水力発電所では，ダムにたまった水の位置エネルギーが水路を落ちて（　エ　）エネルギーになり，発電機を回して電気エネルギーに変換される。日本で発電される電力量の約８％は水力発電によるものである。

高さ20mの水路をもつダムで，20m^3の水が落下したときのことを考える。20m^3の水にはたらく重力は（　オ　）Nであり，落下した水のもつ位置エネルギーの減少量は（　カ　）kJである。この位置エネルギーの減少量の一部が最終的に電気エネルギーに変換される。このダムにおけるエネルギーの変換効率を80%とすると，得られる電気エネルギーは（　キ　）kJである。

⑴　文中の（ア）にあてはまるものを，次の①～⑤の中から１つ選び，解答番号［45］にマークしなさい。

①　蛍光灯　②　乾電池　③　アイロン　④　モーター　⑤　光合成

⑵　文中の（イ），（ウ）にあてはまるものを，下の①～⑥の中から１つずつ選び，解答番号［46］，［47］にそれぞれマークしなさい。

（イ）：［46］

（ウ）：［47］

①　力学的　②　熱　③　核　④　光　⑤　化学　⑥　電気

⑶　文中の（エ）にあてはまるものを，次の①～⑤の中から１つ選び，解答番号［48］にマークしなさい。

①　運動　②　熱　③　核　④　光　⑤　化学

⑷　文中の（オ）にあてはまる数値を，次の①～⑤の中から１つ選び，解答番号［49］にマークしなさい。ただし，水１Ｌにはたらく重力を10Nとする。

①　20　②　200　③　2000　④　20000　⑤　200000

⑸　文中の（カ）にあてはまる数値を，次の①～⑤の中から１つ選び，解答番号［50］にマークしなさい。ただし，求める位置エネルギーの減少量は，20m^3の水を重力に逆らって20m持ち上げるとき，持ち上げる力がする仕事と等しいものとする。

①　40　②　400　③　4000　④　40000　⑤　400000

⑹　文中の（キ）にあてはまる数値を，次の①～⑩の中から１つ選び，解答番号［51］にマークしなさい。

①　32　②　320　③　3200　④　32000　⑤　320000

⑥　50　⑦　500　⑧　5000　⑨　50000　⑩　500000

【社　会】（40分）　＜満点：100点＞

【１】 次に示す地図は南アメリカのものである。南アメリカに関する後の問いに答えなさい。

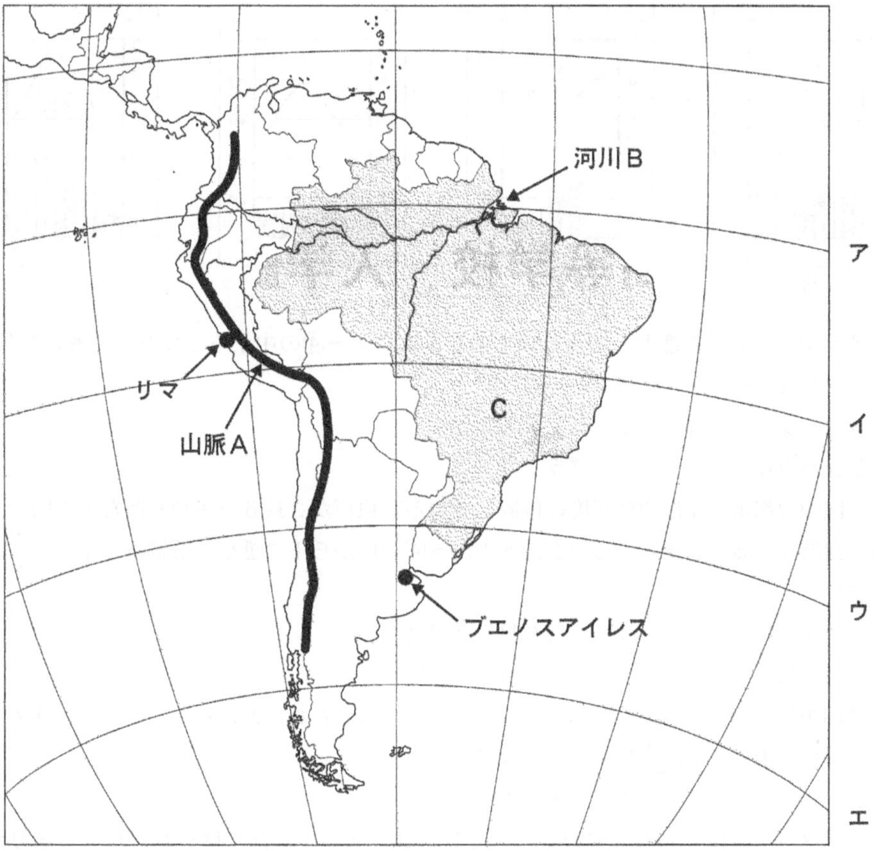

問１　地図中の山脈Ａと河川Ｂの名称の組み合わせとして正しいものを，次の①～④の中から１つ選び，解答番号 [1] にマークしなさい。

	A	B
①	ロッキー山脈	ミシシッピ川
②	ロッキー山脈	アマゾン川
③	アンデス山脈	ミシシッピ川
④	アンデス山脈	アマゾン川

問２　地図中の山脈Ａの周辺での生活や環境について説明した文として，**誤っているもの**を，次の①～④の中から１つ選び，解答番号 [2] にマークしなさい。

① 標高4000m付近の高地ではリャマやアルパカの放牧が行なわれている。

② 高地では舗装道路が少ないため，家畜が荷物の運搬に用いられている。

③ 標高の低い地域では，サヘルと呼ばれるわずかに木や草が生えた土地がみられる。

④ 標高の低い地域ではじゃがいもやとうもろこしの栽培が行なわれている。

問3　前のページの地図中の都市ブエノスアイレスの気温と降水量のグラフとして正しいものを，次の①～④の中から１つ選び，解答番号 3 にマークしなさい。

（理科年表平成26年ほか）

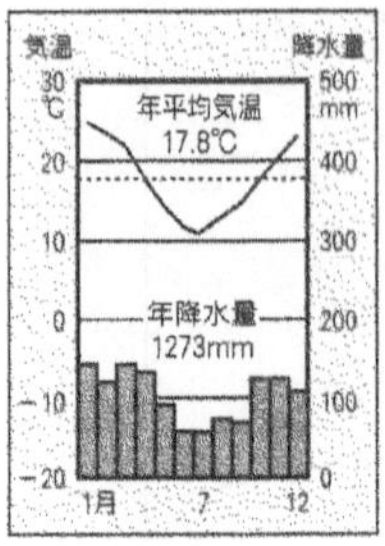

①

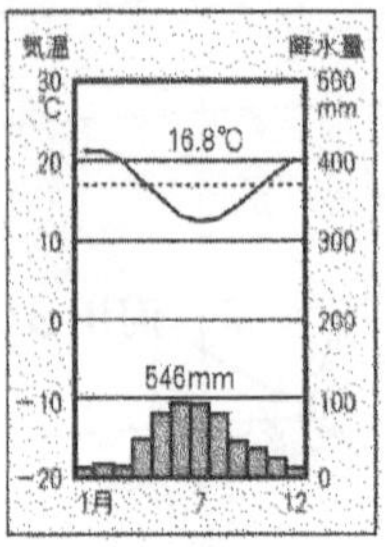

②

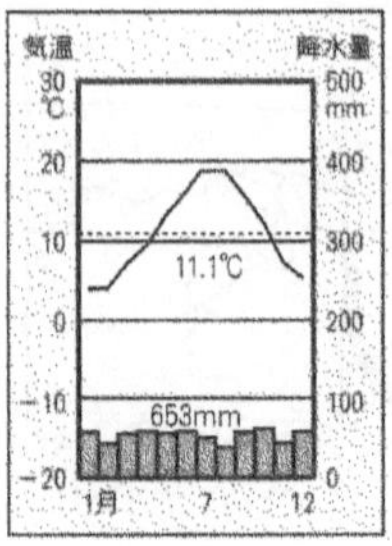

③

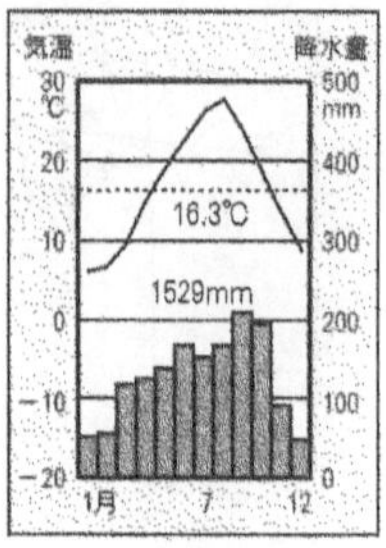

④

問4　地図中Cの国の首都として正しいものを，次の①～④の中から１つ選び，解答番号 4 にマークしなさい。

①　リオデジャネイロ　　②　サンティアゴ

③　サンパウロ　　　　　④　ブラジリア

問5　地図中の都市リマは西経75度に位置している。東京が２月６日午後６時だった時，リマは何月何日何時になるか。正しいものを，次の①～④の中から１つ選び，解答番号 5 にマークしなさい。

①　２月６日午前４時　　②　２月６日午前11時

③　２月７日午前１時　　④　２月７日午前８時

問6　地図中において「赤道」を示すものは**ア**～**エ**のうちどれにあたるか。次の①～④の中から１つ選び，解答番号 6 にマークしなさい。

①　**ア**　　②　**イ**　　③　**ウ**　　④　**エ**

問7　南アメリカに関する短文＜Ｄ＞・＜Ｅ＞の４カ所の下線部にはそれぞれ１つ**誤り**がある。**誤っているもの**を，下線部①～④の中から１つ選び，解答番号 7 ・ 8 にマークしなさい。

＜Ｄ＞　解答番号 7

南アメリカにはもともと大型の家畜はおらず，牛，馬，豚などは①ヨーロッパ人が持ちこんだ家畜である。②アルゼンチンの③セルバのような広大な草地では，牧畜のほか，④小麦などもつくられている。

＜Ｅ＞　解答番号 8

ヨーロッパ人が進出する前の南アメリカには先住民が生活しており，15世紀には①インカ帝国が最盛期をむかえた。しかし16世紀には②スペインと③ポルトガルから多くの人々がやってきて，先住民の国をほろぼし，支配した。その後，先住民と白人の間では混血が進み，④ヒスパニックなどと呼ばれる混血者も多い。

問8　次の文は南アメリカについて調べたリョウマさんとケイタさんの会話の一部である。下線部①～⑥の中で**誤りを含むもの**を２つ選び，解答番号 9 ・ 10 にマークしなさい。（順不同）

ケイタ　：リョウマ君は南アメリカの環境問題について調べたんだね。

リョウマ：うん。①南アメリカでは今，経済発展のための地域開発がさかんで，大規模な森林伐採が行なわれているんだ。

ケイタ　：何のために森林を伐採しているの？

リョウマ：②ブラジルの主な輸出品の上位は木材だからそのために森林が伐採されているんだ。そして，③開発された土地は牧場や農地になって，外国の企業も進出しているんだ。でも開発の結果，様々な問題もおきているんだよね。

ケイタ　：どんな問題がおきているの？

リョウマ：④大規模な農業によって，それまで農場に住んでいた人々が職を失い，貧しくなって都市に移動し，環境の悪い地区であるスラムが拡大したり……。

ケイタ　：森林伐採が人々の暮らしに影響を与えているんだね。

リョウマ：⑤農産物は国際的に取引される価格が安定しているから，安定した利益を求めて開発は止まらないんだ。

ケイタ　：そんなことをしたら，森林がなくなってしまう！！

リョウマ：⑥人口が増えている地域では食料の生産を増やさなければいけないし，経済発展のためには農産物や鉱産物を外国に輸出することも重要なんだ。だから開発と環境保護の両立を考えていかないとね。

ケイタ　：僕たちの世代で何かいい方法を考えないといけないね。

【２】 次に示すグラフを見て，後の問いに答えなさい。

問１　以下のグラフは，海外で暮らす日本人の数の推移と，日本で暮らす外国人の数の推移を表したものである。グラフ内の内訳で中国にあてはまるものを，グラフ中の①～④の中から１つ選び，解答番号 11 にマークしなさい。

〈 海外で暮らす日本人の数の推移 〉

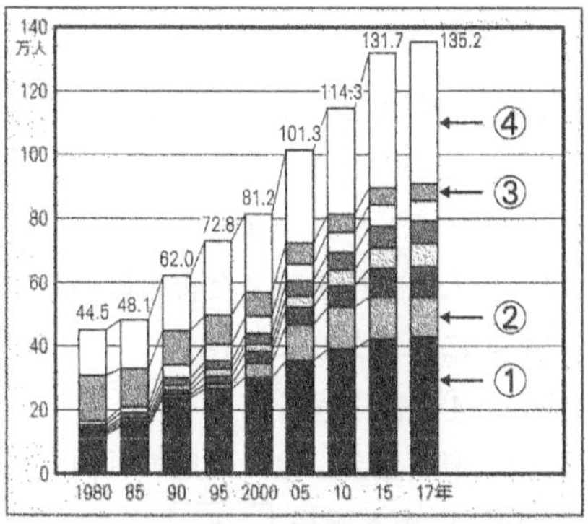

（「海外在留邦人数調査統計」平成30年ほか）

〈 日本で暮らす外国人の数の推移 〉

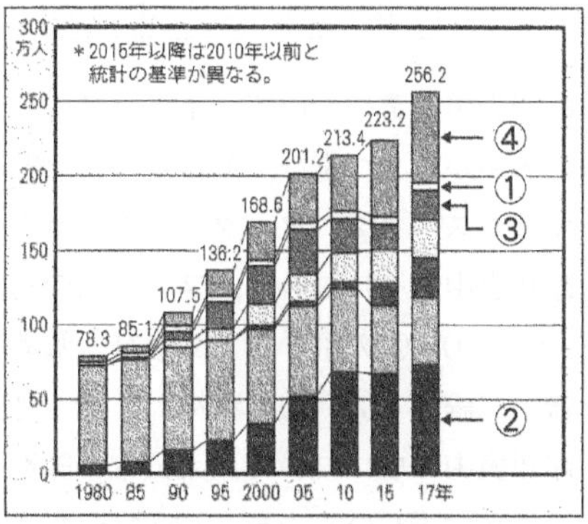

（法務省資料）

問２　次のページのグラフは，各国の人口に占める高齢者の割合の推移と将来推計を表したものである。グラフ内で日本にあてはまるものを，グラフ中の①～④の中から１つ選び，解答番号 12 にマークしなさい。

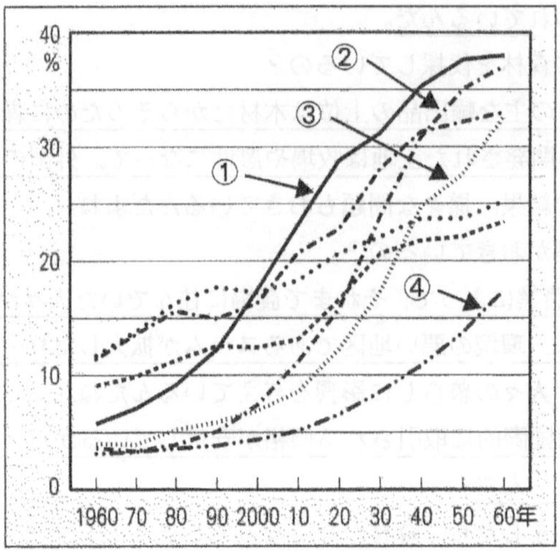

（国立社会保障・人口問題研究所資料ほか）

【3】 次の略年表を見て，後の問いに答えなさい。

1689年	権利章典	・・・ア
1776年	アメリカ独立宣言	
1789年	フランス人権宣言	・・・イ
1889年	大日本帝国憲法	・・・ウ
1919年	ワイマール憲法	・・・エ
1946年	日本国憲法	・・・オ
1948年	世界人権宣言	

問1　略年表中の**ア**について，イギリスの思想家で抵抗権を唱えたのは誰か。正しいものを，次の①～④の中から１つ選び，解答番号 13 にマークしなさい。

①　マルクス　　②　ロック　　③　ナポレオン　　④　モンテスキュー

問2　略年表中の**イ**について，フランスの思想家ルソーが人民主権を唱えた著書は何か。正しいものを，次の①～④の中から１つ選び，解答番号 14 にマークしなさい。

①　統治二論　　②　法の精神　　③　社会契約論　　④　諸国民の富

問3　略年表中の**ウ**について，大日本帝国憲法下で国会（帝国議会）は，天皇の「何」機関と言われていたか。正しいものを，次の①～④の中から１つ選び，解答番号 15 にマークしなさい。

①　輔弼　　②　統帥　　③　協賛　　④　枢密

問4　略年表中の**エ**について，世界で初めてワイマール憲法によって規定された基本的人権は何か。正しいものを，次の①～④の中から１つ選び，解答番号 16 にマークしなさい。

①　社会権　　②　自由権　　③　平等権　　④　参政権

問5　略年表中の**オ**の日本国憲法の改正について説明する以下の説明文Ａ～Ｄには**誤っているもの**がある。**誤りを含む説明文はいくつあるか**。その数として正しいものを，次のページの①～④の中から１つ選び，解答番号 17 にマークしなさい。

A　憲法改正原案が国会に提出され，衆議院・参議院で審議される。

B　衆議院・参議院の出席議員の３分の２以上の賛成で可決される。

C　国会は国民に対し改正案を示す憲法改正の発議を行ない，現在は満20歳以上の国民による国民投票を行なうこととなっている。

D　国民投票で有効投票の過半数が賛成の場合は，憲法が改正される。

①　１つ　　②　２つ　　③　３つ　　④　４つ

【４】 日本の政治についての次の文を読み，後の問いに答えなさい。

> 国会は，主権を持つ国民が直接選んだ議員によって組織され，国権の最高機関として重要な地位にあり，唯一の立法機関で国会以外のどの機関も法律を定めることはできない。国会は，二院制が採られ，衆議院と参議院の二つの議院で構成されており，a衆議院とb参議院の議決が一致すると国会の議決となる。
>
> 自分たちの政策を実現するため，同じ考えを持つ人々が集い，政党を結成する。日本では，1955年に自由民主党が結成されてから，長きにわたって，単独で政権を担当してきた。しかし，1990年代以降は新たな政党が結成されたり解散しながら，連立政権がつくられてきた。そして，c2009年に行なわれた総選挙で自民党は敗れ，政権交代がおこった。

問１　文中の下線部aについて，「内閣総理大臣の指名」において，参議院が衆議院の議決を受け取った後，何日以内に議決しない時は衆議院の優越が適用されるか。正しいものを，次の①～④の中から１つ選び，解答番号 18 にマークしなさい。

①　10日　　②　30日　　③　60日　　④　90日

問２　文中の下線部bについて，次にあげる選挙のうち参議院議員選挙の被選挙権の年齢と同じものはどれか。正しいものを，次の①～④の中から１つ選び，解答番号 19 にマークしなさい。

①　市町村長選挙　　②　都道府県議会議員選挙

③　衆議院議員選挙　　④　都道府県知事選挙

問３　文中の下線部cについて，2009年の総選挙において，自民党が獲得した議席を単独で上回り，政権交代を果たした政党として正しいものを，次の①～④の中から１つ選び，解答番号 20 にマークしなさい。

①　日本維新の会　　②　公明党　　③　民主党　　④　社会民主党

【５】 次のページの略年表を見て，後の問いに答えなさい。

問１　略年表中Aの時期について述べた次の文中の（　）に最も適する語句を，次の①～④の中から１つ選び，解答番号 21 にマークしなさい。

> ４世紀から６世紀にかけて，渡来人が日本に移り住み，いろいろなものを伝え，日本の技術や文化に多大な影響を与えた。なかでも（　　　）という土器は，高温で焼かれた硬い土器で，日本人の生活様式にも浸透していった。

①　土偶　　②　須恵器　　③　縄文土器　　④　弥生土器

239年	645年	794年	1185年	1378年	1615年	1853年	1868年
a 卑弥呼が中国に使いを送る	b 大化の改新が行なわれる	都を平安京に移す	守護・地頭を設置する	花の御所をたてる	武家諸法度を制定する	ペリーが来航する	戊辰戦争が始まる

|← A →|← B →|← C →|← D →|← E →|← F →|← G →|

問２　略年表中の傍線部ａの人物は中国から金印と称号を授かったが，そのことが書かれている中国の歴史書として正しいものを，次の①～④の中から１つ選び，解答番号 22 にマークしなさい。

①　「漢書」地理志　　②　「後漢書」東夷伝

③　「魏志」倭人伝　　④　「宋書」倭国伝

問３　略年表中の傍線部ｂを説明した文として，**誤っているもの**を，次の①～④の中から１つ選び，解答番号 23 にマークしなさい。

①　この改革によってはじめて「大化」という年号が用いられるようになった。

②　この改革は，天皇中心の国家をつくるため行なわれた。

③　この改革では，中大兄皇子と中臣鎌足によって，蘇我氏が倒された。

④　この改革で，都が難波から飛鳥に移された。

問４　略年表中Ｂの時期には何度も都が移された。都が移された順として正しいものを，次の①～④の中から１つ選び，解答番号 24 にマークしなさい。

①　平城京　→　藤原京　→　長岡京　→　平安京

②　平城京　→　長岡京　→　藤原京　→　平安京

③　藤原京　→　平城京　→　長岡京　→　平安京

④　藤原京　→　長岡京　→　平城京　→　平安京

問５　略年表中Ｂの時期につくられた最初の銅銭は何か。正しいものを，次の①～④の中から１つ選び，解答番号 25 にマークしなさい。

①　寛永通宝　　②　富本銭　　③　永楽通宝　　④　和同開珎

問６　略年表中Ｃの時期について述べた以下の文ａ～ｄを，年代の古い順に並べ替えた順序として正しいものを，後の①～④の中から１つ選び，解答番号 26 にマークしなさい。

ａ　藤原道長，頼通の時に摂関政治は最盛期をむかえた。

ｂ　後三条天皇が大規模な荘園の整理を行なった。

ｃ　坂上田村麻呂が征夷大将軍となり東北地方を平定した。

d　白河天皇が上皇となって院政をはじめた。

①　a→d→b→c　　②　c→a→b→d

③　a→c→d→b　　④　c→d→b→a

問7　前のページの略年表中Dの時期の文化に関する組み合わせとして，**誤っているもの**を，次の①～④の中から1つ選び，解答番号 27 にマークしなさい。

①　西行　―　方丈記　　②　後鳥羽上皇　―　新古今和歌集

③　琵琶法師　―　平家物語　　④　運慶　―　金剛力士像

問8　略年表中Eの時期の文化の特徴を説明した文として，**誤っているもの**を，次の①～④の中から1つ選び，解答番号 28 にマークしなさい。

①　貴族たちの間で，死後に極楽浄土に生まれ変わることを願う浄土信仰が流行した。

②　新興大名や，町衆の経済力と気風を反映した豪華で雄大な文化が生み出された。

③　武家文化と公家文化が混じり合った文化が生み出された。

④　南蛮風の衣服，航海術，医学など様々なものが伝えられた。

問9　略年表中Fの時期に江戸幕府が財政再建のために行なった諸改革について述べた文として，**誤っているもの**を，次の①～④の中から1つ選び，解答番号 29 にマークしなさい。

①　新井白石は，長崎貿易に制限を加え，金銀の国外流出を防ごうとした。

②　徳川吉宗は，倹約をすすめ，新田開発を奨励し，年貢率を引き上げた。

③　水野忠邦は，株仲間結成の奨励や蝦夷地の開拓をした。

④　松平定信は，旗本・御家人の札差からの借金を帳消しにした。

問10　略年表中Gの時期におこったa～dの出来事について，年代の古い順に並べ替えた順序として正しいものを，次の①～④の中から1つ選び，解答番号 30 にマークしなさい。

a　安政の大獄　　b　薩長同盟　　c　桜田門外の変　　d　大政奉還

①　a→c→b→d　　②　c→a→d→b

③　a→c→d→b　　④　c→a→b→d

【6】 次の略年表を見て，後の問いに答えなさい。

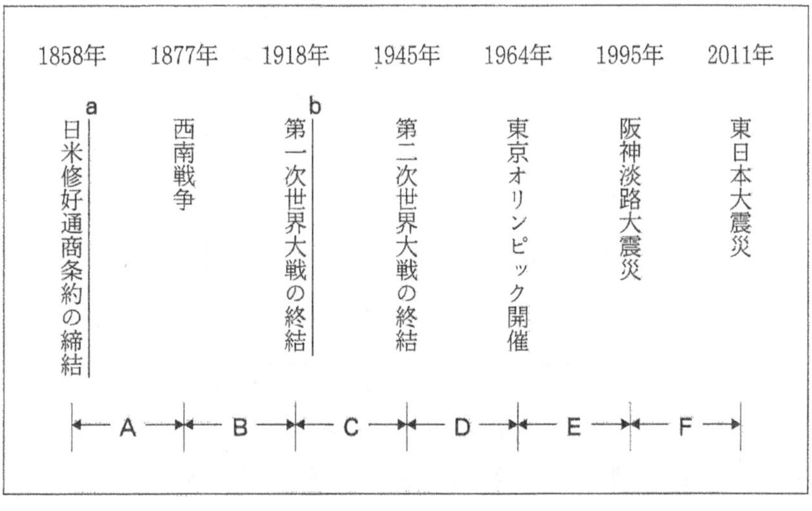

問１　前のページの略年表中の傍線部ａについて，日米修好通商条約の締結により閉ざされた港として正しいものを，次の①～④の中から１つ選び，解答番号 [31] にマークしなさい。

①　函館　　②　下田　　③　兵庫　　④　長崎

問２　略年表中Ａの時期において，この頃の日本最大の貿易相手国として正しいものを，次の①～④の中から１つ選び，解答番号 [32] にマークしなさい。

①　イギリス　　②　オランダ　　③　アメリカ　　④　フランス

問３　略年表中Ｂの時期におこった出来事として正しいものを，次の①～④の中から１つ選び，解答番号 [33] にマークしなさい。

①　ロシアはドイツやイギリスとともに日本が獲得した遼東半島の返還を勧告した。

②　新しい政治の方針として五箇条の御誓文が定められた。

③　官営の八幡製鉄所が建設された。

④　ソビエト社会主義共和国連邦が正式に成立した。

問４　略年表中の傍線部ｂについて，以下の [　] 内にあげた国のうち，第一次世界大戦に連合国側として参戦した国はいくつあるか。その数として正しいものを，次の①～④の中から１つ選び，解答番号 [34] にマークしなさい。

日本	ドイツ	ロシア	オスマン帝国（トルコ）
オーストリア	アメリカ	フランス	イギリス

①　３ヶ国　　②　４ヶ国　　③　５ヶ国　　④　６ヶ国

問５　略年表中Ｃの時期におこった出来事として，**誤っているもの**を，次の①～④の中から１つ選び，解答番号 [35] にマークしなさい。

①　大西洋憲章の発表　　②　全国水平社の結成

③　中華人民共和国の成立　　④　日本のラジオ放送開始

問６　略年表中Ｃの時期について，以下のグラフは世界恐慌中の各国工業生産の推移を示すものである。グラフ中の（ア）に入る国として正しいものを，次の①～④の中から１つ選び，解答番号 [36] にマークしなさい。

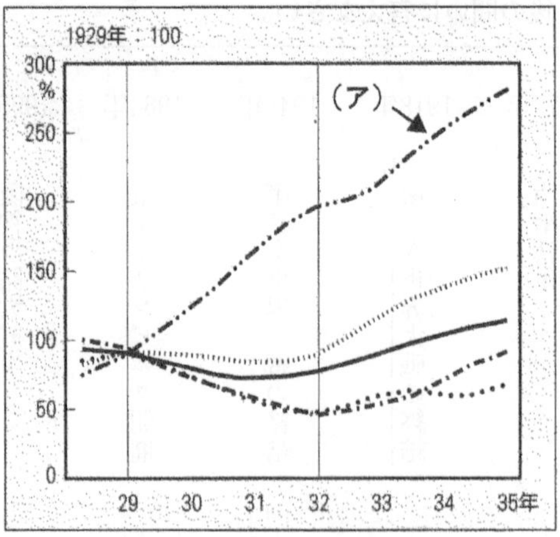

（世界恐慌中の各国工業生産の推移）

①　日本　　②　ソ連　　③　ドイツ　　④　イギリス

問７　21ページの略年表中Ｄの時期の出来事について，次の文の空欄（１）・（２）に入る数字の組み合わせとして正しいものを，次の①～④の中から１つ選び，解答番号 37 にマークしなさい。

> ＧＨＱの占領政策の基本方針は民主化であり，日本政府も大正デモクラシーの経験に基づいて，民主化に積極的に取り組んだ。その結果，満（　１　）歳以上の男子に限られていた選挙権が，満（　２　）歳以上の男女に与えられた。

	（１）	（２）
①	25	20
②	30	20
③	25	18
④	30	18

問８　略年表中Ｄの時期におこったａ～ｄの出来事について，年代の古い順に並べ替えた順序として正しいものを，次の①～④の中から１つ選び，解答番号 38 にマークしなさい。

ａ　日ソ共同宣言の調印　　ｂ　サンフランシスコ平和条約の締結
ｃ　自衛隊の発足　　ｄ　東海道新幹線の開通

①　ｃ→ｄ→ｂ→ａ　　②　ｂ→ｃ→ａ→ｄ
③　ｂ→ｄ→ａ→ｃ　　④　ｃ→ｂ→ｄ→ａ

問９　略年表中Ｅの時期にノーベル賞を受賞した人物ア～エの組合せとして正しいものを，次の①～④の中から１つ選び，解答番号 39 にマークしなさい。

ア　湯川秀樹　　イ　大江健三郎　　ウ　田中耕一　　エ　川端康成

①　アーウ　　②　アーエ　　③　イーウ　　④　イーエ

問10　以下に示すのは略年表中Ｅ，Ｆの時期におこった出来事である。これらを年代順に並べ替えた時，最初におこった出来事として正しいものを，次の①～④の中から１つ選び，解答番号 40 にマークしなさい。

①　アメリカ同時多発テロ　　②　イラク戦争
③　ソ連の崩壊　　④　東西ドイツの統一

るものを、次の①~⑤の中から一つ選び、解答番号 24 にマークしなさい。

① 亡き母を思い続けるリョウの気持ちを、大人として受け入れなければならないつらさ。

② 母の日にリョウが描いてくれた絵は自分であると、信じて疑わなかった恥ずかしさ。

③ 夫やリョウに気を遣わせてしまうほど、自分が本当の家族になりきれていない寂しさ。

④ 母を一年前に亡くしたばかりのリョウが抱える悲しみを、癒せなかった自分のふがいなさ。

⑤ リョウの母親代わりになれるよう、一生懸命努めてきたことが報われなかった腹立たしさ。

問八 この文章では登場人物がどのように描かれているか。人物像として最適なものを、次の①~⑤の中から一つ選び、解答番号 25 にマークしなさい。

① 父は自分の感情のまま行動してしまう不器用なところもあるが、家族の問題に正面から向き合う姿勢を貫いている。

② リョウは母を忘れられない一方、父と晴子さんの関係が円満であるよう願い新たな家族のかたちを受け入れている。

③ 金ちゃんは不慣れな土地で戸惑うリョウを歓迎し、友人の家庭事情には深入りしないように立場をわきまえている。

④ 父は母の絵を描いた息子を誇らしく思いながらも、晴子さんを思うあまり息子に我慢を強いる厳しさも持っている。

⑤ リョウは再婚のために移住した身勝手な父を理解できないものの、晴子さんや金ちゃんとの関係は大切にしている。

(Ⅱ)「えっ、と晴子さんが目をしばたたいた。まるで猫だましを食ったみたいに。」で用いられている表現技法の組み合わせとして最適なものを、次の①～⑤の中から一つ選び、解答番号 20 にマークしなさい。

① 擬人法と体言止め　② 隠喩と倒置法　③ 直喩と擬人法
④ 隠喩と体言止め　⑤ 直喩と倒置法

問四　傍線部②「涙がぽろぽろこぼれた」、傍線部③「涙がぽろぽろこぼれていた」からうかがえる二人の心情の説明として最適なものを、次の①～⑤の中から一つ選び、解答番号 21 にマークしなさい。

① リョウは絵を破ることで晴子さんを守ろうとした父に失望し、晴子さんはリョウの頑張りを認めようとしない夫を許しがたく思っている。
② リョウは必死に描いた母の絵を破られたことが悔しく、晴子さんは亡き妻ではなく自分をかばってくれた夫のやさしさに深く感動している。
③ リョウは父を怒らせるくらいなら初めから靖子さんを描けばよかったと後悔し、晴子さんは自分を描いてくれなかったリョウに失望している。
④ リョウは母を忘れたくない気持ちまで否定されたことがつらく、晴子さんは妻や子の気持ちを踏みにじる夫の行為に悲しみをあらわにしている。
⑤ リョウは力任せに絵を破る父に何も言えない自分を情けなく思い、晴子さんは母として受け入れられた喜びを夫に打ち砕かれて落胆している。

問五　傍線部④「ぼくのせいで傷が広がる」とあるが、「傷が広がる」とはどのようなことを表しているのか。その説明として最適なものを、次の①～⑤の中から一つ選び、解答番号 22 にマークしなさい。

① リョウと晴子さんが親子としての絆を二度と結べなくなるということ。
② 母の絵をめぐって夫婦の間に理解しあえない溝が深まっていくということ。
③ 時間をかけて築いてきた家族の関係がうまくいかなくなるということ。
④ リョウの誤解がきっかけとなり夫婦の関係を悪化させていくということ。
⑤ 晴子さんを思いやる父でさえも再婚前の思い出にとらわれ続けるということ。

問六　文中の空欄 A ～ C に入る語句の組み合わせとして最適なものを、次の①～⑤の中から一つ選び、解答番号 23 にマークしなさい。

① A 疑い　B 放心　C 寂しさ
② A 不信　B 後悔　C むなしさ
③ A 戸惑い　B 失望　C 悲しみ
④ A 不安　B 落胆　C 怒り
⑤ A 驚き　B 絶望　C 憎しみ

問七　傍線部⑤「その声を出せるまで、何かを凌いでいたのだと分かった」とあるが、晴子さんは何を凌いでいたと考えられるか。**誤ってい**

「お母さんの絵を直そうか」

「え？」

「裏から貼り合わせて、アイロンをかけたら、だいぶきれいになるよ」

ぼくたちは座卓の上に絵の破片を並べて、根気強くジグソーパズルをした。手で引き裂かれて途切れた線と面を突き合わせ、表から軽くテープで仮止めし、慎重に引っくり返して、テープでしっかり貼り合わせる。引っくり返すときに微妙にずれて、やり直すことも何度もあった。

「すごいねぇ」

晴子さんがそう呟いた。

「何が？」

「カツさんは、お母さんの絵だって分かったんだね」

ぼくは何と答えたらいいのか分からなくて、黙っていた。

問一　二重傍線部ア「合点がいかない」、イ「まっぴらだ」、ウ「たたみかける」の文中の意味として最適なものを、次の①～⑤の中からそれぞれ一つずつ選び、15 ～ 17 にマークしなさい。

ア　合点がいかない　解答番号 15

①　理想に反する　②　理解に苦しむ
③　筋道が通らない　④　焦点が合わない
⑤　基準に満たない

イ　まっぴらだ　解答番号 16

①　なるべく遠慮したい　②　なおさら腹立たしい
③　なんとしても拒否したい　④　とうてい納得できない
⑤　まったく信じられない

ウ　たたみかける　解答番号 17

①　次から次へと一方的に主張する
②　言葉巧みに相手を言いくるめる
③　立て続けに言い訳をする
④　勢いよく責め立てる
⑤　よどみなく堂々と説明する

問二　傍線部①「そんなこと言えるわけがない」とあるが、なぜか。その理由として最適なものを、次の①～⑤の中から一つ選び、解答番号 18 にマークしなさい。

①　晴子さんと金ちゃんが自分に見せてくれた気遣いを、すべて台無しにすることになると思ったから。
②　晴子さんへの抵抗感が薄らいできた矢先に、沖縄で築いてきたすべての人間関係を失ってしまうと思ったから。
③　晴子さんを悲しませるだけでなく、悪気なく絵を渡した金ちゃんにも気まずさを抱かせると思ったから。
④　晴子さんの顔を描くつもりで、母の顔を描いてしまっていたことは晴子さんを裏切る行為だと思ったから。
⑤　晴子さんと金ちゃんの思い込みをわざわざ自分から否定する必要はなく、かえって都合がよいと思ったから。

問三　波線部（Ⅰ）・（Ⅱ）について答えなさい。

（Ⅰ）「ちょうど」の品詞として最適なものを、次の①～⑤の中から一つ選び、解答番号 19 にマークしなさい。

①　形容詞　②　形容動詞　③　副詞
④　接続詞　⑤　感動詞

引っぺがした勢いのまま、ビリビリに破いた。

父は、母親参観の日に、絵を晴子さんに見せるなと言った。

だから、ぼくが悪い。――でも、

晴子さんを傷つけないために、お母さんの絵を破っちゃうんだなぁ、と思って、②涙がぽろぽろこぼれた。

ピシャンとほっぺたを叩《たた》く音がした。

晴子さんだった。――晴子さんが、父を叩いたのだ。

「どうして、こんなことするのっ！」

晴子さんの声は涙でぐしゃぐしゃに潰《つぶ》れていて、瞳からは、ぼくよりももっとたくさんの③涙がぼろぼろこぼれていた。

引っぱたかれた父は、どうにもア合点がいかない顔をしていた。理不尽に怒られた子供のような、――理不尽に怒られて傷ついた子供のような。

俺は晴子さんのために怒ったのに、どうして晴子さんが俺を叩くんだ？

怒っているのに、泣き出しそうな、その顔！　やめてよ――やめてくれよ、分かったよぼくが悪かったよ全部全部何もかもぼくが悪かったよ。

「せっかくリョウちゃんが母の日に描いてくれたのに！」

「ごめんなさい！」

ぼくはやみくもに大声を出して、空気をぶった切った。

これ以上、④ぼくのせいで傷が広がるのはイまっぴらだ。

父と晴子さんが傷つけ合うのが、母の絵のせいになるのはまっぴらだ。

「晴子さんじゃないんだ！」

(Ⅱ)えっ、と晴子さんが目をしばたたいた。まるで猫だましを食ったみたいに。

その隙にウたたみかける。

「ぼく、お母さんを描いたんだ。だから、母親参観のとき、晴子さんには見せるなってお父さんに言われてたんだ。隠しとこうと思ったんだけど、金ちゃんが渡しちゃって、晴子さんじゃないって言えなくて……」

猫だましを食った瞳に、[A]の色が差して、[B]と[C]に塗り変わった。

そうだったの、と晴子さんはぽつりと呟《つぶや》き、それから、無限のような沈黙の時間が流れた。

やがて、晴子さんが、さっき引っぱたいた父の頬に手を当てた。なでると押すの中間くらいの力加減で。

「……でも、駄目でしょう？　リョウちゃんのお母さんの絵を破ったりしたら」

父は、無言で唇を尖《とが》らせた。

「リョウちゃんも金ちゃんも悪くないのよ。勘違いしちゃったわたしと、絵を破ったカツさんは、いけないわ」

父の尖った唇が物言いだけに歪《ゆが》んだ。

そして、

「……外で食ってくる」

父はそれだけ言って、居間を出て行った。玄関のドアは、静かに開いて、静かに閉まった。

また、沈黙の時間が流れた。今度は、さっきの半分くらい。

晴子さんが、「さあ！」と明るい声を出した。⑤その声を出せるまで、何かを凌《しの》いでいたのだと分かった。

手である晴子さんと一緒に沖縄で暮らし始めた。ある日、家に遊びに来た友人の金ちゃんが、母の日に向けてリョウが描いた絵を好意から晴子さんに渡してしまった。以下に続く文章を読んで、後の問いに答えなさい。

ぼくたちがお昼ごはんを食べていると、晴子さんは画鋲《がびょう》を出してきて、絵を居間の空いている壁に当てた。

「それ、貼るの!?」

「いけない?」

「やめとけ、おばちゃん。下手な絵で飯がまずくなるぞ」

金ちゃん、ナイス。こればかりはナイス。

「そうだよ、まずくなるよ」

「そんなことないわよ、せっかく一生懸命描いてくれたんだから」

違うんだ、ごめん、ほんとはそれ、晴子さんを描いたんじゃないんだ。

――このとき言うべきだったのか。でも、①そんなこと言えるわけがない。

「おお、これめっちゃ旨《うま》いな!」

金ちゃんは島らっきょうのスパゲッティを勢いよくすすり込んだ。

「おばちゃん、これうちの母ちゃんにも作れる?」

「簡単よ、ベーコンと炒めて塩こしょうするだけ。塩漬けだったら塩もいらないわ」

「じゃあ俺、家で作ってもらお。さらば、そうめんチャンプルーの日々」

晴子さんは、画用紙に画鋲の穴が開くことを気にしながら、四隅のキワキワに画鋲を打った。

金ちゃんは旨い旨いとスパゲッティとスープをたいらげた。きっとおいしいはずなのに、ぼくは味が全然分からなかった。

その日の晩ごはんはカレーだった。

父は(Ⅰ)ちょうど晴子さんがお鍋の火を落としたタイミングで帰ってきた。

「お!　今日はカレーかぁ」

鼻をくんくんさせながら機嫌良く居間に入ってきた父は、瞬時に顔を強《こわ》ばらせた。

正《まさ》に豹変《ひょうへん》。――ぼくの絵を見て。

「リョウッ!」

久しぶりに聞いた、本気の怒声だった。

ぼくは既に予測して、自分の席に神妙に正座していたが、それでもびくっと肩が縮んだ。

「どうしたの、カツさん!」

晴子さんが驚いて台所から飛んでくる。

父は多分、晴子さんに見せまいとしたのだろう。――貼ってあるのだから、もう見ているにも拘《かか》わらず。

そんなことにまで頭が回らず、とっさに晴子さんを傷つけまいとしたのだ。

「やめてカツさん!」

晴子さんが父に飛びついた。

父は、壁に貼られたぼくの絵を、力任せに引っぺがした。――母を描いた、ぼくの絵を。

そして、

「カツさん!」

① 社会への影響力を強め、人々の行動や生活様式を制するようになった。

② 勢いよく世の中に広がるが、すぐに人々の生活からは消えていった。

③ 一部の裕福な若者だけが楽しむもので、社会における強制力はなかった。

④ 経済的な動向に左右されることなく、富裕層の内面的な成長を促した。

⑤ 全世界に広まり、社会的地位が高い人々の生活は特別ではなくなった。

⑥ 上流階級に属するわずかな人々の、消費行動を方向づけるようになった。

⑦ 権力社会の問題点を浮き彫りにし、人々の行動を法律で支配するようになった。

⑧ 人々に心理的な圧力をかけ、ファッション業界にも大きな影響を与えた。

問八　次の会話文は、**〈文章Ⅰ〉**と**〈文章Ⅱ〉**について生徒A～Gの七名が話し合っているものである。本文をふまえた発言として**適当でないもの**を、次の①～⑦の中から**二つ選び**、解答番号 13 ・ 14 にマークしなさい。（順不同）

① 生徒A　昔から様々な国で、他人の服装を真似る習慣があったのだと分かりました。現在も、若い世代の服装はよく似たものになっています。周りと同じ格好をすると安心できるという心理からだと理解できました。

② 生徒B　確かに、現代社会では流行に乗り遅れたくないという心理から、人々の服装は画一的になりやすいけれど、一方で「反ミメティスム」の心が個性を追求しているということですね。

③ 生徒C　人は、他人とかけ離れたものになることを怖がるところがあると言えます。他者と似た服を着るようになってしまうのは、不安を安心に変えたいという心理のあらわれですね。

④ 生徒D　**〈文章Ⅰ〉**では、そのような人間の行動を「ミメティスム」という言葉で表現しています。そして、時代が現代に近づくにつれて「ミメティスム」から「反ミメティスム」へと変化していったのでしょう。

⑤ 生徒E　人々の「反ミメティスム」について、**〈文章Ⅱ〉**でも例を挙げながら触れています。しかし、個性を表現する方法について触れているのは**〈文章Ⅱ〉**のみですね。

⑥ 生徒F　**〈文章Ⅱ〉**から、人々が周囲の服装と似た服を着ながらも、個性を出そうと少しだけ他の人とは違うズレの部分をとり入れているのだと知りました。

⑦ 生徒G　現代社会では、個性を引き出しつつ周囲と似たような服装をすることで、連帯意識を生み出すことができると考えられているのですね。

【二】　次の文章は、有川ひろ著『アンマーとぼくら』の一節である。一年前に母を病気で亡くした小学五年生のリョウは、父と、父の再婚相

問三　文中の空欄［　　］にあてはまる表現として最適なものを、次の①～⑤の中から一つ選び、解答番号［7］にマークしなさい。

① 他人と差がつかなくてもよい
② 他人と仲良くならなくてもよい
③ 他人と比較されたくない
④ 他人と同じでは気がすまない
⑤ 他人と関わりを持ちたくない

問四　文中の空欄［A］～［C］にあてはまる語の組み合わせとして最適なものを、次の①～⑤の中から一つ選び、解答番号［8］にマークしなさい。

① A　または　　B　やはり　　C　したがって
② A　けれども　B　ところで　C　やはり
③ A　そして　　B　むしろ　　C　ところが
④ A　ところが　B　また　　　C　すなわち
⑤ A　しかし　　B　さて　　　C　しかも

問五　傍線部①「『服装の自由』は生活規範（エチケット）の階層化された身分制社会の枠組みとは相容れない」とあるが、なぜ「服装の自由」は「身分制社会の枠組み」と相容れることができないのか。その理由として最適なものを、次の①～⑤の中から一つ選び、解答番号［9］にマークしなさい。

① 身分制社会において、服装が自由になれば、あらゆる面で人々が自由を要求するようになるから。
② 身分制社会において、服装が自由になれば、個々の身分を容易に判断できなくなってしまうから。
③ 身分制社会において、服装の制限がなくなれば、人々が新たな流行に振り回されてしまうから。
④ 身分制社会において、服装の制限がなくなれば、富裕層の不必要な購買意欲を高めてしまうから。
⑤ 身分制社会において、服装の制限がなくなれば、かえって貧富の差が大きくなってしまうから。

問六　傍線部②「身分制社会が消滅し」たことで、人々の服装はどのようになったのか。その説明として最適なものを、次の①～⑤の中から一つ選び、解答番号［10］にマークしなさい。

① 自由に自己表現ができる社会になり、自己主張の強い個性的な服装になった。
② 動きやすさを意識するようになり、無意識のうちに慣れ親しんだ服装になった。
③ 自由を求めているつもりでも、結果的に周囲と同じような服装になった。
④ 自由を奪われていた時代の影響により、文化や伝統を重んじた服装になった。
⑤ 苦しめられた身分制社会への反発から、自己の正体を隠せる服装になった。

問七　傍線部③「流行現象」とあるが、「フランス革命以前」と「一九世紀以降」の、衣服における「流行現象」を正しく説明したものを、次の①～⑧の中からそれぞれ一つずつ選びなさい。「フランス革命以前」を解答番号［11］、「一九世紀以降」を解答番号［12］にマークしなさい。

いるのだ。

他方、成人男性の場合、画一的（ユニフォーム）な服といえばやはり背広である。背広は男性市民の制服といいうるまでに一般化して、いまやサラリーマンのみならず、皇室や政治家から経営者や教師や芸能人にまで確実にe**シン透**している。身分や階層や納税額とかの差異をみな超えて。そのうえで、ネクタイの柄とかコーディネイトのセンスにひとは「個性」を賭けている。

二つの例からあきらかなのは、だれも他人と同じ制服をきたがっているわけではないのに、制服を強制するまでもなく、放っておけばひとはほぼ同じ服を着るようになるということだ。

「ほぼ」というのがミソである。ほとんど同じ服を着ながら、ほんのわずかなずらしや逸脱にじぶんを賭ける。つまり、ベースはみなと同じという保険をかけておいたうえで、ささやかな冒険におずおずと手を出すのだ。ひとと同じであることを嫌いながら、ひととまったく異なるのは恐れる。安全とはいえ、さもしくて注2ちょっとともの哀しくなるような市民の幸福のかたちを、ファッションはむごいまでに明確に映しだす。

（鷲田清一『てつがくを着て、まちに出よう』による）

注1　相容れない……互いの主張や立場が相反していて両立しない。

注2　さもしく……品性・態度に欲が表れていていやしい様子。

問一　傍線部a～eのカタカナを漢字に改めたときと同じ漢字を含むものを、次の各群の①～⑤の中からそれぞれ一つずつ選び、解答番号 [1] ～ [5] にマークしなさい。

a　**ショウ動**　解答番号 [1]
① 音楽祭で合ショウする　② 電柱にショウ突する
③ 部下をショウ握する　④ 部屋にショウ像画を飾る
⑤ ショウ細な報告を受ける

b　**アワせ**　解答番号 [2]
① 紙ヘイを両替する　② ヘイ穏な日々を送る
③ ヘイ士を派遣する　④ 駅に書店をヘイ設する
⑤ 電池をヘイ列につなぐ

c　**光ケイ**　解答番号 [3]
① 連ケイして取り組む　② ケイ率な行動をとる
③ 必要書類をケイ示する　④ 恩ケイを受ける
⑤ 時代背ケイを学ぶ

d　**多サイ**　解答番号 [4]
① 異サイを放つ　② サイ能を伸ばす
③ 樹木を伐サイする　④ サイ害に備える
⑤ 果物をサイ培する

e　**シン透**　解答番号 [5]
① 床上シン水する　② 地シンが起きる
③ 病院で受シンする　④ シン重に行動する
⑤ 敵のシン入を防ぐ

問二　波線部の三字熟語「無意識」と同じ組み立ての熟語を、次の①～⑤の中から一つ選び、解答番号 [6] にマークしなさい。

① 運動会　② 新学期　③ 不安定
④ 大自然　⑤ 衣食住

【国　語】（四〇分）　〈満点：一〇〇点〉

【一】　次の〈文章Ⅰ〉と〈文章Ⅱ〉を読んで、後の問いに答えなさい。

〈文章Ⅰ〉

　ミメティスムという語がある。ある種の動物は身を守るために環境の変化に応じて外見を変化させる。日本語では擬態と訳されているようだが、保護色はその代表である。ミメティスムのもうひとつの意味は、無意識に他人の真似《まね》をしてしまう、ということである。人間の場合、このようなミメティスム行動は、おもに衣服を通して行なわれる。ただし、動物とちがって、人間の心はかなりわがままにできている。［　　　　］という、反ミメティスム的なaショウ動ももっている。

　文明社会のなかで、衣服が、文化となり、経済活動の重要な構成要素となり、あるいは社会秩序の不可欠の要素となったのは、人間がミメティスムと反ミメティスムの二つの傾向をbアワせもっているからである。［A］、この二つの傾向が自由に実現されるようになったのは、じつはそんなに古いことではない。他人と同じ格好をしてもよいし、他人と異なる格好をしてもよい。そのことについてだれからも規制を受けない。このようにだれもが自分の好きな格好ができる、いわゆる①「服装の自由」は、生活規範（エチケット）の階層化された身分制社会の枠組みとは注1相容《あいい》れないものだったからである。ヨーロッパの場合、服装の自由が公《おおやけ》に認められ、明文化されたのはフランス革命のときである。

　［B］、②身分制社会が消滅し服装の自由が確立されたときに、どんな状況が出現したのであろうか。各人が気ままな服を着た自由で多様性豊かなc光ケイが出現したのかといえば、まったくそうはならなかった。多くの人々にいつのまにか類似の服装をさせてしまう、流行という名の新現象が発生したからである。［C］、この新現象は、生理的には必要がないと考えられるものまで買わせてしまう、そういう心理的な強制力を備えた動きなのであった。

　③流行現象がフランス革命以前になかったわけではない。一八世紀はじめのパリでは、「衣類がすたれる速さは、花のしおれるのより速い」とか、「無数の店が軒を並べ、必要のない品物を売っている」（シチリアからの旅行者）とかいわれていた。しかしながら、流行だからといって必要のない品物まで追い求めるような行動は、少数の上流階級の人々にしかできない贅沢《ぜいたく》であった。流行現象が全社会的に広まり、人々の衣生活ばかりか行動規範全般を支配するようになったのは、一九世紀になってからのことである。

（北山晴一『衣服は肉体になにを与えたか』による）

〈文章Ⅱ〉

　若い世代の服装は意外に画一的だ。流行がころころ変わるからd多サイに見えるが、ひとつの流行を取り上げれば、その感染力の画一性にはすさまじいものがある。ルーズソックス、キャミソール・ドレスなどを思い出せば、その画一性はすぐに想像いただけるとおもう。

　彼（女）らにとっては、ファッションが「わたしはだれ？」という問いのおそらくはもっとも手軽でもっとも重要な媒体になっているのだから、ちょっとでも有効な媒体、新しい媒体が登場すればそれに目移りするのは当然である。なにかプレゼントをもらったときに、きれいに包装されたその箱を揺さぶって中身を探るのと同じように、みんないろいろ服を着替えることでそのなかのじぶんというものを必死でおしはかって

2022年度

解　答　と　解　説

《2022年度の配点は解答欄に掲載してあります。》

＜数学解答＞《学校からの正答の発表はありません。》

【1】 (1) ア － イ 6 (2) ウ 5 エ 1 オ 5 カ 6 (3) キ 2 ク 1 ケ 8 (4) コ 1 サ 1 シ 3 ス 3 (5) セ 4 (6) ソ 1 タ 2 (7) チ 3 ツ 6 (8) テ 7 ト 1 ナ 0

【2】 ア 1 イ 3 ウ 0 エ 8 オ 0

【3】 (1) ア 8 イ 2 (2) ウ 2 エ － オ 2 カ 4 (3) キ 2 ク 1 ケ 0 コ 4 サ 1 シ 1 ス 2 セ 3

【4】 (1) ア 3 イ 7 (2) ウ 7 エ 4 オ 3 カ 5 キ 2

○推定配点○

【1】 各5点×8　【2】 10点　【3】 (3) 15点　他 各10点×2

【4】 (1) 5点　(2) 10点　計100点

＜数学解説＞

基本 【1】 (数と式の計算，分数式，展開，2次方程式，平方根，反比例，球の表面積，確率)

(1) $-3+9\div(-3)=-3+(-3)=-6$

(2) $\frac{4}{3}a-\frac{a+5b}{2}=\frac{8a}{6}-\frac{3(a+5b)}{6}=\frac{8a-3a-15b}{6}=\frac{5a-15b}{6}$

(3) $2(x+3)(x-3)=2(x^2-9)=2x^2-18$

(4) 2次方程式$3x^2-2x-4=0$について，解の公式より，$x=\frac{-(-2)\pm\sqrt{(-2)^2-4\times3\times(-4)}}{2\times3}=\frac{2\pm\sqrt{4+48}}{6}=\frac{2\pm\sqrt{52}}{6}=\frac{2\pm2\sqrt{13}}{6}=\frac{1\pm\sqrt{13}}{3}$

(5) $\sqrt{16}<\sqrt{20}<\sqrt{25}$より，$4<\sqrt{20}<5$　このとき，$\sqrt{20}$の整数部分は4なので，$\sqrt{20}$より小さい自然数は1，2，3，4の4個ある。

(6) yがxに反比例するとき，$xy=a$(aは比例定数)と表せる。この式に$x=6$，$y=4$を代入して$6\times4=a$より$a=24$　よって，反比例の式は$xy=24$となり，$x=2$を代入して$2y=24$　$y=12$

(7) 半径が3cmの球の表面積は，$4\times\pi\times3^2=36\pi$(cm^2)

(8) 2枚のカードを1枚ずつ順に引いたとして，1枚目のカードに書かれた数をa(aは5以下の自然数)，2枚目のカードに書かれた数をb(bは5以下の自然数)とする。さらに，2枚のカードを引いた結果を(a，b)のように表すと，$ab>10$となるのは，(3，4)，(3，5)，(4，3)，(4，5)，(5，3)，(5，4)の6通りとなる。また，2枚のカードを1枚ずつ順に引いたときの数の出方は全部で$5\times4=20$(通り)となる。このとき，2枚のカードに書かれた数の積が10より大きい確率は，$\frac{6}{20}=\frac{3}{10}$　よって，2枚のカードに書かれた数の積が10以下になる確率は$1-\frac{3}{10}=\frac{7}{10}$

重要 【2】 (連立方程式の応用)

A，Bの2つの商品を仕入れた個数をそれぞれx個，y個とする。1日目には，AとBを合わせた個数の60%にあたる126個が売れたので，$(x+y)\times\frac{60}{100}=126$　両辺を10倍して，$6(x+y)=1260$　$x+y=210$…①　また，2日間でAの90%，Bの95%が売れたので，Aの残りが10%，Bの残りが5%となり，残った商品の個数がA，B合わせて17個だったので，$x\times\frac{10}{100}+y\times\frac{5}{100}=17$　両辺を100倍して，$10x+5y=1700$　両辺を5でわって$2x+y=340$…②　ここで，②の両辺から①の両辺をひくと，$x=130$　さらに，①に$x=130$を代入して$130+y=210$より，$y=80$　よって，A，Bを仕入れた個数はそれぞれ130個，80個となる。

【3】（1次関数・2次関数のグラフと図形の融合問題）

基本　(1)　直線ℓ（直線$y=\frac{1}{2}x+9$）上の点Aのx座標が-2なので，$y=\frac{1}{2}x+9$に$x=-2$を代入して，$y=\frac{1}{2}\times(-2)+9=-1+9=8$より，点Aの$y$座標は8となる。よって，点Aの座標はA$(-2,\ 8)$
次に，放物線Cの式を$y=kx^2$（kは比例定数）と表すと，点Aは関数$y=kx^2$のグラフ上の点なので，$y=kx^2$に$x=-2$，$y=8$を代入して$8=k\times(-2)^2$　$8=4k$　$k=2$　よって，放物線Cの式は$y=2x^2$

重要　(2)　関数$y=2x^2$のグラフ上の点Bのx座標が1なので，$y=2x^2$に$x=1$を代入して，$y=2\times1^2=2$より，点Bのy座標は2となる。よって，点Bの座標はB$(1,\ 2)$　次に，2点A，Bを通る直線ABの式を$y=ax+b$（a，bは定数）と表すと，直線AB上の点Aのx座標が-2，y座標が8なので，$y=ax+b$に$x=-2$，$y=8$を代入して$8=-2a+b$…①　また，直線AB上の点Bのx座標が1，y座標が2なので，$y=ax+b$に$x=1$，$y=2$を代入して$2=a+b$…②　ここで，①の両辺から②の両辺をひくと，$6=-3a$　$a=-2$　さらに，②に$a=-2$を代入して，$2=-2+b$　$b=4$　よって，2点A，Bを通る直線の式は$y=-2x+4$

やや難　(3)　直線$y=8x-6$…①と，直線$\ell$$\left(\text{直線}y=\frac{1}{2}x+9\cdots②\right)$を連立方程式として解くと，①，②から$y$を消去して$8x-6=\frac{1}{2}x+9$　両辺を2倍して，$16x-12=x+18$　$15x=30$　$x=2$　さらに，①に$x=2$を代入して，$y=8\times2-6=10$　よって，点Pの座標はP$(2,\ 10)$　次に，直線$\ell$$\left(\text{直線}y=\frac{1}{2}x+9\cdots②\right)$上の点Qの$x$座標を$t\ (t>0)$とすると，点Qの$y$座標は$\frac{1}{2}t+9$と表せる。このとき，三平方の定理により，線分AQの長さの2乗は，$\{t-(-2)\}^2+\left\{\left(\frac{1}{2}t+9\right)-8\right\}^2=(t+2)^2+\left(\frac{1}{2}t+1\right)^2=(t^2+4t+4)+\left(\frac{1}{4}t^2+t+1\right)=\frac{5}{4}t^2+5t+5$…③と表せる。また，線分ABの長さの2乗は，$\{1-(-2)\}^2+(2-8)^2=3^2+(-6)^2=9+36=45$…④　ここで，AB＝AQのとき，③と④は等しいので，$\frac{5}{4}t^2+5t+5=45$　$\frac{5}{4}t^2+5t-40=0$　両辺を4倍して$5t^2+20t-160=0$　両辺を5でわって$t^2+4t-32=0$　$(t-4)(t+8)=0$　このとき，$t>0$より$t=4$　さらに，$\frac{1}{2}t+9$に$t=4$を代入して$\frac{1}{2}\times4+9=11$　よって，点Qの座標は，Q$(4,\ 11)$　また，△ABPと△ABQを，それぞれ底辺が直線$\ell$$\left(\text{直線}y=\frac{1}{2}x+9\cdots②\right)$上にあり，頂点が点Bの三角形とみると，△ABPと△ABQの面積比は，底辺APと底辺AQの長さの比に等しい。ここで，x軸に垂直で点Aを通る直線とx軸との交点を点A_x，x軸に垂直で点Pを通る直線とx軸との交点を点P_x，x軸に垂直で点Qを通る直線とx軸との交点を点Q_xとすると，平行線で区切られた線分の比は等しいので，AP：AQ＝A_xP_x：A_xQ_x＝$2-(-2)$：$4-(-2)$＝4：6＝2：3　よって，△ABPと△ABQの面積比は2：3

【4】（平行四辺形，相似）

基本　(1)　△AFDと△AFGを，それぞれ底辺が線分BD上にあり，頂点が点Aの三角形とみると，△AFDと△AFGの面積比10：3は，底辺FDと底辺FGの長さの比に等しいので，FD：FG＝10：3

よって，GD＝FD－FGより，FG：GD＝FG：(FD－FG)＝3：(10－3)＝3：7

重要 (2)　平行四辺形の対角線はそれぞれの中点で交わるので，BG＝GD　ここで，(1)よりFG：GD＝3：7なので，BG：BF＝BG：(BG－FG)＝GD：(GD－FG)＝7：(7－3)＝7：4　次に，△BEFと△BEGを，それぞれ底辺が線分BD上にあり，頂点が点Eの三角形とみると，△BEGと△BEFの面積比は，底辺BGと底辺BFの長さの比7：4に等しいので，△BEG：△BEF＝BG：BF＝7：4　このとき，△BEF＝Sとすると，△BEG：S＝7：4　4△BEG＝7S　△BEG＝$\frac{7}{4}$S　また，AD＝BCより，BC：BE＝AD：BE＝5：2　このとき，△BCGと△BEGを，それぞれ底辺が線分BC上にあり，頂点が点Gの三角形とみると，△BCGと△BEGの面積比は，底辺BCと底辺BEの長さの比5：2に等しいので，△BCG：△BEG＝BC：BE＝5：2　さらに，△BEG＝$\frac{7}{4}$Sなので，△BCG：$\frac{7}{4}$S＝5：2　2×△BCG＝$\frac{7}{4}$S×5　△BCG＝$\frac{35}{8}$S　このとき，△BCA：△BCG＝CA：CG＝2：1より，△BCA：$\frac{35}{8}$S＝2：1　△BCA＝$\frac{35}{4}$S　よって，平行四辺形ABCDの面積は△BCAの面積の2倍なので，$\frac{35}{4}$S×2＝$\frac{35}{2}$S

★ワンポイントアドバイス★

基本事項を器用に使いこなすことを要求する問題が多い。対応するためにも，まず，できる限り多くの例題を一通り解こう。そして，解法を網羅できたら，今度は別解を探すことで，解法を幅広く活用できるようにするとよい。

＜英語解答＞《学校からの正答の発表はありません。》

【1】 問1 ④　問2 ②　問3 ④　問4 ②　問5 ③　問6 ①　問7 ②
問8 ③　問9 ④　問10 ④　問11 ③　問12 ②

【2】 問1 ⑤，⑥　問2 ②，③　問3 ④，⑤　問4 ②，①　問5 ⑥，③
問6 ①，⑤　問7 ⑥，④

【3】 問1 ③　問2 ③　問3 ③，①，④，⑤　問4 ①　問5 ②，④，⑤，①
問6 ③，①，④，②

【4】 問1 ③　問2 ③，①　問3 ②　問4 ③　問5 ④　問6 ④
問7 ③，⑥

○推定配点○

【2】 各4点×7(各完答)　他　各2点×36　計100点

＜英語解説＞

基本 **【1】** (語句補充・選択：熟語，動名詞，分詞，助動詞，時制，進行形，関係代名詞，比較，単語，前置詞)

問1 「私の友人のキョウコは音楽が大好きだ。彼女は歌うのが得意だ」 be good at ～ing「～することが得意だ」

問2 「英語は世界で多くの人に話されている言語だ」 形容詞的用法の過去分詞句 spoken by

many people「多くの人に話される」が language「言語」を後ろから修飾する。

問3 「あなたはアメリカ人に話しかける時に完璧な英語を話す必要はない」 <don't have to + 動詞の原形>「～しなくてもよい，～する必要はない」

問4 「私が帰宅した時，姉はピアノを弾いていた」 過去進行形「～していた」

問5 「カナダで学びたい学生は英語を一生懸命に学習しなくてはならない」 who は主格の関係代名詞。who want to study in Canada が Students を後ろから修飾する。

問6 「私たちのクラスでは，バレーボールがすべてのスポーツの中で最も人気だ」 <最上級+ of all the +複数名詞>「すべての～の中で最も…」

問7 「校門のところに立っている高齢男性は誰ですか」 形容詞的用法の現在分詞句 standing by the school gate「校門のところに立っている」が man を後ろから修飾する。

問8 「ヒカルの家族はふつう冬に海外に行くが，今年は家族全員日本に留まる予定だ」 go abroad「海外へ行く」

問9 A：ファスト先生の英語の授業を楽しみましたか。／B：はい。とてもワクワクしました。 exciting「(もの・事柄が)わくわくさせるような，楽しい」

問10 ケン：あなたはどのくらいお兄さんと一緒にテニスをしているの？／ミズキ：今朝からよ。 How long ～？は期間を尋ねる。since ～「～以来(ずっと)

問11 アレックス：ごめん，ティナ。僕は君の辞書を学校に持ってくるのを忘れた。／ティナ：大丈夫よ。今日は必要ないわ。

問12 トモコ：ホワイト先生，ドアを閉めてもいいですか。少し寒いです。／ホワイト先生：もちろん，どうぞ。 May I ～？「～してもいいですか」は自分の行動の許可を求める言い方。

重要【2】 (語句整序：助動詞，不定詞，接続詞，間接疑問，関係代名詞，構文，疑問詞，比較)

問1 (The sign) says you must beware of bears. 動詞 say は看板，掲示物，新聞・雑誌などを主語にして「～に…と書いてある」を表す。You must ～「あなたは～しなくてはならない」 beware of ～「～に注意する」

問2 (It's) necessary for us to solve the problem. <It is … for +人+ to +動詞の原形>「(人)にとって～することは…」 solve「～を解決する」

問3 (I'm) sure that these books will help (many students.) I'm sure that ～「私はきっと～だと思う」 help「～に役立つ」

問4 Do you know where the city library is? まず，Do you know「あなたは知っていますか」とし，「市民図書館はどこか」は間接疑問<疑問詞+主語+動詞>にする。

問5 The letter that my mother gave me made (me happy.) 直訳は「私の母が私にくれた手紙は私を幸せにした」。that は目的格の関係代名詞で that my mother gave me「私の母が私にくれた」が letter を後ろから修飾する。<make +目的語+形容詞>「～を…にする」

問6 How many butterflies do you see (on this page?) 「あなたはこのページに何匹の蝶が見えますか」とする。<How many +複数名詞>は数を尋ねる。④ much が不要。

問7 What school event did you enjoy the most? 「あなたはどの学校行事を最も楽しみましたか」とする。enjoy ～ the most「～を最も楽しむ」③ the best が不要。

やや難【3】 (会話文読解問題・資料読解問題：英問英答，内容吟味)

問1 (全訳) 母：今日は学校からまっすぐに帰宅する？／息子：今日はしない。授業は3時直前に終わって，それから僕はケンと一緒に宿題をするために図書館へ行かなくてはいけないんだ。図書館は学校の近くで，5分かかる。／母：どのくらいそこにいるつもり？／息子：2時間くらい。

それから僕はマイクの家に行って，8時までギターの練習をするつもりだよ。彼の家には自転車で10分で行ける。

「質問：息子は午後6時にどこにいるか」③「マイクの家」 マイクは3時頃に学校から図書館へ移動し，そこで2時間程度勉強する。そして5時頃に図書館を出てマイクの家に行く。マイクの家まで自転車で10分程度なので，6時にはマイクの家にいるはずである。

問2 （全訳） ヨシコ：8時50分の電車に乗ろうよ。それはあと7分で出発するわ。／アラン：8時50分の電車はいくつかの駅にしか停車しない。それだと僕たちは名古屋駅に早く着きすぎる。僕たちが見る予定の映画は11時に始まる。その2分前に出る，もう1つの電車に乗ろうよ。／ヨシコ：いいよ。そうすると私たちは10時に到着する。映画の前にコーヒーを飲む時間があるわ。／アラン：それは完璧だ。

「質問：ヨシコとアランは何時にこの駅を出発するか」「8時48分」 アランの2番目の発言の最終文参照。before it の it はヨシコの1番目の発言の the 8:50 train を指す。

問3 （全訳） エミ：生徒たちは金曜日に最も多く本を借りたね。学校図書館はその日，80冊貸し出したわ。生徒たちは週末に本を読みたかったんだと思う。／トミー：そうだね，土日には読書する時間が十分あるからね。僕は月曜日に65冊の本が借りられたとわかって驚いた。生徒たちはたいてい，月曜日に図書館に来ないよ。／エミ：この前の月曜日は一日中雨が降っていて，生徒たちは休み時間に外に出なかったのよ。木曜日には25人の生徒が2冊ずつ本を借りて，さらに20人の生徒が1冊ずつ借りたわ。／トミー：火曜日に生徒たちは50冊借りたよ。彼らは水曜日よりも火曜日に多くの本を借りたね。

次の順に問題を解くとわかりやすい。 [32] エミの1番目の発言より，最多の80冊が貸し出されたのは金曜日。 [30] トミーの1番目の発言より，65冊貸し出されたのは月曜日。 [31] エミの2番目の発言より，木曜日には70冊貸し出されたとわかる。（2冊×25人＋1冊×20人＝70冊）
[29] トミーの2番目の発言より，50冊貸し出されたのは火曜日で，それより少ない[29]は水曜日だとわかる。

問4 （全訳） ジュリア：女子に一番人気の場所は多治見動物園ね。そこは男子の約2倍の女子に人気がある。／コウジ：そこでは7月に2頭のパンダが生まれたんだ。女子は動物の赤ちゃんが好きだよね。男子に一番人気の場所は岐阜城だ。／ジュリア：男子と女子の両方とも，瑞浪歴史博物館が好きなのね。同じ数の生徒がそこへ行きたがっている。／コウジ：それは興味深いね。僕は男子のほうが女子よりもそこに行きたがると思っていたよ。

「質問：ジュリアとコウジはどのグラフについて話しているか」 女子に一番人気の場所は多治見動物園，男子に一番人気の場所は岐阜城，瑞浪歴史博物館は男女同数なので，①が適切。

問5 （全訳） 客が新作DVDを3枚まで借りる場合，料金はDVD1枚ごとに300円で，4枚以上だとDVD1枚につき280円になる。準新作または旧作DVDを借りる場合，料金はDVD1枚につき200円で，準新作または旧作DVDの特別5枚セットは500円だ。

[34] 新作280円×4＝1120円　[35] 新作300円×2＋準新作または旧作200円×1＝800円
[36] 新作300円×1＋準新作または旧作200円×2＝700円　[37] 準新作または旧作200円×6＝1200円

問6 （全訳） 初めに，日本で生産された野菜を青いカゴに，他の国で生産された野菜を黄色のカゴに入れてください。次に，日本で生産されたもので1週間以内に食べなくてはならないものがあれば，取り出して緑のカゴに入れてください。そして他の国で生産された野菜については，すぐに消費する必要があるものは赤いカゴに入れてください。

[38] 長野産のレタスは日持ちが3日間なので，緑のカゴ。 [39] 鹿児島産のサツマイモは日持

ちが1か月なので，青いカゴ。　40　韓国産のピーマンは日持ちが4日間なので赤いカゴ。

41　ニュージーランド産のカボチャは日持ちが3週間なので黄色のカゴ。

【4】（長文読解問題・紹介文：単語，発音，内容吟味，語句整序，構文，内容一致）

（全訳）あなたは緑色と聞いたら，何を想像するだろうか。ほとんどの日本人は豊かな自然や新鮮さを思い浮かべる。西洋の国では，緑は「嫉妬深い」「経験不足」「ア不気味」など悪いことを意味する。西洋諸国のアニメで怪物を見ることがある。それらは緑色だったり，緑色の目をしていたりする。

黄色についてはどうか。日本や中国のようなアジアの国では，黄色は高貴な色だ。イ古代中国では，皇帝だけが黄色の服を身に着けることができた。キリスト教文化の地域では，黄色は裏切りの色である。これはキリスト教のユダに由来する。彼は黄色の服を着ていた時にキリストを裏切った。アジア人を「黄色の猿」と呼ぶ人がいることは悲しいことで，「黄色」はその悪いウイメージから生じているのかもしれない。あなたは太陽を描く時に何色を使うだろうか。多くの日本人の子供は太陽を赤く塗る。世界のほとんどの子供たちは太陽を黄色で塗る。白，オレンジ，金色で塗る子供たちもいる。

虹についてはどうか。日本と韓国では，虹には7色ある。それは国，地域，民族，宗教による。アメリカやイングランドでは6色で，ドイツとフランスでは5色，ロシア，東南アジア，イスラム圏では4色，アフリカのいくつかの部族では8色だ。太陽の色や虹の色の見方は，目の色や住んでいる場所による。虹の色はお互いにつながっていて，何が正しいと言うことはできない。虹の色の違いはそれぞれの色の認識の仕方によるものだ。

数のイメージも日本と世界の他の国々の間で異なっている。日本人は「4」という数字を使うことを好まない，なぜなら日本語では「4」の音は「死」という単語の音と同じだからだ。彼らはこの数字を車のナンバープレートや，集合住宅および病院の部屋番号に使いたがらない。「9」も「4」と同じだ。「9」の音はエ「痛み」や「苦しみ」という単語の音と同じなのだ。他方で，キリスト教を信じる西洋諸国では，「13」を使わない。彼らが「13」を好まない理由はたくさんあり，それは文化や宗教から生じている。

さらに，動物のイメージも見てみよう。あなたは狼をどう思うか。『赤ずきん』や『3匹の子ブタ』などの童話の中で狼の悪いイメージが与えられている。狼についてのこうした考え方は西洋諸国で作られたものだが，日本人は長い間，狼を神だと考えてきた。日本語の狼の発音である「オオオカミ」は「大神」に由来する。日本人は農耕民族で，作物に害を与える野生動物を食べる狼に感謝している。西洋人は狩猟民族だ。狼は，羊や牛などの彼らの家畜を食べる敵である。

このようにして，それぞれの単語のイメージは社会的および文化的な背景による。私たちは外国語を学ぶ時に，その単語の背景も学ぶべきである。外国語を学ぶことは，ただ単語を別の言語に変換することではない。それぞれの単語のイメージについて考えるようにしたらどうか。カそれをするとあなたの学びは豊かなものになり，あなたに喜びをもたらすだろう。

問1　weirdness「奇妙さ，不気味さ」　下線部アを含む文に green means something bad「緑は悪いものを意味する」とあることから考える。

問2　イ　[ei]　ウ　[i]

重要　問3　数字の9と同じ発音で，悪い意味を持つ「苦」が適切。

重要　問4　wolves は wolf「狼」の複数形。日本語では「大神」(おおかみ)と同じ音である。

問5　(It will) make your learning rich and give you a pleasure.　直訳は「それはあなたの学びを豊かにし，あなたに喜びを与えるだろう」となる。<make ＋目的語＋形容詞>「～を…にする」　<give ＋人＋もの>「(人)に(もの)を与える」

問6　④については本文中で述べられていない。①は第3段落第6文の内容と一致する。②は第3段落第5文の内容と一致する。③は第3段落最終文の内容と一致する。

重要 問7 ③「太陽の描き方は世界の子供たちの間で同じではない」(○) ⑥「単語の背景にある多くの事柄を学ぶことは，他の言語をよりよく理解することに役立つ」(○)

★ワンポイントアドバイス★

【3】の資料読解問題は，計算が含まれるので注意が必要である。

＜理科解答＞《学校からの正答の発表はありません。》

【1】 (1) [1] ⑦ [2] ⑨ [3] ② [4] ⑧ [5] ① [6] ⑥ [7] ④
(2) [8] ② [9] ② [10] ① [11] ① (3) [12] ① [13] ① [14] ④
[15] ② [16] ③ [17] ① [18] ② [19] ② [20] ③ (4) [21] ④
[22] ① [23] ② [24] ① [25] ③

【2】 A (1) [26] ③ (2) [27] ④ [28] ③ [29] ② [30] ③ [31] ①
(3) [32] ④ B (4) [33] ② (5) [34] ③ (6) [35] ③

【3】 (1) [36] ③ [37] ⓪ (2) [38] ④ [39] ① (3) [40] ③ (4) [41] ③
[42] ⑤ (5) [43] ① [44] ④

【4】 (1) [45] ② (2) [46] ⑥ [47] ④ (3) [48] ① (4) [49] ⑤ (5) [50] ③
(6) [51] ③

○推定配点○

【1】 各2点×25 【2】 各2点×10
【3】 [36]・[37]，[38]・[39]，[41]・[42] 各3点×3(各完答) 他 各2点×3
【4】 [46]，[47] 各1点×2 [49]，[50]，[51] 各3点×3 他 各2点×2 計100点

＜理科解説＞

【1】 (植物の体のしくみ―植物の違い)

基本 (1) 種子植物のうち，胚珠が子房に包まれているものを被子植物といい，胚珠が子房に包まれていないものを裸子植物という。子房は成長すると果実になり，胚珠は種子となる。コケ類やシダ類は種子をつくらず胞子で増える。

基本 (2) コケ植物には根・茎・葉の区別はなく，維管束もない。シダ類には根・茎・葉の区別があり，維管束がある。

重要 (3) 単子葉植物の特徴は，根はひげ根で，葉は平行脈，維管束は不規則に散らばる。双子葉植物の特徴は根が主根と側根からなり，葉は網状脈で維管束は輪の形に並ぶ。仮根をもつのはコケ類や海藻類である。葉の裏側に気孔が多いことや光合成をおこなうのは，両方に共通する特徴である。

(4) 胚珠が子房に包まれている植物を被子植物といい，例では，トウモロコシ，サクラが被子植物である。胚珠がむき出しのものを裸子植物という。裸子植物にはソテツ，イチョウ，マツ，スギなどがある。コケ植物とシダ植物は種子をつくらない植物で，根・茎・葉の区別があるものがシダ植物，ないものがコケ植物である。スギナはシダ植物，スギゴケはコケ植物である。

【2】 (地層と岩石―化石・柱状図・地層)

基本 A (1) その生物が生きていた時の環境を示す化石を示相化石といい，その化石を含む地層の年代を特定できる化石を示準化石という。

(2) ア 淡水魚の化石があり，大きな木の化石が含まれているので，湖があり周囲に森林が広がっていたと思われる。 イ ビカリアは熱帯から亜熱帯の浅い海に生息した巻貝である。 ウ クジラの化石が含まれてたので，やや深い広い海であった。 エ マングローブやサンゴの化石が含まれるので，暖かく浅い海であった。 オ 深海の生物の化石を含むので，深い海であった。

(3) デスモスチルスはカバに似た哺乳類で，化石は新生代の地層に含まれる。

B (4) 同じ時期に形成された凝灰岩層の標高を比較すると，A地点では標高155m～160mであり，B地点では125m～130mである。これよりB地点がA地点より30m下がっている。水平距離が120mなので，B地点からA地点へ120mで30m高くなっている。地層が一様に傾いていることから，A地点からC地点までの80mで20m高くなる。それで，C地点の凝灰岩層は175mから180mの標高になり，C地点の地表面は凝灰岩層である。ここから25m垂直に掘ると砂岩層になる。

基本 (5) Xでは，下から泥岩，砂岩，れき岩が堆積している。粒の小さいものほど河口から遠くまで運ばれて堆積するので，最初深かった海が堆積により浅くなっていき，凝灰岩層ができたころには陸地になっていたことがわかる。

重要 (6) 石灰石は貝殻やサンゴの骨格が堆積してできる。うすい塩酸に溶けて二酸化炭素を発生する。砂岩や泥岩は，川を運ばれる途中で削られて丸みを帯びた粒からできるが，凝灰岩は角ばった粒からできている。

【3】 (化学変化と質量―金属の酸化)

基本 (1) 表より，1.2gの銅から1.5gの酸化銅ができるので，2.4gの銅からは3.0gの酸化銅ができる。

重要 (2) 1.2gの銅と結びつく酸素の質量は1.5－1.2＝0.3(g)なので，銅の質量と結びつく酸素の質量の比は，1.2：0.3＝4：1である。

重要 (3) 酸化銅に炭素を混ぜ合わせて加熱すると，二酸化炭素が発生する。炭酸水素ナトリウムを加熱しても，熱分解により二酸化炭素が発生する。

基本 (4) 酸化マグネシウム中のマグネシウムと酸素の質量比は3：2なので，マグネシウムの質量：酸化マグネシウムの質量＝3：5になる。

基本 (5) マグネシウムは熱水と反応すると，水酸化マグネシウムができる。pHが11なので，この水溶液はアルカリ性である。アルカリ性でフェノールフタレイン溶液は赤色を示し，BTB溶液は青色を示す。

【4】 (運動とエネルギー―エネルギーの種類)

基本 (1) 電池は，化学エネルギーを電気エネルギーに変換する装置である。

基本 (2) 発光ダイオードは，電気エネルギーを光エネルギーに変換する。

基本 (3) 高い位置にある物体は位置エネルギーをもつ。物体が落下すると，失われる位置エネルギーが運動エネルギーにかわる。

重要 (4) $1m^3$は1000Lに相当する。$20m^3$は20000Lであり，このとき重力は200000Nになる。

重要 (5) 仕事の大きさは，力の大きさと力の向きに移動した距離の積で求まる。200000Nの力で20m移動すると，仕事の大きさは200000×20＝4000000(J)であり，これは4000kJになる。

(6) 4000kJの80％の電気エネルギーを得るので，4000×0.8＝3200(kJ)のエネルギーが得られる。

★ワンポイントアドバイス★

基本問題が大半なので，基礎知識をしっかりと身につけるようにしたい。計算問題も出題されるが難問はないので，苦手分野をつくらないようにしたい。

＜社会解答＞《学校からの正答の発表はありません。》

【1】 問1 ④　問2 ③　問3 ①　問4 ④　問5 ①　問6 ①
問7 D ③　E ④　問8 ②・⑤

【2】 問1 ②　問2 ①

【3】 問1 ②　問2 ③　問3 ③　問4 ①　問5 ②

【4】 問1 ①　問2 ④　問3 ③

【5】 問1 ②　問2 ③　問3 ④　問4 ③　問5 ②　問6 ②　問7 ①
問8 ①　問9 ③　問10 ①

【6】 問1 ②　問2 ①　問3 ③　問4 ③　問5 ③　問6 ②　問7 ①
問8 ②　問9 ④　問10 ④

○推定配点○

【1】～【4】 各3点×20　【5】，【6】 各2点×20　計100点

＜社会解説＞

【1】 （地理―南アメリカの自然・農業・時差の計算など）

問1 A 南米の太平洋岸に沿って走る世界最長の山脈。 B 赤道付近を東に流れて大西洋にそそぐ世界最大の河川。ロッキー山脈，ミシシッピ川は北アメリカ。

問2 サヘルとはサハラ砂漠の南縁部でアラビア語で「岸辺」を意味する言葉。近年人口の増加から砂漠化が急速に進行，アフリカの飢餓地帯とも呼ばれている。

問3 東京と同じ温暖湿潤気候。②は地中海性，③は西岸海洋性，④は北半球の温暖湿潤気候。

問4 1960年，内陸部の開発のためにブラジル高原に建設された計画都市。

重要 問5 経度15度で時差は1時間。(135＋75)÷15＝14なので日本より14時間遅れている。

問6 赤道はアフリカの中央部，ユーラシア大陸の南端そしてアマゾン川周辺を通過。

問7 D セルバはアマゾン流域の熱帯雨林。ラプラタ川流域に広がる草原地帯はパンパ。
E ヒスパニックは米国に住むスペイン語を母語とする人々。先住民と白人の混血はメスティーソ。

問8 ブラジルの輸出品は大豆や原油，鉄鉱石など。農産物の国際価格は変動が激しい。

【2】 （地理―人の移動・高齢社会など）

問1 国内外とも経済成長の著しい中国の割合が急増している。①はアメリカ，③はブラジル。

重要 問2 日本の高齢化率は2021年には29.1％に達したといわれ断然の世界1である。

【3】 （公民―人権の歴史・憲法など）

問1 名誉革命を正当化，アメリカの独立宣言にも大きな影響を与えた啓蒙思想家。

問2 フランスの絶対王政を厳しく批判，冒頭の一節は人権宣言にも引用されている。

問3 議会が法律や予算を成立させるため天皇に対し必要な意思表示をすること。天皇の輔弼機関

といわれるのは内閣，統帥とは軍隊を指揮・統率すること。

重要 問4　1919年に成立したドイツ憲法。男女普通選挙や社会権など最も民主的な憲法といわれた。

問5　B　憲法改正の要件は厳しく，国会の発議は各院の総議員の3分の2以上が要件とされる。

C　国民投票法では成立時(2007年)から18歳以上となっていたが，選挙法が改正されるまでは経過措置として20歳とされていた。現在は法改正で選挙権や成人年齢と同じ18歳となっている。

【4】（公民—政治のしくみなど）

問1　首相の指名では10日，予算や条約では30日，法律案では60日と定められている。

重要 問2　被選挙権は参議院議員と都道府県知事が30歳でそれ以外はすべて25歳。

問3　2009年，麻生太郎内閣が選挙で惨敗，鳩山由紀夫を首相とする民主党中心の連立内閣が成立。

【5】（日本の歴史—古代～近世の政治・社会・文化史など）

問1　1200℃ほどの高温で焼成，ろくろを用い登り窯《かま》で焼かれた硬質の土器。

問2　鬼道(呪術)に優れた卑弥呼は30余りのクニを従えた邪馬台国の女王として君臨。魏の皇帝からは「親魏倭王」の称号と銅鏡100枚を授けられた。

問3　孝徳天皇が即位，中大兄皇子を皇太子とし難波に遷都したがのちに皇子と対立した。

重要 問4　天武天皇が造営を始めた初の本格的な都・藤原京→奈良盆地の北端に造営された平城京→桓武天皇が人心一新を目指した長岡京→中心人物の暗殺などで再度遷都した平安京。

問5　天武天皇時代に鋳造された最古の銅銭。1990年代に飛鳥池遺跡から大量に出土した。

問6　桓武天皇に重用された坂上田村麻呂→11世紀前半の藤原氏の全盛→11世紀後半の後三条天皇の改革→後三条の皇子である白河上皇による院政の開始。

問7　方丈記は鎌倉時代初期に鴨長明によって著された，枕草子・徒然草と並ぶ三大随筆の一つ。

問8　日本は1052年から末法の世に入るといわれていたため10世紀中ごろから浄土信仰が流行。折からの天災や疫病，政治の混乱といった社会不安も重なって人々に浸透していった。

重要 問9　水野忠邦は物価高騰の原因は株仲間にあるとして解散を命じた。

問10　井伊直弼による反対派の弾圧(安政の大獄・1858～1859年)→井伊直弼の暗殺(桜田門外の変・1860年)→坂本龍馬による薩長同盟(1865年)→徳川慶喜の政権返還(大政奉還・1867年)。

【6】（日本と世界の歴史—近世～現代の政治・社会史など）

問1　3条に神奈川開港6か月後に下田港を閉ざすと規定されていた。

問2　日本を開国させたアメリカは南北戦争のため大きく後退，貿易品目では生糸，貿易港では横浜，貿易相手ではイギリスが約8割を占めた。

問3　八幡製鉄所は下関条約の賠償金の一部を用いて1901年に操業を開始した。三国干渉はロシア・ドイツ・フランス，五か条の御誓文は1868年，ソ連の成立は1922年。

問4　第1次世界大戦は英・仏・ロの三国協商と独・オーストリア・伊の三国同盟の対立。日本は日英同盟から連合国側で，オスマン帝国はロシアとの対立から同盟側で参戦。

問5　国共内戦に勝利した共産党の毛沢東は1949年に中華人民共和国の建国を宣言。

問6　社会主義の下，計画経済を進めていたソ連は恐慌の影響はあまり受けなかった。

重要 問7　女性にも選挙権が拡大されたため有権者は約3倍に拡大した。

問8　サンフランシスコ平和条約の締結(1951年)→自衛隊の発足(1954年)→日ソ共同宣言の調印(1956年)→東海道新幹線の開通(1964年)。

やや難 問9　川端康成(1968年)と大江健三郎(1994年)。湯川秀樹は1949年，田中耕一は2002年に受賞。

問10　ドイツ統一(1990年)→ソ連崩壊(1991年)→同時多発テロ(2001年)→イラク戦争(2003年)。

★ワンポイントアドバイス★

現代史や国際政治の学習には毎日のニュースが最高の教材である。世の中の動きに関心を持ち，疑問点などは必ず自分で調べる習慣をつけよう。

＜国語解答＞《学校からの正答の発表はありません。》

【一】 問一 a ② b ④ c ⑤ d ① e ① 問二 ③ 問三 ④
問四 ⑤ 問五 ② 問六 ③ 問七 [11] ⑥ [12] ① 問八 ④・⑦

【二】 問一 ア ② イ ③ ウ ③ 問二 ③ 問三 (Ⅰ) ③ (Ⅱ) ⑤
問四 ④ 問五 ② 問六 ③ 問七 ⑤ 問八 ②

○推定配点○

【一】 問一・問二 各2点×6 他 各5点×9

【二】 問一・問三(Ⅰ) 各2点×4 他 各5点×7 計100点

＜国語解説＞

【一】 (論説文—大意・要旨，内容吟味，文脈把握，接続語の問題，脱文・脱語補充，漢字の読み書き，熟語)

問一 a 衝動 ① 合唱 ② 衝突 ③ 掌握 ④ 肖像画 ⑤ 詳細
b 併せ ① 紙幣 ② 平穏 ③ 兵士 ④ 併設 ⑤ 並列
c 光景 ① 連携 ② 軽率 ③ 掲示 ④ 恩恵 ⑤ 背景
d 多彩 ① 異彩 ② 才能 ③ 伐採 ④ 災害 ⑤ 栽培
e 浸透 ① 浸水 ② 地震 ③ 受診 ④ 慎重 ⑤ 侵入

基本 問二 「無意識」は二字の熟語の上に否定の接頭語がつく組み立てで，同じ組み立ての熟語は③の「不安定」。

問三 直後の「反ミメティスム的」に着目する。同じ段落に「ミメティスムのもうひとつの意味は，無意識に他人の真似をしてしまう，ということ」とあるので，「反ミメティスム」は他人の真似をしたくない，他人とは同じではいたくないという意味だとわかる。この内容に通じる表現があてはまる。

問四 A 「人間が……二つの傾向をアワせもっている」という前に対して，後で「この二つの傾向が自由に表現されるようになったのは，じつはそんなに古いことではない」と相反する内容を述べているので，逆接の意味を表す語があてはまる。②の「けれども」，④の「ところが」，⑤の「しかし」のいずれかになる。 B 「服装の自由が公に認められ，明文化されたのはフランス革命のときである」という前を受けて，後で「身分制社会が消滅し服装の自由が確立されたときに，どんな状況が出現したのであろうか」と新たな話題を提示しているので，転換の意味を表す語があてはまる。②の「ところで」と⑤の「さて」が考えられる。 C 「流行という名の新現象が発生した」という前に，後で「この新現象は……心理的な強制力を備えた動きなのであった」と付け加えているので，添加の意味を表す「しかも」があてはまる。⑤を選ぶ。

やや難 問五 「服装の自由」と「身分制社会」が両立しない理由を考える。「生活規範(エチケット)の階層化された身分制社会」とあることから，「生活規範(エチケット)」を具現化する「服装」が「自由」になると，どの「階層」に属しているのかがわからなくなるからである。この内容を「個々の身分を容易に判断できなくなってしまうから」と言い換えている②が最適。

問六　直後の文以降の「各人が気ままな服を着た自由で多様性豊かな光ケイが出現したのかといえば，まったくそうはならなかった。多くの人々にいつのまにか類似の服装をさせてしまう，流行という名の新現象が発生した」に着目する。「類似の服装」を，「周囲と同じような服装」と言い換えている③が最適。

問七　同じ段落の「一八世紀はじめのパリでは……流行だからといって必要のない品物まで追い求めるような行動は，少数の上流階級の人々にしかできない贅沢であった」から，「フランス革命以前の「流行現象」を読み取る。「流行」は「上流社会に属するわずかな人々」のものと述べている⑥を選ぶ。最終段落の「流行現象が全社会的に広まり，人々の衣生活ばかりか行動規範全般を支配するようになったのは，一九世紀になってからのこと」から，「一九世紀以降」の「流行現象」を読み取る。「行動規範全般」を「人々の行動や生活様式」と言い換えている①を選ぶ。

重要　問八　生徒Dの「時代が現代に近づくにつれて『ミメティスム』から『反ミメティスム』へと変化していった」は，〈文章Ⅰ〉の「文明社会のなかで」で始まる段落の「人間がミメティスムと反ミメティスムの二つの傾向をアワせもっている」という内容をふまえたものではない。生徒Gの「連帯意識を生み出すこと」については，本文では述べていない。

【二】（小説―主題・表題，情景・心情，内容吟味，文脈把握，脱文・脱語補充，語句の意味，品詞・用法，表現技法）

問一　ア「合点」の読みは「がてん(がってん)」で，理解や納得という意味になる。　イ「まっぴら御免」からできた語であることから，絶対にいやだという意味を選ぶ。　ウ「たたみかける」は相手に余裕を与えないように立て続けに行うこと。ここでは，「晴子さんじゃないんだ！」に続けて「ぼく，お母さんを描いたんだ……晴子さんじゃないって言えなくて……」と続けて言い訳をしていることから判断する。

やや難　問二　前の「違うんだ，ごめん，ほんとはそれ，晴子さんを描いたんじゃないんだ。」からは，リョウが晴子さんを悲しませたくないと思っていることが読み取れる。また，大問の注釈に「友人の金ちゃんが，母の日に向けてリョウが描いた絵を好意から晴子さんに渡してしまった」とあることから，金ちゃんにも気まずい思いをさせたくなかったことも読み取れる。このふたつの理由を述べている③が最適。金ちゃんが晴子さんに絵を渡したり，晴子さんが絵を壁に貼ったりしたのは，純粋にそうしたいからで①の「気遣い」ではない。前の心情は晴子さんに対するものなので，②の「沖縄で築いてきたすべての人間関係を失ってしまう」は合わない。④の「晴子さんの顔を描くつもり」だったとは書かれていない。「違うんだ，ごめん」という心情に，「かえって都合がよい」とある⑤も合わない。

基本　問三　（Ⅰ）　自立語で活用がなく，「帰ってきた」という用言を修飾しているので，副詞。

（Ⅱ）　本来なら「まるで猫だましを食ったみたいに」「えっ，と晴子さんが目をしばたたいた」となる語順を入れ替えているので，倒置法が用いられている。「まるで～みたいに」と喩えているので，直喩が用いられている。

やや難　問四　傍線部②の直前「でも，晴子さんを傷つけないために，お母さんの絵を破っちゃうんだなぁ，と思って」からは，リョウのお母さんを忘れたくないという気持ちを父親に否定されたつらさが読み取れる。傍線部③の晴子さんの「涙がぼろぼろこぼれていた」のは，夫が母親参観日に描いたリョウの絵を壁から引っぺがしビリビリに破いたためである。この二人の心情を説明している④を選ぶ。晴子さんが泣いたのは，①の夫が「リョウの頑張りを認めようとしない」ためではない。晴子さんが怒って「父を叩いた」様子に，②の「深く感動」や⑤の「落胆」はそぐわない。この時点で晴子さんは自分を描いた絵だと思っているので③も合わない。

問五　直後の文で「父と晴子さんが傷つけ合うのが，母の絵のせいになるのはまっぴらだ」と，傍線部④と同じ内容を繰り返している。リョウが恐れているのは「父と晴子さんが傷つけ合う」ことなので，「夫婦の間に理解しあえない溝が深まっていく」とある②が最適。この心情に①の「親子としての絆」は合わない。お母さんが病気で亡くなったのは「一年前」なので，③の「時間をかけて」は合わない。誤解しているのは晴子さんで，④の「リョウの誤解」ではない。父が絵を破ったのは晴子さんのためなので，「再婚前の思い出にとらわれ続ける」とある⑤も合わない。

問六　前に「せっかくリョウちゃんが母の日に描いてくれたのに！」とあるように，晴子さんは母親参観の日にリョウが描いた絵を自分だと思い込んでいる。その晴子さんが「ぼく，お母さんを描いたんだ。だから，母親参観のとき，晴子さんには見せるなってお父さんに言われてたんだ……晴子さんじゃないって言えなくて……」と真相を知った時の心情を想像する。前の「猫だましを食った」は驚きを意味し，A にはその次に表れるのはどうしたらよいか迷う感情を意味する「戸惑い」が入る。その後で，母親として自分を描いたのではなかった「失望」と「悲しみ」が B と C に入る。

問七　前の「……でも，駄目でしょう？リョウちゃんのお母さんの絵を破ったりしたら」と言って父の頬に手を当てる晴子さんの様子や，「リョウちゃんも金ちゃんも悪くないのよ。勘違いしちゃったわたしと，絵を破ったカツさんは，いけないわ」という晴子さんの言葉からは，⑤の「腹立たしさ」は読み取れない。

重要　問八　リョウは，母親参観の日に一年前に病気で亡くなった母の絵を描くが，その絵のせいで夫婦が傷つけ合うことを恐れている。このリョウの様子には，「新たな家族のかたちを受け入れている」とある②が最適。「……外で食ってくる」と言って出かけた父の様子からは，①の「正面から向き合う姿勢」は読み取れない。金ちゃんがリョウが母親参観の日に描いた絵を晴子さんに渡したのは，晴子さんを描いたものだと思い二人の関係が良好なものであることを願ったためだと想像できるので，「友人の家庭事情には深入りしないように」とある③も合わない。④の「母の絵を描いた息子を誇らしく思」う父の様子や，⑤の「身勝手な父を理解できない」リョウの心情が読み取れる描写はない。

★ワンポイントアドバイス★

選択肢には紛らわしいものが含まれている。いったんこれが正解だと思っても，他の選択肢が適切でないことを確認することが大切だ。

MEMO

大切なことはメモしておこうネ！

2021年度

★★★★★★★★★★★★★★★★★★★★★★★★

入　試　問　題

2021年度

中京高等学校入試問題

【数　学】（40分）　＜満点：100点＞

次の【１】～【４】の $\boxed{}$ に適する数値，符号を答えなさい。

【１】

⑴　$7-3\times(-2)=\boxed{\text{アイ}}$

⑵　$\dfrac{3a+2b}{2}-\dfrac{a-b}{3}=\dfrac{\boxed{\text{ウ}}a+\boxed{\text{エ}}b}{\boxed{\text{オ}}}$

⑶　$(8a+15)^2-(7a-15)^2=\boxed{\text{カキ}}a^2+\boxed{\text{クケコ}}a$

⑷　$(\sqrt{2}+\sqrt{3})^2=\boxed{\text{サ}}+\boxed{\text{シ}}\sqrt{\boxed{\text{ス}}}$

⑸　$\dfrac{2\sqrt{3}+\sqrt{6}}{\sqrt{2}}-\dfrac{3\sqrt{2}+\sqrt{6}}{\sqrt{3}}=\sqrt{\boxed{\text{セ}}}-\sqrt{\boxed{\text{ソ}}}$

⑹　直円すいの底面の半径が３㎝，母線の長さが４㎝のとき，表面積は $\boxed{\text{タチ}}\pi\ \text{cm}^2$ である。

⑺　10時に時計の長針と短針の作る角は60°である。また，10時20分に時計の長針と短針の作る角は $\boxed{\text{ツテト}}$ °である。ただし， $\boxed{\text{ツテト}}$ °は180°以下の角とする。

⑻　太郎君が通学するとき，普段は家から多治見駅までは徒歩，自転車，家の車のどれかで行っている。その後多治見駅から電車で瑞浪駅まで行き，瑞浪駅から学校までは徒歩またはコミュニティバスのどちらかで行くが，大雨などで電車が運休の時は家の車で学校まで送ってもらう。だから通学方法は全部で $\boxed{\text{ナ}}$ 通りである。

【２】　ある高校の野球部は，今年の第64回全国大会に出場して優勝した。このため，これまでの優勝回数は準優勝回数の５倍になった。また，今年までの出場回数の２倍と準優勝回数の９倍を合計すると，全国大会の開催回数と等しくなる。

もし，来年の全国大会にも出場できて優勝したとすると，出場回数の５倍から優勝回数の５倍を引いたとき，開催回数と等しくなるという。

今年までの出場回数は $\boxed{\text{アイ}}$ 回で，優勝回数は $\boxed{\text{ウエ}}$ 回である。

【３】　次のページの図のように，関数 $y=x^2$ のグラフ上に２点Ａ，Ｂがあり，点Ａの x 座標は－４，点Ｂの座標は（２，４）である。２点Ａ，Ｂを通る直線と y 軸との交点をＣとする。また，点Ｂを通り，y 軸に平行な直線と x 軸との交点をＤとする。

⑴　点Ａの y 座標は $\boxed{\text{アイ}}$ である。また，2点Ａ，Ｂを通る直線の式は $y=\boxed{\text{ウエ}}x+\boxed{\text{オ}}$ である。

⑵　関数 $y=x^2$ のグラフ上に x 座標が正である点Ｅをとる。

△OECと四角形ODBCの面積が等しくなるとき，点Ｅの座標は（$\boxed{\text{カ}}$，$\boxed{\text{キ}}$）である。

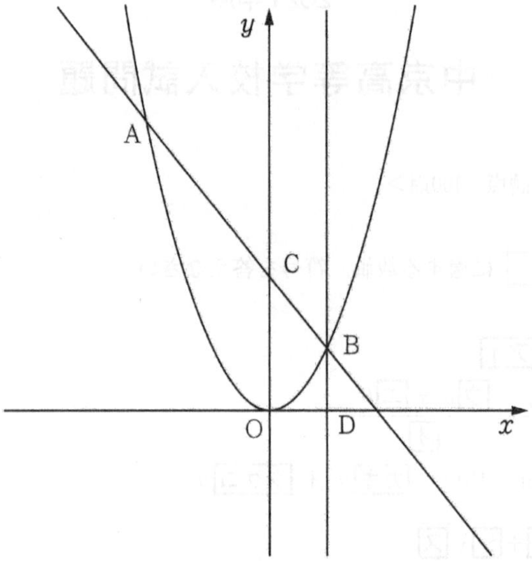

【4】 図のように，AD＝BC＝5である平行四辺形ABCDに対し，辺AD上に，AE：ED＝4：1となるように点Eをとり，ACとBEの交点をFとする。このとき，以下のようにして三角形の面積比を考える。ただし，比はもっとも簡単な整数比で答えるものとする。

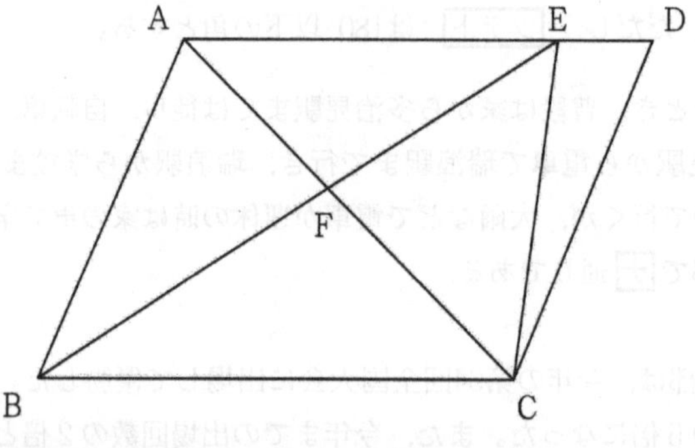

高さの等しい三角形の面積比は底辺の長さの比と等しいから，

△ABE：△BCE＝ $\boxed{ア}$ ： $\boxed{イ}$

である。これら2つの三角形を，BEを共通の底辺として考えると，面積比は高さの比と等しくなる。

これと，

△ABF：△CEＦ＝ $\boxed{ウ}$ ： $\boxed{エ}$

であることから底辺の比より，

△ABF：△AEF＝ $\boxed{オ}$ ： $\boxed{カ}$

であることがわかる。

同様にして，

△ABF：△BCF＝ $\boxed{キ}$ ： $\boxed{ク}$

であるから，

△AEF：△BCF＝ $\boxed{\text{ケコ}}$ ： $\boxed{\text{サシ}}$

である。

ここで，△CDEの面積を a とおくと，△BCFの面積は $\dfrac{\boxed{\text{スセ}}}{\boxed{\text{ソ}}}a$ と表すことができる。

【英　語】（40分）　＜満点：100点＞

【1】次の各文の（　）に入る最も適切なものを，それぞれ次の①～③，または①～④の中から1つ選び，解答番号 [1] ～ [15] にマークしなさい。

問1　解答番号 [1]

My sister and I (　　) studying Japanese last night.

① are　② is　③ were

問2　解答番号 [2]

Last Sunday, my friends and I enjoyed (　　) baseball.

① to play　② playing　③ played

問3　解答番号 [3]

Do you know the boy (　　) is eating ice cream over there?

① who　② whom　③ whose

問4　解答番号 [4]

A：What will you do next weekend?

B：I'm (　　) visit Karuizawa.

① will　② going　③ going to

問5　解答番号 [5]

A：What (　　) you like to drink?

B：A glass of water, please.

① want　② would　③ will

問6　解答番号 [6]

I couldn't do my homework because I was (　　) last night.

① sick　② free　③ sleep

問7　解答番号 [7]

Thank you (　　) watching my TV show.

① for　② to　③ on

問8　解答番号 [8]

You can't (　　) pictures in the museum.

① eat　② take　③ have　④ run

問9　解答番号 [9]

My sister is looking forward to (　　) to Tokyo.

① moves　② move　③ moved　④ moving

問10　解答番号 [10]

To watch movies (　　) my friends excited.

① made　② changed　③ getting　④ having

問11　解答番号 [11]

I will (　　) drive this big car in the future.

① be able to　② can　③ must　④ had to

問12　解答番号 [12]

My mother told me (　　　) clean my room.

①　that　　②　for　　③　to　　④　who

問13　解答番号 [13]

Turn left (　　　) that corner, so you can see the station.

①　from　　②　at　　③　in　　④　to

問14　解答番号 [14]

I have lived in this city (　　　) 2003.

①　for　　②　to　　③　since　　④　in

問15　解答番号 [15]

It is hot in this room.　Please (　　　) the window.

①　open　　②　clean　　③　break　　④　close

【２】 次の日本語の意味になるように［　］内の語句を並べ替えたとき，指示された箇所に来る語句をそれぞれの中から１つ選び，解答番号 [16] ～ [25] にマークしなさい。なお，文頭にくる語も小文字で表記してあります。

問１　私は中国が長い歴史を持つということをすでに学びました。

_____ _____ _____ [16] _____ [17] _____ a long history.

［①　already　　②　I　　③　have　　④　that
⑤　learned　　⑥　has　　⑦　China］

問２　芳樹も八郎もその猫が好きです。

_____ _____ [18] _____ [19] _____.

［①　like　　②　both　　③　and　　④　the cat
⑤　Hachiro　　⑥　Yoshiki］

問３　風鈴は暑いと感じるときに人々を涼しくします。

A *furin* _____ _____ [20] _____ [21] _____ _____.

［①　feel　　②　makes　　③　cool　　④　they
⑤　hot　　⑥　when　　⑦　people］

問４　私はいつもそのバスに乗って家に帰っている女性を知っています。

I _____ _____ [22] _____ [23] _____ _____.

［①　home　　②　takes　　③　the bus　　④　always
⑤　know　　⑥　who　　⑦　a woman］

問５　あなたはどんな種類の料理を食べたいですか。

_____ _____ [24] _____ food [25] _____ _____ _____ eat?

［①　you　　②　what　　③　of　　④　do
⑤　kind　　⑥　want　　⑦　to］

【3】 次の各語について，下線部の発音が他の３つと異なるものをそれぞれ①～④の中から１つ選び，解答番号 26 ～ 30 にマークしなさい。

問１　解答番号 26

① easy　② earth　③ teacher　④ each

問２　解答番号 27

① stage　② language　③ message　④ sausage

問３　解答番号 28

① break　② say　③ breakfast　④ great

問４　解答番号 29

① open　② cold　③ notebook　④ other

問５　解答番号 30

① make　② change　③ happen　④ bake

【4】 次のページの広告を見て，後の問いに答えなさい。

問１　ある家族が日曜日に水族館に行く計画をたてています。以下の文を読んで下の質問に答えなさい。

Yuka is 2 years old. Yoshiki and Takeshi are 6 years old. Their parents are going to take them to Chukyo Aquarium tomorrow.

Yoshiki has caught a cold. His mother has to take care of him. So they will not be able to go there. Father thinks that it is too difficult to take care of Yuka and Takeshi alone. Father asks their grandmother to go there and take care of them. She says, "Why not! I'll go."

How much does this family have to pay in total?　解答番号 31

① ￥5,600
② ￥4,600
③ ￥2,800
④ ￥3,800

問２　広告の内容と合うものを下の①～⑥の中から２つ選び，解答番号 32 ， 33 にマークしなさい。

① Chukyo Aquarium opens at 9 A.M. every day.
② Guests can touch octopuses at 13:30.
③ Penguins in the park have to take a walk for their health.
④ Guests can swim with dolphins in the Dolphin Show.
⑤ Guests can see more than 1,000 kinds of sea life in Chukyo Aquarium.
⑥ Guests cannot visit Chukyo Aquarium by car because there's no space for cars.

Chukyo Aquarium has more than 1000 kinds of sea life.
You can enjoy watching and touching them.

Open	Monday to Thursday	9:30 ----- 19:00
	Friday to Sunday	9:00 ----- 20:00

Fee	Adults	over 18 years old	¥1,800
	Children	5 to 17 years old	¥1,000
		under 5 years old	¥0

Schedules	**Dolphin Show**	11:30 & 15:30 → east area
	Sealion Show	13:00 & 16:30 → west area

Weekend Special Event!!
Walking with penguins.

Saturday / Sunday 10:00 and 14:00 each day
In our park, there are 5 penguins, and they have to take a walk for their health.
You can walk in the park with very cute penguins, feed and touch them!!

※ aquarium：水族館　sea life：海洋生物　sealion：アシカ　feed：餌を与える

【５】 次のグラフから，読み取れるものを次の①～⑦の中から２つ選び，解答番号 34 ， 35 にマークしなさい。

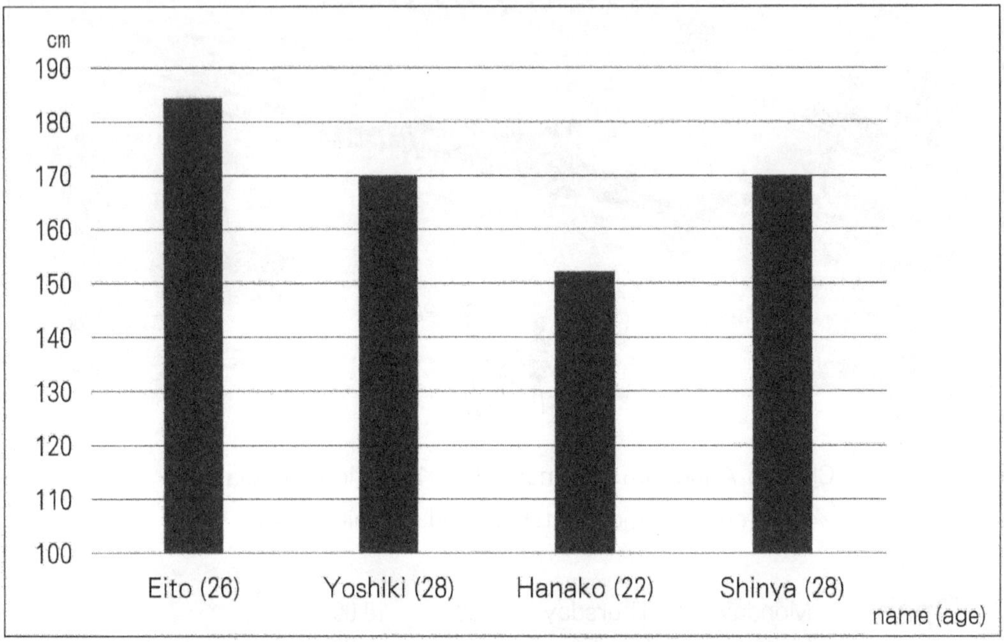

① Yoshiki is older than Eito but Yoshiki is younger than Shinya.
② Yoshiki is as tall as Shinya and they are smaller than Eito.
③ Hanako is the smallest of the four but she is the oldest.
④ Shinya is the tallest of the four and he is the youngest.
⑤ Hanako is the youngest and Yoshiki is the oldest of the four.
⑥ Eito is younger than Yoshiki but older than Shinya.
⑦ Yoshiki is older than Hanako and Shinya is older than Eito.

【６】 次の文を読んで，後の問いに答えなさい。

I was so scared when I saw the strange sky in a taxi. I lived in San Diego at that time. At first, I didn't know what was happening. It was late at night, but the sky was not dark. I saw the orange sky, and I took some pictures in the taxi. I asked the taxi driver, "What is happening over there?" He answered, "You didn't see any news? That is a wildfire." I didn't have a TV set, so I didn't know the news. And I didn't know the word "wildfire", because there are no wildfires in Japan. I searched the Internet for "wildfire in California" as soon as I got home. ア I couldn't move for a while, and my hands trembled. I was surprised to see the news that so many people were trying to escape. However, a lot of animals such as birds and bears were killed. I felt so sad, but I couldn't do anything.

The State of California is very large and San Diego was far from wildfires, so it was safe. Some people who lived in Sonoma in California escaped to San Diego. A university student who lived near Sonoma came to my house. He was crying while he told me about the wildfires. He stayed with me for a month. We read and watched a lot of news about the wildfires. And we hoped that the wildfires would be put out soon. He said, "Natural disasters such as wildfires and hurricanes often happen in California, so we have to prepare for natural disasters (イ) they happen, but some people don't do anything." After I heard it, ウI couldn't think that it was someone's problem. A few days later, I read a newspaper and found an article.

Wildfires in California

Hot dry weather often makes fires in California. This time, more than 650 fires burned 5,200 square kilometers, and they broke over 1,400 buildings in California. Two of the very large fires were the (エ) in the history of California.

After a lot of dry days, the weather got better a little and that helped firefighters stop all the fires. People started to return to their broken houses; however, on Tuesday and Wednesday, more than 400 lightning strikes made new fires. Luckily, オfire fighters were able to manipulate all the new ones.

Finally, more than 150 people went missing. In this experience, I found that nature has a dangerous side. In Japan, a lot of big earthquakes and so big *tsunamis* happened and they killed a lot of people. Nobody knows when they will happen. カSo we have to prepare for natural disasters.

San Diego：サンディエゴ（都市名）　tremble：震える　escape：逃げる　article：記事
Sonoma：ソノマ（都市名）　put out：（火などを）消す　disaster：災害　hurricane：ハリケーン
prepare for ～：～に備える　square kilometers：平方キロメートル　lightning strike：落雷
luckily：幸いにも　manipulate：操作する　go missing：行方不明になる

問１　本文中の "wildfire" とは何を指しているか，最も適切なものを①～④の中から１つ選び，解答番号 36 にマークしなさい。

①　土砂崩れ　　②　山火事　　③　洪水　　④　火山噴火

問２　下線部アの理由を説明しているもので，最も適切なものを①～④の中から１つ選び，解答番号 37 にマークしなさい。

①　カリフォルニアで多くの人が逃げる途中で死んでしまったから。
②　たくさんの鳥たちが人間によって殺されてしまったから。
③　人間は逃げることができたが，たくさんの動物たちが死んでしまったから。
④　亡くなった人たちに対して自分が何もできないと分かったから。

問３　（イ）に当てはまる最も適切なものを①～④の中から１つ選び，解答番号 38 にマークしなさい。

①　after　　②　before　　③　that　　④　than

問4　下線部ウの表すものとして最も適切なものを①～④の中から１つ選び，解答番号 39 にマークしなさい。

① 私は他人のことまで考えられませんでした。
② 私は誰が犯人かわかりませんでした。
③ 私は他人事だとは思えませんでした。
④ 私は誰のせいだとも思えませんでした。

問5　（エ）に当てはまる最も適切なものを①～④の中から１つ選び，解答番号 40 にマークしなさい。

① bigger　② big　③ most biggest　④ biggest

問6　下線部オの表すものとして最も適切なものを①～④の中から１つ選び，解答番号 41 にマークしなさい。

① 消防士たちは，全ての火災がどこで発生するのか予測できました。
② 消防士たちは，全ての新しい火災に対応できました。
③ 消防士たちは，全ての新しい落雷に対応できました。
④ 消防士たちは，全ての落雷がどこに落ちるか予測できました。

問7　下線部カの理由を説明しているもので，最も適切なものを①～④の中から１つ選び，解答番号 42 にマークしなさい。

① 150人を超える人々が行方不明になってしまうから。
② 消防士たちだけでは地震や津波に対応できないから。
③ 日本では自然災害が発生したことがないから。
④ 地震や津波がいつ発生するか誰にもわからないから。

問8　本文の内容と合っているものを①～⑥の中から２つ選び，解答番号 43 ， 44 にマークしなさい。

① All people in California didn't prepare for wildfires.
② The university student felt very sad about the fires in California.
③ The wildfires killed more than 150 people.
④ The wildfires happened in California for the first time.
⑤ The writer escaped to Sonoma and met a university student there.
⑥ Other fires happened after people went back to their broken houses.

【理　科】（40分）　＜満点：100点＞

【１】 動物は食物の養分を利用して生きている。次の文章について，以下の問いに答えなさい。（解答番号 1 ～ 12 ）

食物は消化器官で消化酵素により分解されて養分となる。養分は（　a　）から吸収され，血液によって全身の細胞に運ばれる。細胞では，肺から運ばれてきた（　b　）を使って養分から（　c　）が取り出され，二酸化炭素と（　d　）ができる。養分が分解されるとアンモニアなどの不要物もできる。有害なアンモニアは血液によって（　e　）に運ばれて，無害な（　f　）に変えられたあと，（　g　）で血液中から取り除かれ尿として排出される。

⑴　文中の（a）～（g）に適する語を，次の①～⑫の中から１つずつ選び，解答番号 1 ～ 7 にマークしなさい。

a： 1 　b： 2 　c： 3 　d： 4
e： 5 　f： 6 　g： 7

①　酸素　②　二酸化炭素　③　水　④　タンパク質
⑤　エネルギー　⑥　尿素　⑦　肝臓　⑧　心臓
⑨　じん臓　⑩　小腸　⑪　大腸　⑫　肺

⑵　次の食物の成分を消化する消化液と消化酵素，文中の（a）から吸収される養分の正しい組み合わせを，次の①～⑥の中から１つずつ選び，解答番号 8 ～ 10 にマークしなさい。

タンパク質： 8 　脂肪： 9 　炭水化物： 10

	消化液	消化酵素	養分
①	胃液	アミラーゼ	アミノ酸
②	すい液	リパーゼ	脂肪酸とモノグリセリド
③	だ液	トリプシン	脂肪酸とモノグリセリド
④	すい液	トリプシン	ブドウ糖
⑤	だ液	アミラーゼ	ブドウ糖
⑥	胃液	ペプシン	アミノ酸

⑶　養分を細胞に届けるものは何か。次の①～⑤の中から１つ選び，解答番号 11 にマークしなさい。

①　赤血球　②　白血球　③　血小板　④　血しょう　⑤　組織液

⑷　文中の（b）を肺から運ぶものは何か。次の①～⑤の中から１つ選び，解答番号 12 にマークしなさい。

①　赤血球　②　白血球　③　血小板　④　血しょう　⑤　組織液

【２】 次の（Ⅰ），（Ⅱ）の問いに答えよ。（解答番号 13 ～ 18 ）

（Ⅰ）　次のページの図１のグラフは，地表近くで起こった地震の２つの波について，震源からの距離と地震が伝わるのに要した時間との関係を示したものである。

⑴　グラフｂの説明として正しいものはどれか。次の①～④の中から１つ選び，解答番号 13 にマークしなさい。

① 主要動のはじまりを示している。
② 初期微動継続時間を示している。
③ 初期微動のはじまりを示している。
④ 主要動の継続時間を示している。

(2) グラフaで示される地震の波の伝わる速さは何km/秒か。次の①～④の中から１つ選び，解答番号 14 にマークしなさい。

① 3.5km/秒
② 4.0km/秒
③ 7.0km/秒
④ 8.0km/秒

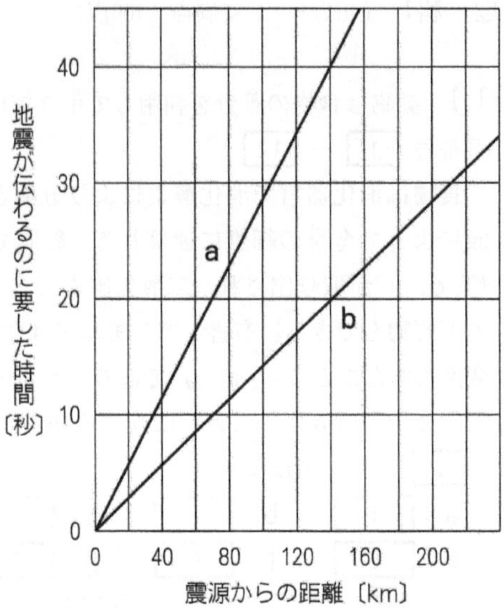

図１

図２は，ある地震について，Ａ，Ｂ，Ｃの３地点で観測した地震のゆれの記録を整理したものである。Ａ地点は震源から280km離れていることがわかっている。

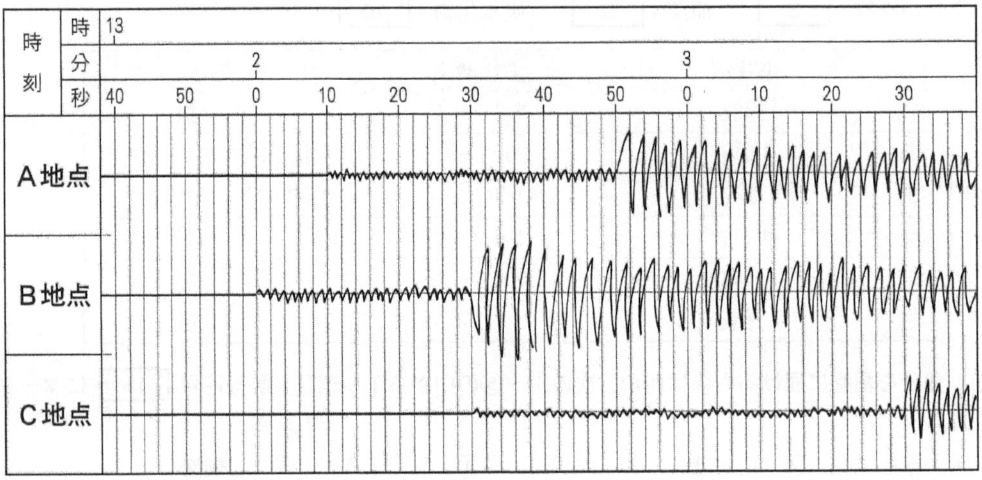

図２

(3) 地点Ａ，Ｂ，Ｃを震源に近いものから順に並べるとどうなるか。次の①～④の中から１つ選び，解答番号 15 にマークしなさい。

① Ａ，Ｂ，Ｃ　② Ｂ，Ａ，Ｃ　③ Ｃ，Ｂ，Ａ　④ Ｃ，Ａ，Ｂ

(4) この地震が発生した時刻はいつか。次の①～④の中から１つ選び，解答番号 16 にマークしなさい。主要動を伝える波の速さは図１のグラフの数値を使いなさい。

① 13時１分30秒　② 13時１分50秒
③ 13時２分０秒　④ 13時２分30秒

（Ⅱ） 野外観察に行き，名前が不明な３種類の岩石**a**，**b**，**c**を採集した。これらはすべて火成岩で，それぞれの特徴を次のようにまとめた。

特徴１．**a**は白っぽく，**b**は灰色，**c**は黒っぽい色をしていた。

特徴２．**a**の中には，きまった方向にうすくはがれやすい黒色の平板状の鉱物**ア**が含まれている。

特徴３．**b**の中には，有色鉱物として，キ石のほかに，黒かっ色の長柱状の鉱物**イ**などが含まれている。

特徴４．**a**と**c**は等粒状組織で，**b**は斑状組織だった。

(5) **ア**と**イ**の鉱物名はそれぞれ何か。正しい組み合わせを次の①～④の中から１つ選び，解答番号 17 にマークしなさい。

① **ア**：カクセン石　**イ**：クロウンモ　② **ア**：カンラン石　**イ**：クロウンモ

③ **ア**：クロウンモ　**イ**：カクセン石　④ **ア**：クロウンモ　**イ**：カンラン石

(6) **b**の岩石名は何か。次の①～④の中から１つ選び，解答番号 18 にマークしなさい。

① せん緑岩　② 流紋岩　③ 花こう岩　④ 安山岩

【３】 白い粉末状の物質Ａ～Ｄと水溶液Ｅ～Ｇがある。物質Ａ～Ｄは，食塩，白砂糖，デンプン，炭酸水素ナトリウムのいずれかであり，水溶液Ｅ～Ｇは，うすい塩酸，うすい硫酸，水酸化バリウム水溶液のいずれかである。（解答番号 19 ～ 23 ）

Ａ～Ｇが何であるかをたしかめるために，以下の実験を行った。

実験１．物質Ａ～Ｄをアルミニウムはくの容器に入れて弱火で熱した。加熱後，Ａはどろどろした黒っぽい物質になり，Ｂは黒っぽいこげのような物質になり，ＣとＤは白い粉末のままであった。

実験２．物質Ａ～Ｄをそれぞれ別の試験管に５ｇずつ入れ，水を20mLずつ加えてよくふり混ぜた。ＡとＤは透明な水溶液になったが，ＢとＣを入れた試験管は下に白い物質がたまっていた。

実験３．実験２の試験管の液体の部分にフェノールフタレインを加えると，物質Ｃを入れた試験管だけがうすい赤色になった。

実験４．水溶液Ｅ～Ｇをそれぞれ別の試験管に20mLずつ入れ，マグネシウムリボンを加えたところＦとＧを入れた試験管で気体が発生した。

実験５．水溶液Ｅ～Ｇを２種類混ぜたところ，ＥとＧを混ぜたときのみ白い沈殿が生じた。ＥとＦを混ぜたときとＦとＧを混ぜたときは，沈殿はできず透明のままであった。

(1) 実験の結果から，物質Ａは何と考えられるか。最も適当なものを次の①～④の中から１つ選び，解答番号 19 にマークしなさい。

① 食塩　② 白砂糖　③ デンプン　④ 炭酸水素ナトリウム

(2) 実験４で生じた気体の性質を表しているものを，次の①～⑤の中から１つ選び，解答番号 20 にマークしなさい。

① 光合成で使われる気体

② 光合成でつくられる気体

③ 物質の中でいちばん密度の小さい気体

④ 空気中に体積の割合で約80％ふくまれている気体

⑤ 鼻をさすような刺激臭があり，水に非常によく溶ける気体

(3) 実験の結果から，水溶液Gは何と考えられるか。最も適当なものを，次の①～③の中から１つ選び，解答番号 21 にマークしなさい。

① うすい塩酸　② うすい硫酸　③ 水酸化バリウム水溶液

さらに，水溶液Fに物質Cを加える実験を行うと，気体Hと水と物質Ｉができる。

(4) 気体Hを発生させる方法を，次の①～⑤の中から１つ選び，解答番号 22 にマークしなさい。

① 二酸化マンガンにオキシドールを加える
② 水酸化ナトリウム水溶液にうすい塩酸を加える
③ 石灰岩にうすい塩酸を加える
④ 亜鉛にうすい塩酸を加える
⑤ 塩化アンモニウムと水酸化カルシウムを混ぜ合わせて加熱する

(5) 物質Ｉは何か。次の①～⑤の中から１つ選び，解答番号 23 にマークしなさい。

① $NaCl$　② Na_2CO_3　③ $NaHCO_3$　④ $BaCl_2$　⑤ $BaSO_4$

【４】 次の（Ⅰ），（Ⅱ）の問いに答えなさい。（解答番号 24 ～ 30 ）

（Ⅰ） モノコードの弦をはじいたときオシロスコープを通してコンピューターに出力したところ右図の結果のようになった。図の横軸は時間経過を表している。次の問いに答えなさい。

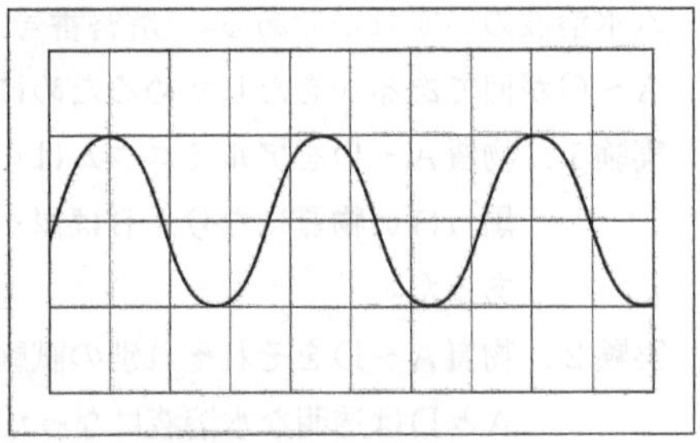

(1) より大きく，高い音を出すためにはモノコードの弦をどのように調整し，どのようにはじいたらよいか。①～④の中から１つ選び，解答番号 24 にマークしなさい。

① 弦を長くし，弱くはじく
② 弦を長くし，強くはじく
③ 弦を短くし，強くはじく
④ 弦を短くし，弱くはじく

(2) (1)のように調整したところ，どのような結果を示すか。①～④の中から１つ選び，解答番号 25 にマークしなさい。

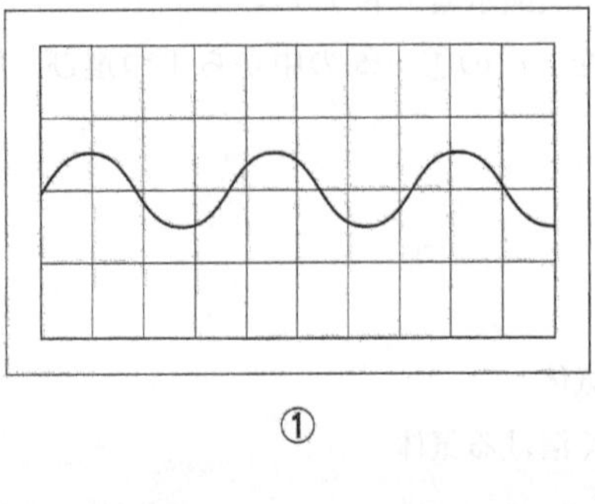

①

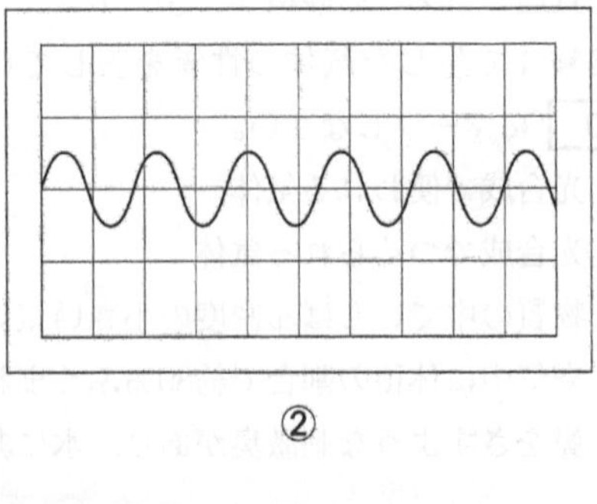

②

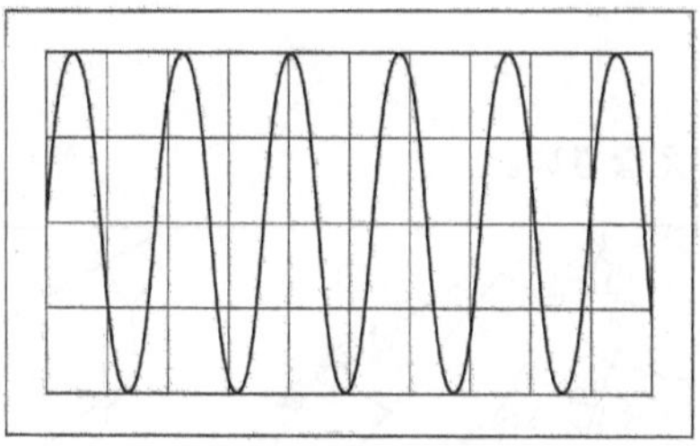

③

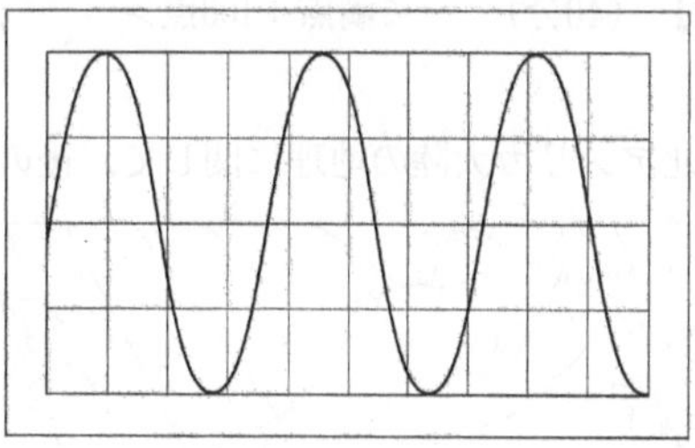

④

（Ⅱ） A君は名古屋駅から中京高校に行くためにJR中央線の快速中津川行きに乗った。電車は名古屋駅から瑞浪駅まで60㎞の距離を50分かけて到着した。その後A君は瑞浪駅から中京高校まで時速3.6㎞/hで30分歩いて到着した。次の各問いに答えなさい。

⑶ 名古屋駅から瑞浪駅までの電車の平均の速さは何m/sか。[26]，[27] にあてはまる数値をそれぞれマークしなさい。

[26][27] m/s

⑷ 瑞浪駅から中京高校まではどれはどの距離があるか。[28]，[29] にあてはまる数値をそれぞれマークしなさい。

[28].[29] ㎞

⑸ 名古屋駅から瑞浪駅までの電車の速さは，瑞浪駅から中京高校までの徒歩での速さの何倍にあたるか。①～⑤の中から1つ選び，解答番号 [30] にマークしなさい。

① 10倍　② 20倍　③ 30倍　④ 40倍　⑤ 50倍

【社　会】（40分）　＜満点：100点＞

【１】 北アメリカ大陸の地理に関して，後の問いに答えなさい。

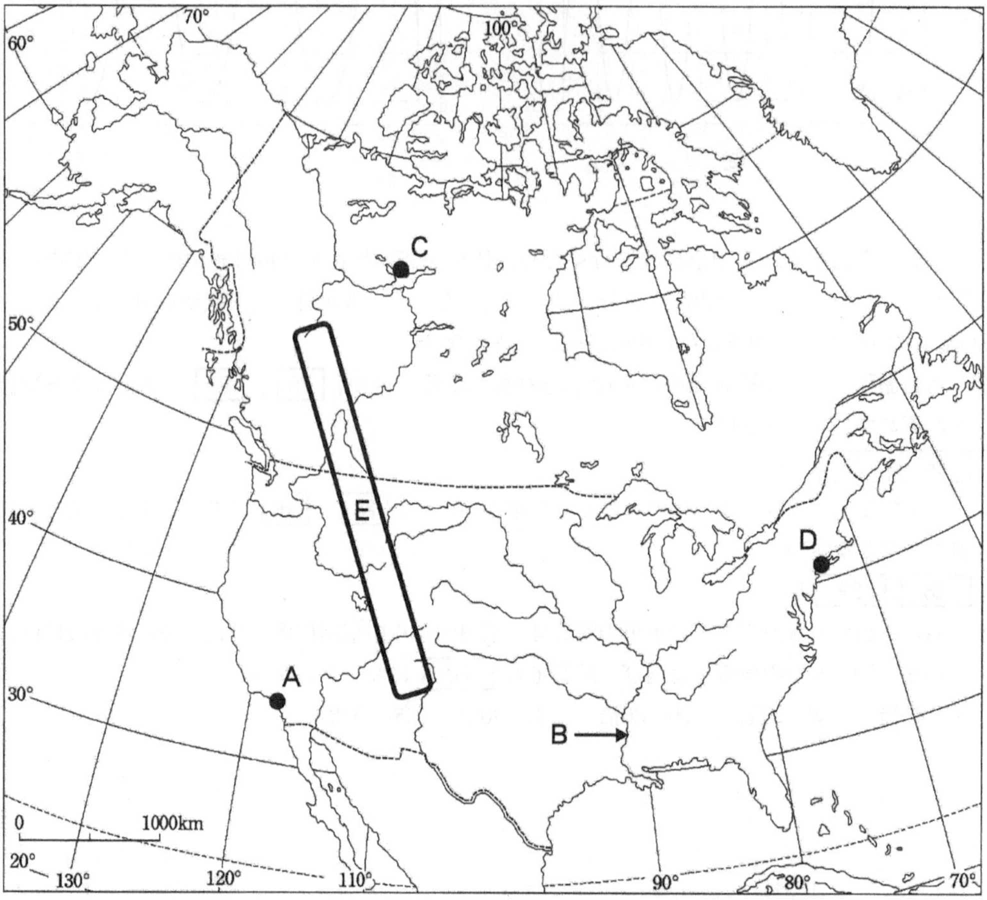

問１　以下の「気温と降水量のグラフ」のうち，地図中の都市Ａの気温と降水量を表しているものはどれか。正しいものを，次の①～④から中から１つ選び，解答番号 **1** にマークしなさい。

（理科年表平成26年ほか）

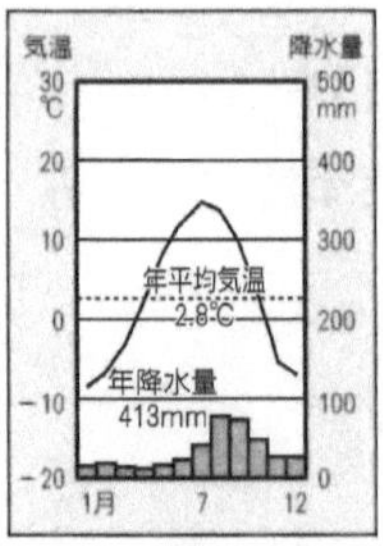

①

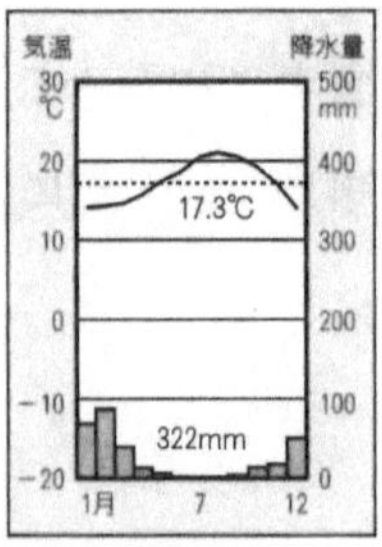

②

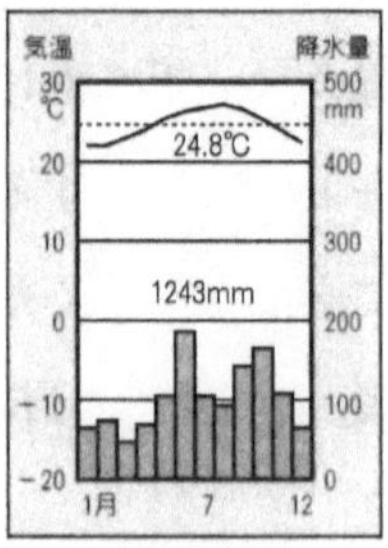

③

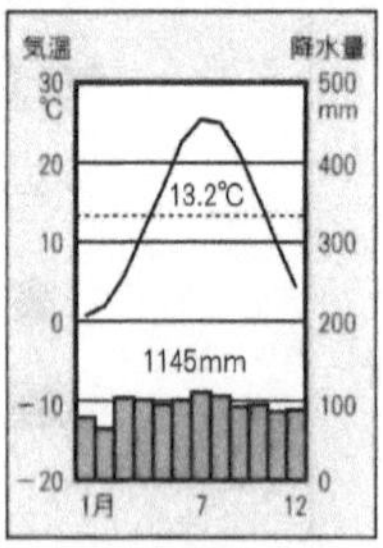

④

問２　地図中Ｂの河川の名称として正しいものを，次の①～④の中から１つ選び，解答番号 **2** にマークしなさい。

①　コロラド川　　②　ミシシッピ川　　③　リオグランデ川　　④　セントローレンス川

問３　地図中Ｃはイエローナイフを示している。この地域の周辺で見られる自然現象の名称として正しいものを，次の①～④の中から１つ選び，解答番号 3 にマークしなさい。

①　スコール　②　ハリケーン　③　オーロラ　④　サイクロン

問４　地図中Ｄはニューヨークを示している。ニューヨークは西経75度に位置する都市であるが，東京が２月６日午後３時であるとき，ニューヨークの日時として正しいものを，次の①～④の中から１つ選び，解答番号 4 にマークしなさい。

①　２月６日　午前１時　②　２月６日　午前11時

③　２月６日　午後７時　④　２月７日　午前５時

問５　地図中Ｅの山脈の名称として正しいものを，次の①～④の中から１つ選び，解答番号 5 にマークしなさい。

①　アンデス山脈　②　アパラチア山脈　③　ピレネー山脈　④　ロッキー山脈

問６　以下のＦ・Ｇは，世界全体における北アメリカ州が占める割合である。Ｆ・Ｇに該当する語句の組み合わせとして正しいものを，次の①～④の中から１つ選び，解答番号 6 にマークしなさい。

Ｆ：世界全体の16.4％（日本の約56倍）

Ｇ：世界全体の7.7％（日本の約５倍）

（世界人口年鑑2017年版ほか）

	Ｆ	Ｇ
①	人　口	面　積
②	面　積	人　口
③	農業生産額	工業生産額
④	工業生産額	農業生産額

問７　アメリカ・カナダ・メキシコの３国が，経済的な協力関係を強めていくために結んでいる協定を何というか。正しいものを，次の①～④の中から１つ選び，解答番号 7 にマークしなさい。

①　ＡＳＥＡＮ　②　ＮＡＴＯ　③　ＢＲＩＣｓ　④　ＮＡＦＴＡ

【２】 次の会話文を読み，後の問いに答えなさい。

ケイタ　：「ひさしぶり。リョウマ君元気かな？僕は，やっとアメリカの生活にも慣れ始めたよ。ａ英語で話すのも大変だけど，少しずつ会話もできるようになったよ。」

リョウマ：「ひさしぶりだね。ケイタ君は，アメリカのどこに住んでいるの？」

ケイタ　：「僕は今，サンフランシスコの近くに住んでいるんだ。このあたりにはコンピューター関連の企業がたくさん集まっていて，（　１　）と呼ばれているんだよ。」

リョウマ：「そうか。お父さんの仕事もそこなんだね。なんか，かっこいいな。」

ケイタ　：「アメリカの南部の温暖な地域は（　２　）と呼ばれていて，ハイテク産業やインターネット産業がさかんなんだ。僕も将来は，そんな仕事で活躍したいな。」

リョウマ：「ケイタ君はパソコンが得意だから，きっとできるよ！！」

問１　文中の下線部ａは，アメリカの主な言語の１つである。一方で，メキシコや西インド諸島の国々からアメリカ国内にやってきた移民の多くはスペイン語を話す。この移民を何と呼ぶか。正しいものを，次の①～④の中から１つ選び，解答番号 8 にマークしなさい。

①　ヒスパニック　②　アボリジニ　③　マオリ　④　メスチソ

問２　文中の空欄（１）に入る語句として正しいものを，次の①～④の中から１つ選び，解答番号 9 にマークしなさい。

①　経済特区　②　ＮＩＥＳ　③　エコツーリズム　④　シリコンバレー

問３　文中の空欄（２）に入る語句として正しいものを，次の①～④の中から１つ選び，解答番号 10 にマークしなさい。

①　サンベルト　②　フォッサマグナ
③　グレートバリアリーフ　④　プレーリー

【３】　日本に関する次の短文Ａ～Ｈを読み，後の問いに答えなさい。

［Ａ］

科学はさまざまな技術を発展させ，人々の暮らしを向上させてきた。例えば，ａ医学の発達は生命の安全や健康の維持に貢献してきた。

問１　文中の下線部ａについて，世界で初めて人工多能性幹細胞（iPS細胞）の作製に成功し，2012年にノーベル生理学･医学賞を受賞した人物は誰か。正しいものを，次の①～④の中から１つ選び，解答番号 11 にマークしなさい。

①　本庶　佑　②　大隅　良典　③　山中　伸弥　④　大村　智

［Ｂ］

国や都道府県，市町村は，ｂ文化財保護法に基づき，有形，無形の文化財の保存に努めている。私たちの生活やものの見方，考え方を大切にしていくためにも，伝統文化の継承や保存は欠かせない。

問２　文中の下線部ｂの法律は，ある建物の壁画の焼損がきっかけとなり1950年に制定された。その建物とは何か。正しいものを，次の①～④の中から１つ選び，解答番号 12 にマークしなさい。

①　法隆寺　②　出雲大社　③　熊本城　④　伊勢神宮

［Ｃ］

ｃ日本国憲法は，多くの犠牲を出した戦争と戦前の軍国主義への反省に基づいて，平和を求めてｄ戦争の放棄を宣言している。

問３　文中の下線部ｃについて，日本国憲法の公布年月日として正しいものを，次の①～④の中から１つ選び，解答番号 13 にマークしなさい。

①　1946年５月３日　②　1946年11月３日　③　1947年５月３日　④　1947年11月３日

問４　文中の下線部ｄの戦争の放棄は，憲法の第何条に記されているか。正しいものを，次の①～④の中から１つ選び，解答番号 [14] にマークしなさい。

①　第１条　　②　第９条　　③　第19条　　④　第25条

［D］

天皇は，国の政治についての権限を持たず，憲法に定められているｅ国事行為のみを行なう。天皇が国事行為を行なうときは，内閣による助言と承認が必要で，その責任は内閣が負う。

問５　文中の下線部ｅの国事行為として，**誤っているもの**を，次の①～④の中から１つ選び，解答番号 [15] にマークしなさい。

①　内閣総理大臣の指名　　②　最高裁判所長官の任命
③　衆議院の解散　　④　栄典の授与

［E］

日本は防衛のために，アメリカと日米安全保障条約を結んでいる。そのため日本は，アメリカ軍の駐留を認めており，ｆ沖縄をはじめ，各地にアメリカ軍基地が設置されている。

問６　文中の下線部ｆについて，日本にあるアメリカ軍施設（専用施設）のうち約何％が沖縄県に集中しているか。正しいものを，次の①～④の中から１つ選び，解答番号 [16] にマークしなさい。

①　30%　　②　50%　　③　70%　　④　90%

［F］

私たちが個人として尊重され，人間らしく生きていくうえで，自由に物事を考え，行動することは欠かせない。このような自由を保障するのがｇ自由権である。

問７　文中の下線部ｇについて，日本国憲法に規定されている「精神の自由」として，**誤っているもの**を，次の①～④の中から１つ選び，解答番号 [17] にマークしなさい。

①　学問の自由　　②　信教の自由
③　集会・結社・表現の自由　　④　居住・移転・職業選択の自由

［G］

日本国憲法の改正原案が国会に提出されると，衆議院と参議院で審議される。それぞれの総議員の（　　　）以上の賛成で可決されると，国会は国民に対して憲法改正の発議をする。

問８　文中の空欄（　）に入る割合として正しいものを，次の①～④の中から１つ選び，解答番号 [18] にマークしなさい。

①　４分の１　　②　３分の１　　③　過半数　　④　３分の２

［H］

民主主義を確かなものにするために，私たち一人一人の積極的な政治参加が欠かせない。なかでも重要なのがh選挙である。日本では，i国会議員のほか，都道府県や市町村の長と議員を選挙で選ぶ。

問９　文中の下線部hについて，わが国の選挙は現在４つの原則の下で行なわれている。４つの原則の説明として，**誤っているもの**を，次の①～④の中から１つ選び，解答番号 19 にマークしなさい。

①　１人につき１票の投票権を持つ　　②　候補者を直接選出する
③　どの候補者に投票したか他人に知られない　　④　20歳以上の男女に選挙権が与えられる

問10　文中の下線部iの国会議員を選ぶ選挙のうち，現在の衆議院議員の選挙ではどの選挙制度が採用されているか。正しいものを，次の①～④の中から１つ選び，解答番号 20 にマークしなさい。

①　小選挙区制　　②　小選挙区比例代表並立制
③　大選挙区制　　④　比例代表制

【４】 太郎さんと花子さんは「日本と中国の関係」に関するレポート発表に際して，それぞれ次のような年表とメモをまとめた。それらを読み，後の問いに答えなさい。

A　太郎さんは原始・古代における中国との関係を考察する上で，中国史書の記述が重要であると考え，次のページの年表を作成した。

問１　次のX・Yの文は，太郎さんが，年表中の空欄（１）～（４）に入るできごとについて調べた文である。X・Yの文と年表中の空欄（１）～（４）の組み合わせとして正しいものを，次の①～④の中から１つ選び，解答番号 21 にマークしなさい。

X　倭（日本）には100余りの国があった
Y　倭（日本）が百済や伽耶（任那）の国々と結んで，高句麗や新羅と戦ったことが，好太王（広開土王）碑に記されている

①　X－（１）　Y－（３）　②　X－（１）　Y－（４）
③　X－（２）　Y－（３）　④　X－（２）　Y－（４）

問２　年表中の下線部aについて，この時代に関係する主な遺物の写真として，**誤っているもの**を，次の①～④の中から１つ選び，解答番号 22 にマークしなさい。

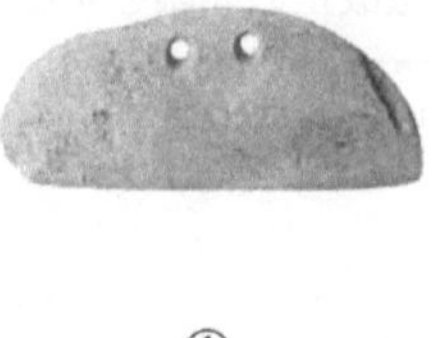
①

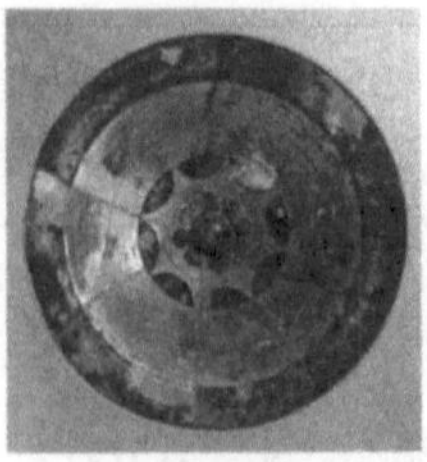
②

③

④

問３　年表中の下線部ｂについて，「武」に関連する資料が発見された古墳の名称の組み合わせとして正しいものを，次の①～④の中から１つ選び，解答番号 **23** にマークしなさい。

ア　稲荷山古墳　　イ　五色塚古墳　　ウ　大仙古墳　　エ　江田船山古墳

①　ア・ウ　　②　ア・エ　　③　イ・ウ　　④　イ・エ

年表

時期(世紀)	倭（日本）の動き	中国史書
前１世紀	（　１　） 楽浪郡を通じて漢に使いを送った	「漢書」地理志
１世紀半ば	奴国の王が，後漢に使いを送り，皇帝から金印を授けられた （　２　）	「後漢書」東夷伝
ａ　３世紀	邪馬台国の女王卑弥呼が，使いを魏の都に送り，皇帝から「親魏倭王」という称号と金印を授けられた	「魏志」倭人伝
３世紀後半～ ５世紀初め	大和政権が生まれる （　３　）	
５世紀	讃・珍・済・興・ｂ武の５人の王が倭の王としての地位と，朝鮮半島南部の軍事的な指揮権を中国の皇帝に認めてもらおうとして，たびたび使いを送った （　４　）	「宋書」倭国伝

Ｂ　花子さんは，奈良時代から室町時代にかけての「日本と中国の関係」について，次のようなメモをまとめた。

メモ

○奈良時代

・唐の制度や文化を取り入れようと，日本はｃ遣唐使をたびたび中国へ送った。

○平安時代

・唐は国内での反乱が続き，９世紀には急速に勢力がおとろえた。

・平清盛が宋との貿易の利益に目をつけ，航路を整え，兵庫の港を整備した。

○鎌倉時代

・元が1274年と1281年の二度日本に攻めてきたことをd元寇という。

○室町時代

・中国では漢民族が明を建国し，日本と日明貿易（勘合貿易）を始めるなど，14世紀にはe東アジア全体で大きな変動がおこった。

問4　メモ中の下線部cについて，遣唐使に関することがらを述べた文として，**誤っているもの**を，次の①～④の中から１つ選び，解答番号 24 にマークしなさい。

① 阿倍仲麻呂のように，唐にわたり位の高い役人になり，その後帰国できなかった人もいた。

② 遣唐使とともに唐にわたった空海は，真言宗を伝え，金剛峯寺を建てた。

③ 鑑真は，遣唐使とともに唐にわたり，正しい仏教の教えを広めた。

④ 菅原道真は，唐のおとろえと往復の危険を理由に派遣の停止を訴えた。

問5　メモ中の下線部dについて，次の資料は花子さんが「元寇」について調べている際に見つけた「蒙古襲来絵詞」である。この資料と描かれたできごとの内容に関連する文として，**誤っているもの**を，次の①～④の中から１つ選び，解答番号 25 にマークしなさい。

≪資料≫

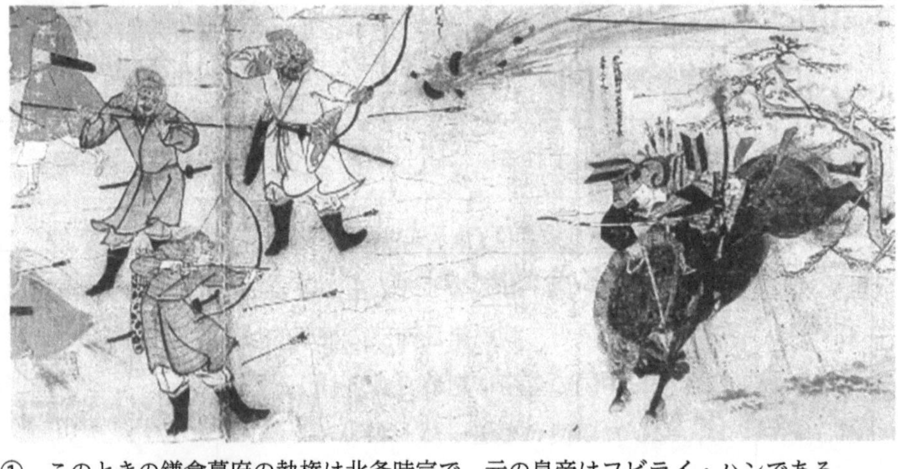

① このときの鎌倉幕府の執権は北条時宗で，元の皇帝はフビライ・ハンである。

② この資料は文永の役のようすを描いたものである。

③ 元軍は集団戦法と火薬を使った武器で幕府軍を苦しめたが，短期間で引き上げた。

④ 元寇後，御家人は幕府からの恩賞によって生活が安定した。

問6　メモ中の下線部eについて，室町時代と同時期の東アジアの状況について説明した文として，**誤っているもの**を，次の①～④の中から１つ選び，解答番号 26 にマークしなさい。

① 日明貿易（勘合貿易）では，日本は銅銭や陶磁器などを輸出し，かわりに刀や硫黄などを大量に輸入した。

② 朝鮮半島では，李成桂が朝鮮国を建て，綿織物や仏教の経典を輸出した。

③ 琉球では，15世紀初めに尚氏が琉球王国を建て，中継貿易で栄えた。

④ 蝦夷地では，首長のコシャマインが交易をめぐる不満から戦いをおこした。

【５】 次郎さんは，江戸時代までの「法」について学習し，レポートを作成することになった。その準備として作成したメモを見て，後の問いに答えなさい。

メモ

	法に関する動き	政治の様子
古代	a十七条の憲法が制定される b律令がつくられる	推古天皇が即位 大化の改新 平城京が造られる 平安京に都を移す
中世	鎌倉幕府がc御成敗式目（貞永式目）を定める 各地の戦国大名が分国法を定める	鎌倉幕府の成立 承久の乱 室町幕府の成立 応仁の乱 戦国大名が各地に登場
近世	江戸幕府がd公事方御定書を定める	江戸幕府の成立

問１　メモ中の下線部aについて，「十七条の憲法」を制定した聖徳太子（厩戸皇子）の政治について述べた文として，**誤っているもの**を，次の①～④の中から１つ選び，解答番号 27 にマークしなさい。

①　推古天皇の摂政になり，蘇我入鹿と協力しながら政治を行なった。
②　家柄に関係なく，才能や功績のある人物を，役人にとりたてようと冠位十二階を制定した。
③　東アジアでの立場を有利にし，進んだ制度や文化を取り入れようと，小野妹子らを遣隋使として派遣した。
④　現存する世界最古の木造建築物といわれる法隆寺を建てた。

問２　メモ中の下線部bについて，「律令」における人々の負担について説明した文として正しいものを，次の①～④の中から１つ選び，解答番号 28 にマークしなさい。

①　６歳以上の人々には，性別や身分に関係なく，同じ面積の口分田が与えられた。
②　人々は，収穫量の約３％の稲を租として負担した。
③　兵役の中には，防人として，九州北部に送られる者もいたが，食料・武器は国が負担した。
④　労役の代わりに布をおさめる調や特産物をおさめる庸などの義務が課された。

問３　メモ中の下線部cについて，「御成敗式目（貞永式目）」を制定した執権として正しいものを，次の①～④の中から１つ選び，解答番号 29 にマークしなさい。

①　源頼家　②　北条時政　③　源実朝　④　北条泰時

問４　メモ中の下線部dについて，「公事方御定書」を定めた徳川吉宗が行なった改革を説明した文として，**誤っているもの**を，次のページの①～④の中から１つ選び，解答番号 30 にマークしなさい。

① 武士に質素・倹約を命じ，参勤交代の期間を短縮するかわりに米を幕府におさめさせた。

② キリスト教に関係しない科学技術などの，漢訳されたヨーロッパの書物の輸入を認めた。

③ 江戸の湯島に昌平坂学問所をつくり，朱子学以外の学問を教えることを禁じた。

④ ききんに備えて甘藷（さつまいも）の栽培を奨励した。

【6】 エリカさんとユリコさんは，江戸時代まで社会や家庭内でつらい状況におかれていた女性の立場が近代（明治時代）以降どのように変わっていったのかを調べた。その中で調べた人名・ことがらのカードを見て，後の問いに答えなさい。

A	B	C	D
津田梅子 a岩倉使節団に同行し留学。のち日本の女子教育の発展に関わった。	与謝野晶子 b日露戦争に疑問を投げかけ、出兵した弟を想う詩を発表した。	平塚らいてう 女性差別からの解放を目指すc女性だけの文学団体を結成した。	女性国会議員 d1946年戦後初の衆議院議員総選挙が行なわれ39名の女性が当選した。

問1　カードA中の下線部aについて，岩倉使節団のメンバーとして，**誤っているもの**を，次の①～④の中から1つ選び，解答番号 31 にマークしなさい。

① 木戸孝允　② 西郷隆盛　③ 大久保利通　④ 伊藤博文

問2　カードB中の下線部bについて，日露戦争に反対した人**ア**～**エ**の組み合わせとして正しいものを，次の①～④の中から1つ選び，解答番号 32 にマークしなさい。

ア 幸徳秋水　**イ** 吉田茂　**ウ** 池田勇人　**エ** 内村鑑三

① **ア・イ**　② **ア・エ**　③ **イ・ウ**　④ **イ・エ**

問3　カードB中の下線部bの戦争の直前，日清戦争に敗戦した中国に対して，列強は競うように様々な利権を手に入れ，勢力範囲を中国国内に設定していった。次の**X**・**Y**の列強が設定した地域**ア**～**エ**の組み合わせとして，正しいものを，次の①～④の中から1つ選び，解答番号 33 にマークしなさい。

X ロシア　**Y** ドイツ

ア 九竜半島・威海衛　**イ** 膠州湾　**ウ** 旅順・大連　**エ** 広州湾

① **X－ア　Y－イ**　② **X－ア　Y－エ**

③ **X－ウ　Y－イ**　④ **X－ウ　Y－エ**

問4　カードC中の下線部cについて，この文学団体の宣言文**X**・**Y**と，文学団体の名称**ア**・**イ**との組み合わせとして正しいものを，次の①～④の中から1つ選び，解答番号 34 にマークしなさい。

X 原始，女性は実に太陽であった。真正の人であった。今，女性は月である（後略）

Y （前略）我々は，心から人生の熱と光を求めるものである。（中略）人の世に熱あれ，人間に光あれ。

ア　全国水平社　　イ　青鞜社

①　X－ア　②　X－イ　③　Y－ア　④　Y－イ

問５　カードD中の下線部dについて，この時期の政治改革やできごととして，**誤っているもの**を，次の①～④の中から１つ選び，解答番号 35 にマークしなさい。

①　教育基本法の制定　②　財閥解体の実施

③　労働組合法の制定　④　大政翼賛会の結成

【７】　ミナミさんとミサトさんは，近代（明治時代）以降の人々の生活の様子の変化を調べた。簡単にまとめたレポートの内容A～Dを読み，後の問いに答えなさい。

A　この時代は，労働力が足りなくなっていたため，中学生・女学生・未婚の女性が工場などで働かされました。都市の小学生は，農村に集団で疎開することもあったようです。金属が不足したので，鍋や釜，お寺の釣り鐘までが供出させられたようです。

B　この時代は，まちのなかにレンガ造りの建物が増え，道路には鉄道馬車が走り，ランプやガス灯がつけられました。服装は洋服・コート・帽子が流行し，洋装と和装をまぜて着ていたようです。

C　この時代は，高度経済成長の中で生活が便利になり，テレビや洗濯機，冷蔵庫などの家庭電化製品が普及し，自宅用の浴室や水洗トイレを備えた団地が大都市の郊外に建設されたようです。

D　この時代は，人々の娯楽として活動写真（映画）が始まり多くの観客を集めました。蓄音機やレコードが広まると歌謡曲が全国で流行するようになりました。ラジオ放送が東京・名古屋・大阪で始まると新聞と並ぶ情報源になったようです。

問１　レポートAの時代について，この時代におこったできごとア～エを，時期の古い順に並びかえたものとして正しいものを，次の①～④の中から１つ選び，解答番号 36 にマークしなさい。

ア　東京大空襲　イ　原子爆弾投下　ウ　ミッドウェー海戦　エ　サイパン島陥落

①　ウ→エ→ア→イ　②　ウ→イ→エ→ア

③　エ→ウ→イ→ア　④　エ→ア→ウ→イ

問２　レポートBの時代について，この時代に食べられるようになった食べ物を述べた下の文X・Yについて，その正誤の組み合わせとして正しいものを，次の①～④の中から１つ選び，解答番号 37 にマークしなさい。

X　この時代には，コロッケやライスカレーなども食べられるようになった。

Y　この時代には，牛鍋が食べられるようになった。

①　X－正　Y－正　②　X－正　Y－誤

③　X－誤　Y－正　④　X－誤　Y－誤

問3　レポートCの時代について，おこった時期が一番古いものとして正しいものを，次の①～④の中から1つ選び，解答番号 38 にマークしなさい。

①　公害対策基本法　　②　東京オリンピック・パラリンピック

③　テレビ放送開始　　④　石油危機

問4　レポートCの時代のころにおこったできごととして，**誤っているもの**を，次の①～④の中から1つ選び，解答番号 39 にマークしなさい。

①　ベトナム戦争　　②　日ソ共同宣言　　③　日韓基本条約　　④　湾岸戦争

問5　レポートDの時代について，文中の下線部を基準に考えて，この時代（時期）の名称として正しいものを，次の①～④の中から1つ選び，解答番号 40 にマークしなさい。

①　明治　　②　大正　　③　昭和（戦前）　　④　昭和（戦後）

生徒C　この店員さんが、ワンパターンの言葉でしか表現しないという配慮のなさ以上に、マニュアル以外の行動を認めない日本企業の考えの方が大きな問題だよ。

生徒D　筆者が大事だと思っている力は、判断に困るようなときに適切な選択をして発信できる力なんだ。

生徒E　コミュニケーション不調は単なる言葉の問題じゃなくて、一人ひとりの命とか生き方に関わるとても大切な問題なんだね。

生徒F　資料のグラフでは、自分と考えが異なる人に対して、態度を硬化させるよりも軟化させると考える人の方がどの年代も多いことがわかるよ。

生徒G　年代が上がるにつれて、自分と考えの異なる人にしっかり関わろうとする人が少なくなっているね。

生徒H　社会の制度や職場のきまりに従う時間が長かった人は、相手とわかり合おうとする態度が薄れてしまったと推測できない？

生徒I　Hさんの考えは、日本では立場を優先して個人の言動を抑えこんでしまう傾向があるという、本文の主張を根拠にしているから成り立つと思う。

生徒J　資料から、若い世代の方が自分の考え方と異なる人と話をするときに、柔軟な態度を取ると考える人が多いことがわかるな。

生徒K　でも、安心はできないよ。筆者の考えで言えば、日本の社会制度が変わらなければ、危険な状態でも「ルールを破る」ことができる人が減っていかないのだから。

生徒L　相手としっかりコミュニケーションを取るには、自分を守っているものから外に出てみることも大事なんだね。

①　BとK　②　CとI　③　DとH　④　EとJ
⑤　FとL

【二】※問題に使用された作品の著作権者が二次使用の許可を出していないため、問題を掲載しておりません。

（出典：小川糸『サーカスの夜に』による）

で言い直すこと。

⑤　相手との意思の疎通が円滑に進むように、心を込めた言葉で話しかけること。

問四　傍線部②「これは彼の個人的な資質問題には帰すことができません」とあるが、この理由として最適なものを、次の①～⑤の中から一つ選び、解答番号 8 にマークしなさい。

①　たとえ様々な局面を想定したマニュアルが用意されていたとしても、店員が実際に使いこなすことは不可能だから。

②　たとえ客が高い理解力を持っていたとしても、店員の個人的な言葉の意味を正しく受け取れるとはかぎらないから。

③　たとえ店員が客に対して柔軟に対応しようとしても、マニュアルにないことを実行する能力が身についていないから。

④　たとえ店員の声が聴き取りやすかったとしても、マニュアルどおりの用語では客に店側の配慮は伝えられないから。

⑤　たとえ店員に問題を解決する高い能力があったとしても、日本の接客の現場にその力を発揮できる自由はないから。

問五　傍線部③「そのことの危険性に誰も気づいていない」とあるが、「そのことの危険性」の内容として最適なものを、次の①～⑤の中から一つ選び、解答番号 9 にマークしなさい。

①　マニュアルの役割が大きくなると、社員の能力差がなくなり、自分が働ける保証が無くなってしまうということ。

②　マニュアルに従うことで他者との違いがなくなると、自分自身の存在理由がわからなくなってしまうということ。

③　マニュアルがあらゆる状況を想定したものになると、自分で考えたり判断したりする力が衰えてしまうということ。

④　マニュアルを守り続けて失敗の体験が乏しくなると、正しく対応できたという成功の喜びを失ってしまうということ。

⑤　マニュアルで全ての行動が決定されるようになると、人間の繊細な心が失われて生きづらくなってしまうということ。

問六　傍線部④「さまざまな制度は、僕たちに向かって『居着け』と命令している」とあるが、ここでの「居着け」という命令の内容として**誤っているもの**を、次の①～⑤の中から一つ選び、解答番号 10 にマークしなさい。

①　許可なく臨機応変な行動を取ってはいけない。

②　自分の立場から外れることをしてはいけない。

③　非常時には規定された行動を守り続けてはいけない。

④　決められた接客用語以外の言葉を使ってはいけない。

⑤　職務内容を定めた文書にないことをしてはいけない。

問七　次の会話文は本文と資料に対して、生徒A～Lが意見を述べているものである。この中で**読み取りに誤りがある生徒二名の組み合わせ**として最適なものを、後の①～⑤の中から一つ選び、解答番号 11 にマークしなさい。

生徒A　コミュニケーション能力というのは、他の人と活発に会話ができる力だと思っていたけど、この文章を読んだらもっと違う意味があることがわかったよ。

生徒B　スーパーの店員と話がかみ合わないという経験談は、ビジネスマナーに対する意識の低さを訴える例として使われているね。

a　サイ量　解答番号 1

①　サイ判所の判決が出る。
②　森林の伐サイを制限する。
③　温室サイ培のみかんを買う。
④　新聞に大きく掲サイされる。
⑤　ずばぬけたサイ能に恵まれる。

b　系トウ　解答番号 2

①　天下をトウ一する。
②　駅の階段で転トウする。
③　時刻どおりにトウ着する。
④　不法トウ棄をやめさせる。
⑤　利益を出資者に配トウする。

c　ヨ見　解答番号 3

①　ヨ剰人員を減らす。
②　ヨ党の勢力が強まる。
③　ヨ風に当たりながら歩く。
④　ヨ定を手帳に書き込む。
⑤　ヨ金通帳で残高を確認する。

d　シュ業　解答番号 4

①　シュウ教を信じる自由を得る。
②　大シュウ受けする商品名を考える。
③　校庭に全校生徒をシュウ合させる。
④　シュウ回遅れの選手を追い抜く。
⑤　壊れた屋根をシュウ理する。

e　コウ率　解答番号 5

①　コウ衣室で着替える。
②　敵の弱点をコウ撃する。
③　手洗いのコウ果が現れた。
④　大雨でコウ民館に避難する。
⑤　コウ妙な手口でだまし取られる。

問二　空欄 A ～ C に入る言葉の組み合わせとして最適なものを、次の①～⑤の中から一つ選び、解答番号 6 にマークしなさい。

①　A　でも　　B　そして　　C　むしろ
②　A　だから　B　もちろん　C　しかし
③　A　しかし　B　つまり　　C　そして
④　A　そのうえ　B　また　　C　さらに
⑤　A　そして　B　さらに　　C　つまり

問三　傍線部①「その手間」とあるが、この部分の意味内容として最適なものを、次の①～⑤の中から一つ選び、解答番号 7 にマークしなさい。

①　相手が何を言おうとしているのかを理解するために、相手の言葉を注意深く聞くこと。
②　相手とコミュニケーションを取るために、会話の流れを見て言葉をつけ足すこと。
③　相手が気分を害さないように、同じ言葉をていねいに繰り返して説明すること。
④　相手が話し手の伝えたい内容を理解できるように、やさしい言葉

さないからです。自分の「立場」が規定する語り口やロジック注6に絡《から》め取られているからです。

武道では、「立場にしがみついていること」を「居着き」と言います。そして武道の d シュ業はその過半を、「居着きを去る」ための心身の訓練に割きます。

居着く人は、危機的状況に際会注7したときにも「どうしていいかわからない自分」に居着いてしまう。「恐怖している自分」「混乱している自分」に居着いてしまう。 B 、それを死守しようとする。「居着くと死ぬ」というのは武道における基礎的な知見注8ですけれど、現代社会ではこの知見は集団的には共有されておりません。

C 、④さまざまな制度は、僕たちに向かって「居着け」と命令している。それは短期的には e コウ率的に見えるのかもしれません。でも、長期的に見ると、それが引き起こしているコミュニケーション失調のせいで、僕たちの社会制度はあちこちで綻《ほころ》び始めています。

（内田樹『街場の共同体論』による）

注1　露呈……よくないことが外にあらわれること。
注2　フロントライン……最前線。この文章中では、顧客に直接営業活動をする人。
注3　精緻……細かなところまで注意が行き届いていること。
注4　浩瀚……書物の巻数やページ数が多いこと。
注5　もう一度繰り返します……この本文の前に「コミュニケーション能力とは、コミュニケーションを円滑に進める力ではなく、コミュニケーションが不調に陥ったときに、そこから抜け出すための能力だ」とある。
注6　ロジック……思考を進めていく筋道。
注7　際会……重大な局面に出あうこと。
注8　知見……実際に見て得た知識。

資料　自分と考え方の違う人との意見交換に必要な態度（年齢別）

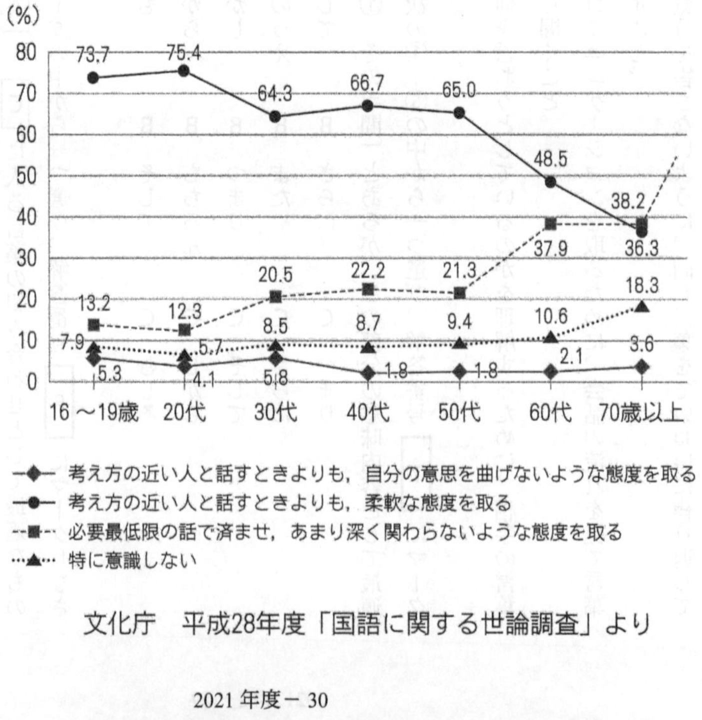

文化庁　平成28年度「国語に関する世論調査」より

問一　傍線部a～eのカタカナを漢字に改めたときと同じ漢字を含むものを、次のページの各群の①～⑤の中からそれぞれ一つずつ選び、解答番号 1 ～ 5 にマークしなさい。

【国語】（四〇分）〈満点：一〇〇点〉

【一】次の文章と資料を読んで、後の問いに答えなさい。（設問の都合上、中略のほかに記述を省いた箇所があります。）

スーパーのレジというのは、どうもコミュニケーション不調の多発地点のようです。

夕食の材料を買い込んでお金を払おうとすると、若い男の店員に「ホレーザ、ゴリヨスカ」と言われました。意味がわからないので、「え？」と聞き返しました。店員は同じ言葉を同じ口調で繰り返しました。三度目に聞いたとき、それが「保冷剤、ご利用ですか？」だということがわかりました。

同じような「聞き取りそこね」は、日々多発していると思います。でも、考えてみれば、このコミュニケーション不調は、客に聞き返されたときに、例えば「傷みやすい食材を冷やすために、保冷剤をお入れしますか？」と言い換えれば済むことです。「冷やす」という語が先に来れば、彼の滑舌の悪い「ホレーザ」が「保冷剤」であることは、おおかたの日本人にはわかります。

①その手間を惜しんだところに、彼のコミュニケーション能力の低さが[注1]露呈《ろてい》しています。

でも、②これは彼の個人的な資質問題には帰すことができません。というのは、そのような「言い換え」を必要に応じて店員が自己責任で行うことを、日本の企業は好まないからです。管理部門は、フロントライン[注2]の人間が自己aサイ量で「マニュアルにあること以外の言葉」を口にすることを嫌います。そんなことをされたら、現場の秩序が乱れ、指揮b系トウが混乱すると思っているのです。こういう店の接客マニュアルを起案する管理職の人たちは、顧客と店員の間で取り交わされる対話はすべてcヨ見可能でなければならず、店員はそこに指示された以外の言葉を口にしてはならないと信じています。

（中略）

マニュアル信奉者は、マニュアルは[注3]精緻《せいち》化するほどに[注4]浩瀚《こうかん》な書物となり、あるレベルを超えるともはや「取り扱い説明書」の用をなさなくなるという、当たり前のことに気づいていません。

A 、もっと重大なのは、マニュアルを精緻化することで、僕たちの社会は「どうしてよいかわからないときに、適切にふるまう」という、人間が生き延びるために最も必要な力を傷つけ続けているということです。③そのことの危険性に誰も気づいていない。

[注5]もう一度繰り返しますが、コミュニケーション能力とは、この「どうしてよいかわからないときに、どうしたらよいかがわかる能力」の一種です。最も適切なやり方で、「コードにないことをする」「コードを破る」能力です。

（中略）

コミュニケーションがうまくゆかないという人たちは、ほとんど例外なく、「ルールを破る」ことができない人です。立場が異なる者同士が互いにわかり合えずにいるのは、それぞれがおのれの「立場」から踏み出

MEMO

大切なことはメモしておこうネ！

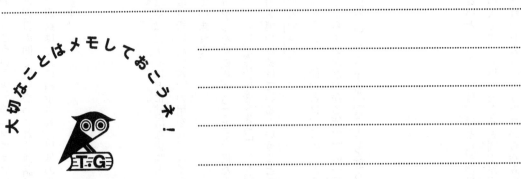

2021年度

解　答　と　解　説

《2021年度の配点は解答欄に掲載してあります。》

＜数学解答＞

【1】 (1) ア 1　イ 3　(2) ウ 7　エ 8　オ 6　(3) カ 1　キ 5
ク 4　ケ 5　コ 0　(4) サ 5　シ 2　ス 6　(5) セ 3　ソ 2
(6) タ 2　チ 1　(7) ツ 1　テ 7　ト 0　(8) ナ 7

【2】 ア 2　イ 3　ウ 1　エ 0

【3】 (1) ア 1　イ 6　ウ －　エ 2　オ 8　(2) カ 3　キ 9

【4】 ア 4　イ 5　ウ 1　エ 1　オ 5　カ 4　キ 4　ク 5　ケ 1
コ 6　サ 2　シ 5　ス 2　セ 5　ソ 9

○推定配点○

【1】 各5点×8　【2】 各5点×2　【3】 (1) ア・イ 3点　ウ～オ 6点　(2) 8点
【4】 ス～ソ 8点　他 各5点×5(各完答)　計100点

＜数学解説＞

【1】 (数と式の計算，分数式，展開，平方根，円すいの表面積，時計の針がつくる角度，場合の数)

基本 (1) $7-3\times(-2)=7-(-3\times2)=7-(-6)=13$

基本 (2) $\frac{3a+2b}{2}-\frac{a-b}{3}=\frac{3(3a+2b)-2(a-b)}{6}=\frac{9a+6b-2a+2b}{6}=\frac{7a+8b}{6}$

重要 (3) $A=8a+15$，$B=7a-15$とおくと，$A+B=(8a+15)+(7a-15)=15a$　$A-B=(8a+15)-(7a-15)=8a+15-7a+15=a+30$　よって，$(8a+15)^2-(7a-15)^2=A^2-B^2=(A+B)(A-B)=15a\times(a+30)=15a^2+450a$

(4) $(\sqrt{2}+\sqrt{3})^2=(\sqrt{2})^2+2\times\sqrt{2}\times\sqrt{3}+(\sqrt{3})^2=2+2\sqrt{6}+3=5+2\sqrt{6}$

重要 (5) $\frac{2\sqrt{3}+\sqrt{6}}{\sqrt{2}}-\frac{3\sqrt{2}+\sqrt{6}}{\sqrt{3}}=\frac{\sqrt{12}+\sqrt{6}}{\sqrt{2}}-\frac{\sqrt{18}+\sqrt{6}}{\sqrt{3}}=\frac{\sqrt{12}}{\sqrt{2}}+\frac{\sqrt{6}}{\sqrt{2}}-\left(\frac{\sqrt{18}}{\sqrt{3}}+\frac{\sqrt{6}}{\sqrt{3}}\right)=\sqrt{6}+\sqrt{3}-\sqrt{6}-\sqrt{2}=\sqrt{3}-\sqrt{2}$

基本 (6) 直円すいの底面積は$3\times3\times\pi=9\pi$(cm^2)　側面積は$4\times4\times\pi\times\frac{3}{4}=12\pi$(cm^2)　よって，直円すいの表面積は$9\pi+12\pi=21\pi$(cm^2)

やや難 (7) 時計の長針は1時間に360°進むので，20分では120°進む。また，時計の短針は1時間に30°進むので，20分では10°進む。したがって，長針と短針の作る角は10時から10時20分の間に，長針が進む分で120°増えるが，追いかける短針が進む分で10°減るので，60°＋120°－10°＝170°

重要 (8) 太郎君の普段の通学方法は，家から多治見駅までは3通り，多治見駅から瑞浪駅までは1通り，瑞浪駅から学校までは2通りなので，$3\times1\times2=6$(通り)ある。これに大雨などで電車が運休のときの1通りを加えて，太郎君の通学方法は全部で7通り。

やや難 【2】 (連立方程式の応用)

ある高校の，今年までの全国大会への出場回数をx回，優勝回数をy回，準優勝回数をz回とする。今年優勝したことで，優勝回数が準優勝回数の5倍になったので，$y=5z$…①　今年までの出場回数の2倍と準優勝回数の9倍を合計すると，全国大会の開催回数と等しくなるので，$2x+9z=64$…②　もし，来年の全国大会にも出場できて優勝したとすると，来年までの出場回数は$x+1$(回)，来年までの優勝回数は$y+1$(回)と表せ，さらに来年の出場回数の5倍から優勝回数の5倍を引くと開催回数の65回と等しくなるので，$5(x+1)-5(y+1)=65$　両辺を5でわって，$(x+1)-(y+1)=13$　$x+1-y-1=13$　$x-y=13$　$x=y+13$…③　③に①を代入して，$x=5z+13$…④　さらに，②に④を代入して，$2(5z+13)+9z=64$　$10z+26+9z=64$　$19z=38$　$z=2$　これを①に代入して，$y=5\times2=10$　③に$y=10$を代入して，$x=10+13=23$
よって，今年までの出場回数は23回で，優勝回数は10回である。

【3】 (1次関数・2次関数のグラフと図形の融合問題)

基本　(1)　関数$y=x^2$のグラフ上の点Aのx座標の値が-4なので，$y=x^2$に$x=-4$を代入して$y=(-4)^2=16$より，点Aのy座標の値は16となる。2点A，Bを通る直線の式を$y=ax+b$とおくと，直線AB上の点Aのx座標の値が-4，y座標の値が16なので，$16=-4a+b$…①　また，関数$y=x^2$のグラフ上の点Bの座標が(2, 4)なので，$4=2a+b$…②　②－①より，$-12=6a$　$a=-2$
これを②に代入して，$4=-4+b$　$b=8$　よって，2点A，Bを通る直線の式は$y=-2x+8$

重要　(2)　点Dは，点Bを通りy軸に平行な直線とx軸の交点なので，点Dの座標はD(0, 2)となり，OD＝2，BD＝4　また，(1)より，直線ABの式は$y=-2x+8$なので，点Cの座標はC(0, 8)となり，OC＝8　四角形ODBCをBD//OCの台形とみると，その面積は$(4+8)\times2\div2=12$
さらに，点Eのx座標をtとすると，点Eは関数$y=x^2$のグラフ上の点なので，点Eのy座標はt^2と表せる。△OECを底辺がOC＝8の三角形とみると，高さは点Eのx座標のtに等しいので，面積は$8\times t\div2=4t$と表せる。これが四角形ODBCの面積12に等しいので，$4t=12$となり，$t=3$
よって，点Eの座標はE(3, 9)となる。

重要 **【4】 (平行四辺形，相似)**

平行四辺形ABCDにおいて，対辺が等しいのでBC＝AD　また，AE：ED＝4：1よりAE＝$\frac{4}{5}$AD
△ABEを底辺がAEの三角形，△BCEを底辺がBCの三角形と考えると，AE//BCより，△ABEと△BCEは高さの等しい三角形となり，高さの等しい三角形の面積比は底辺の長さの比と等しいことから，△ABE：△BCE＝AE：BC＝$\frac{4}{5}$AD：AD＝$\frac{4}{5}$：1＝4：5…①　点AからBEにおろした垂線とBEの交点を点P，点CからBEにおろした垂線とBEの交点を点Qとすると，APとCQはそれぞれ，BEを△ABEと△BCEの共通の底辺として考えたときの△ABEと△BCEの高さとなり，底辺の長さの等しい三角形の面積比は高さの比と等しいので，AP：CQ＝△ABE：△BCE＝4：5…②
さらに，△ABEと△ACEを，AEが共通の底辺となる三角形と考えると，底辺と高さがそれぞれ等しいので，△ABE＝△ACE　両辺から△AFEの面積を引くと，△ABE－△AFE＝△ACE－△AFE　すなわち，△ABF＝△CEFとなり，△ABF：△CEF＝1：1…③　△ABFを底辺がBFで高さがAPの三角形，△CEFを底辺がEFで高さがCQの三角形と考えると，面積の等しい△ABFと△CEFの底辺の長さの比は，高さの逆数の比に等しいので，②より，BF：EF＝$\frac{1}{4}$：$\frac{1}{5}$＝5：4…④　よって，高さの等しい△ABFと△AEFの面積比は，底辺の長さの比に等しく，④より，△ABF：△AEF＝BF：EF＝5：4…⑤　同様にして，△BCA：△ACE＝BC：AE＝5：4となり，△BCAと△ACEを，ACを共通の底辺として考えると，高さの比は面積比と等しいので，(△BCAの高さ)：(△ACEの高さ)＝5：4…⑥　△ABFを底辺がAFの三角形，△CEFを底辺がCFの三角形と考えると，③より△ABFと△CEFは面積の等しい三角形であり，底辺の長さの比は，高さの逆数の比に等しいので，⑥より，AF：CF＝$\frac{1}{5}$：$\frac{1}{4}$＝4：5…⑦　高さの等しい△ABFと△BCFの面積比は，底辺の長さの比に等しく，⑦より，△ABF：△BCF＝AF：CF＝4：5…⑧　また，⑤より，

$\triangle ABF：\triangle AEF＝5：4$ となるので，$\triangle AEF＝\dfrac{4}{5}\triangle ABF$　　さらに，⑧より，$\triangle BCF＝\dfrac{5}{4}\triangle ABF$

よって，$\triangle AEF：\triangle BCF＝\dfrac{4}{5}\triangle ABF：\dfrac{5}{4}\triangle ABF＝\dfrac{4}{5}：\dfrac{5}{4}＝16：25\cdots⑨$　　$\triangle CDE$ の面積を a とお

くと，$\triangle ACE：\triangle CDE＝AE：ED＝4：1$ より $\triangle ACE＝4a$　　さらに，⑦より，$AF：CF＝4：5$ な

ので，$\triangle AEF＝\dfrac{4}{4+5}\triangle ACE＝\dfrac{4}{9}\times4a＝\dfrac{16}{9}a$　　よって，⑨より，$\triangle AEF：\triangle BCF＝16：25$ なので，

$\triangle BCF＝\dfrac{25}{16}\triangle AEF＝\dfrac{25}{16}\times\dfrac{16}{9}a＝\dfrac{25}{9}a$

★ワンポイントアドバイス★

全体的に基本事項が数多く含まれる問題だが，一歩進んで知識を活用できるかどうかを問う問題も出題されている。必ず過去問をチェックし，繰り返し解いて準備しよう。基本を固めるだけでなく，考え方の幅を広げる学習も必要だ。

＜英語解答＞

【1】　問1　③　　問2　②　　問3　①　　問4　③　　問5　②　　問6　①　　問7　①
　　　問8　②　　問9　④　　問10　①　　問11　①　　問12　③　　問13　②　　問14　③
　　　問15　①
【2】　問1　⑤, ⑦　　問2　③, ①　　問3　③, ④　　問4　⑥, ②　　問5　⑤, ④
【3】　問1　②　　問2　①　　問3　③　　問4　④　　問5　③
【4】　問1　②　　問2　③, ⑤　　【5】　②, ⑦
【6】　問1　②　　問2　③　　問3　②　　問4　③　　問5　④　　問6　②　　問7　④
　　　問8　②, ⑥

○推定配点○

　【1】～【3】　各2点×25　　【4】問1，【6】問1・問3～問6　各3点×6　　他　各4点×8
　計100点

＜英語解説＞

重要　【1】　（語句補充問題：進行形，動名詞，関係代名詞，助動詞，熟語，不定詞，現在完了）

問1　主語が複数で過去の文なので，were を用いる。
問2　＜enjoy ＋動名詞＞ 「～して楽しむ」
問3　前の名詞を修飾する主格の関係代名詞 who が適切である。
問4　be going to を用いて未来の文となる。
問5　would like to ～ 「～したい」
問6　sick 「病気の」
問7　Thank you for ～ ing 「～してくれてありがとう」
問8　take pictures 「写真を撮る」
問9　look forward to ～ing 「～するのを楽しみに待つ」
問10　＜make ＋ A ＋ B＞ 「AをBにする」

問11　will be able to　「～できるようになるだろう」
問12　＜tell ＋人＋ to ～＞　「人に～するように言う」
問13　Turn left at that corner.　「あの角を左に曲がりなさい」
問14　＜have ＋過去分詞＋ since ～＞　「～からずっと…している」
問15　「この部屋は暑い」ので，窓を「開ける(open)」が適切である。

【2】　(語句整序問題：現在完了，接続詞，関係代名詞，不定詞)
問1　I have already <u>learned</u> that <u>China</u> has (a long history.)　＜have ＋ already ＋過去分詞＞「すでに(もう)～してしまった」
問2　Both Yoshiki <u>and</u> Hachiro <u>like</u> the cat(.)　both A and B　「AもBも両方とも」
問3　(A *furin*) makes people <u>cool</u> when <u>they</u> feel hot(.)　＜make ＋ A ＋ B＞「AをBにする」
問4　(I) know a woman <u>who</u> always <u>takes</u> the bus home(.)　who 以下は前の名詞を修飾する主格の関係代名詞である。
重要　問5　What <u>kind</u> of (food) <u>do</u> you want to (eat ?)　What kind of ～「何の種類の～」

基本【3】　(発音問題)
問1　②のみ[əː]，その他は[iː]と発音する。
問2　①のみ[eidʒ]，その他は[idʒ]と発音する。
問3　③のみ[e]，その他は[ei]と発音する。
問4　④のみ[ʌ]，その他は[ou]と発音する。
問5　③のみ[æ]，その他は[ei]と発音する。

【4】　(資料問題：内容把握)

中京水族館
中京水族館は，1000種類以上の海の生き物がいます。
見たり触ったりして楽しめます。

開館時間	月曜日－木曜日	9:30-----19:00
	金曜日－日曜日	9:00-----20:00
料　　金	大人　18歳以上	¥1,800
	子供　5歳から17歳	¥1,000
	5歳未満	¥0
スケジュール	イルカショー　11:30　&　15:30　→　イーストエリア	
	アシカショー　13:00　&　16:30　→　ウェストエリア	

週末の特別イベント!!
ペンギンと歩こう
土曜日と日曜日　10:00と14:00

園には，5羽のペンギンがいます。彼らは健康のために歩かなければなりません。とてもかわいいペンギンと一緒に園内を歩いたり，えさを与えたり，触ったりすることができます!!

やや難　問1　ユカは2歳だ。ヨシキとタケシは6歳だ。両親は明日中京水族館に彼らを連れて行くつもりだ。ヨシキは風邪をひいてしまった。彼のお母さんは彼の世話をしなければならない。だから，彼らはそこに行くことができないだろう。お父さんは，一人でユカとタケシを世話をするには難し

すぎると思っている。お父さんは，祖母に水族館に行って，彼らの世話をするように頼む。彼女は，「いいよ。行きます」と言った。

「家族は合計いくら払わなければなりませんか」 ヨシキとお母さんは水族館に行かないので，ユカ(2歳)：0円＋タケシ(6歳)：1,000円＋お父さん：1,800円＋祖母：1,800円＝4,600円

問2 ①「中京水族館は毎日午前9時に開く」 月から木曜日は9:30開館であるので不適切。
②「客は13:30にタコに触ることができる」 タコに関する記述はないので不適切。 ③「園のペンギンは健康のために散歩しなければならない」 ペンギンは健康のために歩かなければならないので適切。 ④「客はイルカショーでイルカと泳ぐことができる」 イルカショーには一緒に泳げるという記述はないので不適切。 ⑤「客は中京水族館で1000種類以上の海の生き物を見ることができる」 中京水族館には1000種類以降の生き物がいるとあるので適切。 ⑥「客は駐車場がないので，車で中京水族館を訪れることができない」 駐車場に関する記述はないので不適切。

基本 【5】（資料問題）

①「ヨシキはエイトより年上だが，ヨシキはシンヤよりと年下だ」 ヨシキとシンヤは同じ年なので不適切。

②「ヨシキはシンヤと同じ年で，彼らはエイトよりも背が低い」 ヨシキとシンヤは28歳で，2人とも170cmだが，エイトは180cmを超えているので適切。

③「ハナコは4人の中で最も小さいが，最も年をとっている」 花子は最も小さく，最も若いので不適切。

④「シンヤは4人の中で最も背が高く，最も若い」 最も背が高いのはエイトなので不適切。

⑤「ハナコは最も若く，ヨシキは最も年をとっている」 ヨシキとシンヤは同じ年なので不適切。

⑥「エイトはヨシキよりも若いが，シンヤより年をとっている」 エイトはヨシキとシンヤよりも年下なので不適切。

⑦「ヨシキはハナコより年上で，シンヤはエイトよりも年をとっている」 ヨシキは28歳でハナコよりも年上である。また，シンヤはエイトよりも2歳年上なので適切。

【6】（長文読解・説明文：語句解釈，語句補充，英文解釈，要旨把握，内容吟味）

(全訳) タクシーで奇妙な空を見たとき，私はとても怖かった。私は当時サンディエゴに住んでいた。最初は何が起こっているのか分からなかった。夜遅かったが，空は暗くなかった。オレンジ色の空を見て，タクシーで写真を撮った。タクシーの運転手に「あそこで何が起こっているのか」と尋ねた。彼は「あなたはニュースを見ませんでしたか？山火事です」と答えた。私はテレビを持っていなかったので，そのニュースを知らなかった。そして，日本には山火事がないので，「山火事」という言葉を知らなかった。家に帰るとすぐにインターネットで「カリフォルニアの山火事」を探した。ア私はしばらく動けず，手が震えた。たくさんの人が逃げようとしているというニュースを見て驚いた。しかし，鳥やクマなどの動物がたくさん殺された。私はとても悲しかったが，何もできなかった。

カリフォルニア州は非常に大きく，サンディエゴは山火事から遠く離れていたので，安全だった。カリフォルニア州のソノマに住んでいた人々の中にはサンディエゴに逃げた人もいた。ソノマの近くに住んでいた大学生が私の家に来た。彼は私に山火事について話している間，泣いていた。彼は1ヶ月間私と一緒にいた。私たちは山火事に関する多くのニュースを読んだり見たりした。そして，私たちは，山火事がすぐに消されることを望んでいた。「カリフォルニアでは山火事やハリケーンなどの自然災害が多いので，自然災害が起こるイ前に備えなければいけないのですが，何もしない人もいます」と彼は言った。それを聞いて，ウ誰かの問題とは思えなかった。数日後，私は

新聞を読んで記事を見つけた。

カリフォルニア州の山火事

暑い乾燥した天候は，しばしばカリフォルニアで火災を起こす。今回は650件以上の火災で5,200平方キロメートルが焼失し，カリフォルニア州の1,400以上の建物が壊れた。非常に大きな火災のうちの2つは，カリフォルニアの歴史の中でエ最も大きいものだった。

乾燥した日の後，天気は少し良くなり，消防士が火災を止めるのを助けた。人々は壊れた家に戻り始めた。しかし，火曜日と水曜日に，400以上の落雷が新たな火災を起こした。幸いにも，オ消防士は新たな火事を操作することができた。

最後に，150人以上が行方不明になった。この経験から，自然には危険な面があることがわかった。日本では大地震や津波が多く，たくさんの人が死んだ。それらがいつ起こるか誰も知らない。カだから，自然災害に備えなければいけないのだ。

重要　問1　第1段落より「日本にはない自然災害」で，新聞記事より「火災」だとわかるので，「山火事」と判断できる。

問2　これより後の文に，「たくさんの人が逃げようとしているというニュースを見て驚いた。しかし，鳥やクマなどの動物がたくさん殺された。私はとても悲しかったが，何もできなかった」とあることから判断できる。

問3　自然災害に備えるのは，それが起こる「前」でなければならない。

問4　「自然災害が起こる前に備えなければいけないのですが，何もしない人もいます」というのを聞いて，他人事とは思えなかったのである。

基本　問5　前に the があるため，最上級が適切である。

問6　the new ones は前文の new fires を指している。

問7　理由は so の前に書かれている「自然災害がいつ起こるかは誰もわからない」である。

重要　問8　①「カリフォルニアのすべての人は，山火事に備えなかった」 第2段落第8文参照。準備をしない人もいるとあるので，「すべての人」ではないため不適切。 ②「大学生はカリフォルニアの火事についてとても悲しく感じた」 第2段落第4文参照。山火事の話を聞いている間泣いていたため適切。 ③「山火事は150人以上の人を殺した」 第5段落第1文参照。150人以上が行方不明となったため不適切。 ④「山火事はカリフォルニアで初めて起こった」 第3段落第1文参照。カリフォルニアの山火事はしばしば起こるため不適切。 ⑤「筆者は，ソノマに逃げて，そこで大学生に会った」 第2段落第2文参照。ソノマに住んでいる人がサンディエゴに逃げてきたとあるので不適切。 ⑥「人々が壊れた家に戻った後，他の火事が起こった」 第4段落第2文参照。人々は壊れた家に戻り始めた後，400以上の落雷が新たな火災を起こしたので適切。

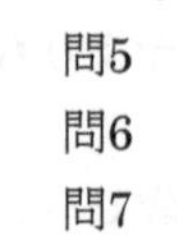

★ワンポイントアドバイス★

発音問題や文法問題，資料問題，長文問題と多岐にわたる出題となっているため，過去問や問題集を用いて，様々な問題に触れるようにしたい。

＜理科解答＞

【1】 (1) [1] ⑩　[2] ①　[3] ⑤　[4] ③　[5] ⑦　[6] ⑥　[7] ⑨
(2) [8] ⑥　[9] ②　[10] ⑤　(3) [11] ④　(4) [12] ①

【2】 (Ⅰ) (1) [13] ③　(2) [14] ①　(3) [15] ②　(4) [16] ①
(Ⅱ) (5) [17] ③　(6) [18] ④

【3】 (1) [19] ②　(2) [20] ③　(3) [21] ②　(4) [22] ③　(5) [23] ①

【4】 (Ⅰ) (1) [24] ③　(2) [25] ③　(Ⅱ) (3) [26] ②　[27] ⓪　(4) [28] ①
[29] ⑧　(5) [30] ②

○推定配点○

【1】 (2) 各4点×3　他 各3点×9　【2】 (1)・(3)・(6) 各3点×3　他 各4点×3
【3】 各4点×5　【4】 各4点×5　計100点

＜理科解説＞

重要 【1】 (ヒトの体のしくみ―体のしくみ)

(1) 養分は小腸で吸収され，血液に溶け込んで全身に運ばれる。肺から取り込まれた酸素と養分がエネルギーに変えられ，二酸化炭素と水が生じる。体内で生じる有害なアンモニアは，肝臓で無害な尿素に変えられる。その後，腎臓で血液がろ過され尿素や他の老廃物がこしとられ，尿として排出される。

(2) タンパク質の分解酵素はペプシン，トリプシンであり，ペプシンは胃液にトリプシンはすい液に含まれる。タンパク質はアミノ酸に分解される。脂肪の分解酵素はリパーゼであり，すい液に含まれる。脂肪は脂肪酸とモノグリセリドに分解される。炭水化物の分解酵素はアミラーゼであり，だ液やすい液に含まれる。炭水化物はブドウ糖まで分解される。

(3) 養分は血液中の液体成分である血しょうに溶け込んで体の各部に送られる。

(4) 肺から取り込まれた酸素は，血液中の赤血球に含まれるヘモグロビンと結びついて体の各部に運ばれる。さらに各器官で酸素を放出し二酸化炭素を受け取って肺に戻り，再び肺で二酸化炭素と酸素のガス交換を行う。

重要 【2】 (大地の動き・地震―地震波)

(Ⅰ) (1) 図1のaはS波を，bはP波を表す。グラフbは各観測点にP波が伝わるのに要した時間を示し，この時間から初期微動が始まる。

(2) グラフより，aは140kmを伝わるのに40秒かかるので，140÷40＝3.5(km/秒)の速度である。

(3) 地震波が伝わる時間が短い場所ほど，震源に近い。よって，震源に近い順にB, A, Cとなる。

(4) A地点は震源から280km離れておりS波の速度が3.5km/sなので，伝わるまでにかかる時間は280÷3.5＝80(秒)である。A地点に13時2分50秒にS波が到達したので，地震の発生時刻はその80秒前の13時1分30秒であった。

(Ⅱ) (5) 鉱物アは黒っぽく，板状にはがれやすい鉱物で黒雲母である。鉱物イは黒かっ色の長柱状の鉱物でカクセン石である。カンラン石は黄緑色の鉱物である。

(6) aとcは等粒状組織をもつので深成岩であり，bは斑状組織をもつので火山岩である。bはキ石の他にカクセン石を鉱物として含むので安山岩である。閃緑岩，花こう岩は深成岩であり，流紋岩はセキエイや長石を多く含む白っぽい岩石である。

重要【3】（物質とその変化―物質の特定）

(1) 加熱後に黒っぽい物質が残るのは，白砂糖とデンプンである。そのうち水に溶けやすいのが白砂糖で，デンプンは溶けにくい。よってAが白砂糖，Bがデンプンである。また，食塩は水に溶けやすいが炭酸水素ナトリウムは溶けにくいので，Dが食塩，Cが炭酸水素ナトリウムである。

(2) マグネシウムリボンは塩酸，硫酸に溶け水素を発生するが，水酸化バリウム水溶液には溶けない。Eは水酸化バリウム水溶液である。水素は物質の中で一番密度が小さい気体である。①は二酸化炭素，②は酸素，④は窒素，⑤はアンモニアか塩化水素と思われる。

(3) 水酸化バリウム水溶液は硫酸と反応して，水に溶けない硫酸バリウムが沈殿する。よってGが硫酸であり，Fが塩酸である。

(4) 塩酸と炭酸水素ナトリウムが反応すると，塩化ナトリウム，水，二酸化炭素が発生する。Hが二酸化炭素，Iが塩化ナトリウムである。二酸化炭素を発生させるには，石灰石に塩酸を加える。①では酸素，②では気体発生なし，④では水素，⑤ではアンモニアが発生する。

(5) $NaHCO_3 + HCl \rightarrow NaCl + H_2O + CO_2$の反応が起きる。Iは塩化ナトリウムである。

重要【4】（光と音の性質・速度―音の性質・速度）

(Ⅰ) (1) 大きな音を出すには弦を強くはじく。高い音を出すには弦の長さを短くする。

(2) 音の大きさは振幅の大きさに現れる。縦の幅が振幅の大きさを表す。音の高さは振動数が大きいほど高くなる。振動数は1秒間に振動する波の数で表される。波の数が多いほど振動数が多く，高い音になる。

(Ⅱ) (3) 電車は60kmを50分かかるので，秒速は60000÷(50×60)＝20(m/s)である。

(4) 時速3.6km/hで30分歩いたので，距離は3.6×0.5＝1.8(km)である。

(5) 電車の時速は60÷(50÷60)＝72(km/h)である。これは徒歩の速さの72÷3.6＝20(倍)の速さである。

★ワンポイントアドバイス★

基本問題が大半なので，基礎知識をしっかりと身に着けるようにしたい。計算問題も出題されるが難問はないので，苦手分野をつくらないようにしたい。

<社会解答>

【1】	問1 ②	問2 ②	問3 ③	問4 ①	問5 ④	問6 ②	問7 ④
【2】	問1 ①	問2 ④	問3 ①				
【3】	問1 ③	問2 ①	問3 ②	問4 ②	問5 ①	問6 ③	問7 ④
	問8 ④	問9 ④	問10 ②				
【4】	問1 ①	問2 ③	問3 ②	問4 ③	問5 ④	問6 ①	
【5】	問1 ①	問2 ②	問3 ④	問4 ③			
【6】	問1 ②	問2 ②	問3 ③	問4 ②	問5 ④		
【7】	問1 ①	問2 ①	問3 ③	問4 ④	問5 ②		

○推定配点○

【1】～【3】 各3点×20　【4】～【7】 各2点×20　計100点

＜社会解説＞

【1】（地理―北アメリカの自然・経済など）

問1　夏は暑く乾燥し冬に比較的雨の降る地中海性気候のロサンゼルス。

問2　アメリカ中央部を貫流する世界第4位の大河。

問3　高緯度地方に現れる大気の発光現象。太陽からのプラズマが大気上空で発光する。

重要　問4　時差は経度が15度で1時間。日本より早い国はオーストラリアやニュージーランドなどごく一部なので，ニューヨークとの時差(135＋75)÷15＝14(時間)で計算。

問5　アメリカ西部を南北に走り，アンデス山脈や日本列島などと共に環太平洋造山帯を構成する。

問6　面積ではロシアに次ぎカナダが2位，アメリカが3位でともに日本の約26倍である。

問7　トランプ前大統領の離脱発言などにより再交渉，2020年のアメリカ・メキシコ・カナダ協定(USMCA)の発効により北米自由貿易協定(NAFTA)は失効した。

【2】（地理―アメリカの人種・産業など）

重要　問1　移民社会といわれるアメリカの中で黒人を抜いて最大のマイノリティーとなった。

問2　サンフランシスコ郊外には多くのIT企業が集中，半導体の原料であるシリコンからつけられた名称。世界中のIT産業集積地に「～シリコンバレー」の通称がみられる。

問3　北緯37度以南の地域。安い労働力や土地を求めて企業の進出が盛んに行われている。

【3】（公民―憲法・政治のしくみなど）

問1　再生医療や新薬開発など様々な活用が期待されている細胞。他の3名も全員ノーベル賞受賞。

問2　法隆寺金堂の壁画修復のための模写作業の中，漏電により国宝の壁画が焼損した事件。

問3　公布とは成立した法令や条約などを広く国民に知らせること。その後その効力を現実に発生させるのが施行で，日本国憲法は6か月後の1947年5月3日に施行された。

重要　問4　平和主義は憲法の前文と第9条で規定されている。

問5　内閣総理大臣の指名は国会の権限であり天皇はこれを任命するだけ。

問6　沖縄本島では15％をアメリカ軍の施設が占めており事故や犯罪，騒音など住民の生活に重大な支障が起きている。世界1危険といわれる普天間飛行場の移設も一向に進んでいない。

問7　居住・移転・職業選択の自由は経済活動の自由。原則として国家の介入を許さない自由権の中で，国民の実質的平等を確保するため国家によりある程度の制限を認めている権利。

問8　一般の法律が出席者の過半数で可決されることに比べると極めて厳格な規定といえる。

基本　問9　2015年の法律改正で選挙権は満18歳に引き下げられた。

問10　289名の小選挙区と全国を11のブロックに分けた176名の比例代表から構成される。小選挙区と比例代表の両方に立候補できる重複立候補制度も採用されている。

【4】（日本の歴史―原始～中世の政治・文化史など）

やや難　問1　X　漢書には「楽浪海中に倭人あり，分かれて百余国来りて献見す」とある。　Y　好太王碑によると倭は391年に海を渡って高句麗と戦ったと記されている。

問2　3世紀は弥生時代の末期。土偶は縄文時代に造られた人物をかたどった土製品。

問3　埼玉の稲荷山古墳と熊本の江田船山古墳からはワカタケル大王(雄略天皇)の名前が刻まれた剣が出土，5世紀後半には大和王権の力が関東から九州南部まで及んでいたことがわかる。

問4　唐の高僧・鑑真は請われて日本渡航を決意，5度の渡航に失敗したが6度目に遣唐使船に乗船し来日に成功した。来日後は東大寺に戒壇を作り聖武上皇らに授戒した。

問5　悪天候などで元の侵略は防げたが日本が得たものはなく，恩賞を得られなかった御家人の窮乏はますます深刻となり幕府崩壊を早める結果となった。

問6　日明貿易の最大の輸入品は銅銭(明銭)，輸出品は刀剣などの工芸品や銅・硫黄の鉱産物。

【5】（日本の歴史―古代～近世の政治史など）

問1　聖徳太子は推古天皇の下，妻の父でもある蘇我馬子と共に政治を主導した。蘇我入鹿は馬子の孫で乙巳《いつし》の変（大化の改新）で中大兄皇子らに殺害された。

問2　負担は比較的軽く，主に地方の財源とされた。口分田は男子2反，女子はその3分の2，防人の食糧・武器は自己負担，布は庸，特産物が調。

重要　問3　幕府の3代執権。初代の六波羅探題で，執権政治の確立に努めた人物。

問4　湯島に学問所を作ったのは5代・徳川綱吉，朱子学以外を禁じたのは松平定信。

【6】（日本と世界の歴史―近現代の政治・社会史など）

問1　西郷隆盛は留守政府のトップとして政治を主導，帰国した使節団のメンバーと対立して下野。

問2　幸徳秋水は社会主義，内村鑑三はキリスト教の立場から戦争に反対した。

やや難　問3　X　ロシアは旅順・大連の租借権や南満州の鉄道敷設権などを獲得。　Y　ドイツは膠州湾《こうしゅうわん》の99年間租借権，山東半島の鉄道敷設権などを獲得。アはイギリス，エはフランス。

問4　X　1911年に結成された女性による文芸思想誌の巻頭の言葉。　Y　被差別部落の人々の社会的差別を撤廃しようという全国水平社創立大会の大会宣言。

問5　日中戦争の長期化に伴って近衛内閣によって結成された国民統制組織。各政党は解散してこれに参加，総裁には首相が就任し上意下達の総動員体制ができた。

【7】（日本と世界の歴史―近現代の政治・社会史など）

問1　ウ（1942.6）→エ（1944.6）→ア（1945.3）→イ（1945.8）の順。

問2　X　明治初期にイギリスやフランスの料理として持ち込まれた。　Y　文明開化当時気安くあぐらをかいて食べたので安愚楽鍋とも呼ばれ学生の間にはやった料理。

問3　高度経済成長は1950年代後半から石油危機が起こった1970年代の前半まで。テレビ放送が開始されたのは1953年。公害対策基本法は1967年，オリンピックは1964年。

問4　1990年イラク軍が突然クウェートに侵攻，翌年1月アメリカを中心とする多国籍軍がイラクへの空爆を開始し湾岸戦争がはじまりクウェートは解放された。

問5　活動写真という言葉は明治後半から大正時代ごろまで，ラジオ放送の開始は1925年。

★ワンポイントアドバイス★

世界地理を学習するうえでは日々のニュースなどが最高の題材となる。知らない国名などが出てきたときには必ず自分で調べ確認する習慣をつけよう。

<国語解答>

【一】　問一　a　①　b　①　c　④　d　⑤　e　③　問二　①　問三　②
問四　⑤　問五　③　問六　③　問七　①

【二】　問一　④　問二　③　問三　②　問四　①　問五　④　問六　②
問七　Ⅰ　③　Ⅱ　②　問八　⑤

○推定配点○

各5点×20　　計100点

＜国語解説＞

【一】（論説文－漢字の読み書き，脱語補充，接続語，指示語，文脈把握，内容吟味，要旨）

問一	a	裁量	①	裁判所	②	伐採	③	栽培	④	掲載	⑤	才能
	b	系統	①	統一	②	転倒	③	到着	④	投棄	⑤	配当
	c	予見	①	余剰	②	与党	③	夜風	④	予定	⑤	預金
	d	修行	①	宗教	②	大衆	③	集合	④	周回	⑤	修理
	e	効率	①	更衣室	②	攻撃	③	効果	④	公民館	⑤	巧妙

問二　Aは，直後で「もっと重大なのは……」と別の視点を示しているので，逆接を表す語が入る。Bは，直前の「居着いてしまう」に，直後の「それを死守しようとする」を重ねて，付け加えているので，累加を表す語が入る。Cは，直前に「『居着くと死ぬ』というのは武道における基礎的な知見」とあるのに対し，「『居着け』と命令している」とあるので，どちらかといえば，という意味の「むしろ」が入る。したがって，Aは「でも」，Bは「そして」，Cは「むしろ」とする①が適切。

問三　直前の「『傷みやすい食材を冷やすために，保冷剤をお入れしますか？』と言い換えれば済むことです」を「その手間」と言い換えているので，「会話の流れを見て言葉を付け足す」とする②が適切。相手に聞き返されたときに，言葉を付け加えたり，言い換えたりしてわかりやすく伝えようと努力することを「その手間」と表現しているのである。

問四　直後に「そのような『言い換え』を必要に応じて店員が自己責任で行うことを，日本の企業は好まないからです。管理部門は，フロントラインの人間が自己サイ量で『マニュアルにあること以外の言葉』を口にすることを嫌います。そんなことをされたら，現場の秩序が乱れ，指揮系トウが混乱すると思っているのです」と説明されているので，「日本の接客の現場にその力を発揮できる自由はないから」とする⑤が適切。「管理部門は……『マニュアルにあること以外の言葉』を口にすることを嫌います」とあるので，①の「店員が実際に使いこなすことができない」，②の「言葉の意味を正しく受け取れるとはかぎらない」，③の「実行する能力が身についていない」，④の「客には店側の配慮は伝わらない」はあてはまらない。

問五　「そのこと」が指すのは，直前の「マニュアルを精緻化することで，僕たちの社会は『どうしてよいかわからないときに，適切にふるまう』という人間が生き延びるために最も必要な力を傷つけ続けているということです」という内容なので，「自分で考えたり判断したりする力が衰えてしまう」とする③が適切。「『どうしていいかわからないときに，適切にふるまう』という人間が生き延びるために最も必要な力」とあるので，①の「働ける保証」，②の「自分自身の存在理由」，④の「成功の喜び」，⑤の「繊細な心」はあてはまらない。

問六　「居着く」については，「武道では『立場にしがみついていること』を『居着き』といいます」と説明されており，直前には「自分の立場が想定する語り口やロジックに絡め取られている」と言い換えられているので，マニュアルを死守することを意味する①②④⑤は「『居着け』という命令」にあてはまる。マニュアル以外の行動を意味する③の「規定された行動を守り続けてはいけない」は，「『居着け』という命令」にはあてはまらない。

問七　Bは，「ビジネスマナーに対する意識の低さ」という部分が合致しない。「スーパーの店員との話がかみ合わない例」について，筆者は「彼のコミュニケーション能力の低さを露呈しています」とした後に「でも，これは彼の個人的な資質問題には帰すことができません」と述べている。Kは，「危険な状態でも『ルールを破る』ことができる人は減っていかない」という部分があてはまらない。本文には，「どうしてよいかわからないとき」に必要な「『コードにないことをする』『コードを破る力』」を，現代社会は「傷つけ続けている」と述べられている。

【二】（小説－情景・心情，表現技法，脱文補充，文と文節，文脈把握，内容吟味，大意）

問一　心情は直後に「心は，テントのてっぺんから空に吸い込まれ，宇宙の彼方へと旅をする」と表現されており，心が宇宙へと広がっていく，伸びやかな様子が読み取れるので，「重力から解き放たれたという軽やかな気持ち」とする④が適切。①の「ズフラを追い越す」，②の「思い通りの芸ができた」，③の「自分が最も実力がある」，⑤の「安心した気持ち」は表現されていない。

やや難　問二　直前に「入道雲が湧き上がるように，みるみる恐怖心が僕の心を支配する」とあるので，「不吉なことを瞬時に察知した」とする③が適切。恐怖心に支配される様子なので，①の「思考が止まった」，②の「隕石が落ちてきて自分にぶつかる」，④の「落下する姿がはっきりと見え」は適切でない。この場面ではまだバランスを崩してはいないので，⑤の「体のバランスを崩してしまい」はあてはまらない。

問三　直後に「人間が体で表現する詩そのものだよ。美しい詩の一節に触れたような気持ちをプレゼントするのが，俺たちに与えられた仕事なんだ。このステージは，度胸試しをする場所じゃない」とあるので，「演技者によって生の美しさを表現するもの」とする②が適切。①の「心が一つに」，③の「けがを覚悟して」，4の「死と隣り合わせの玄」，⑤の「やさしい芸」はあてはまらない。

問四　Aの前に「団長が手を上げそうになる。けれど，叩かなかった。その代わり，僕の目をまっすぐに見据え，こう怒鳴った」とあり，「興奮して」「顔が真っ赤に」という様子にあてはまるのでAに補うのが適切。

やや難　問五　この時の心情は直後に「この場で恐怖心の影を一切追い払ってしまいたかった」とあり，「僕は集中した」とある。さらに，前には「本当に，自分が悪いと思った。……自分の浅はかさが悔しくて，涙が込み上げてきた」と，反省する様子が描かれているので①②③⑤はあてはまる。「迷い」は読み取れないので，④はあてはまらない。

問六　直後に「つまり未来とは，僕自身のこと？　不思議な強力な耳栓が外れたみたいに，歓声や拍手が耳になだれ込んでくる」「本当に，自分の背中が見えたこと以外，何も覚えていない」とあることから，集中している様子が読み取れるので，「集中して感覚が研ぎ澄まされている」とする②が適切。

問七　Ⅰ　主語は「出来事が」で，「必死にもがいていた」と，人の行為にたとえて表現しているので，「擬人法」が適切。「体言止め」は，文末を名詞にする修辞法。「隠喩」は，たとえであることを示す語を用いずにたとえる修辞法。「反復法」は，同じ表現を繰り返す修辞法。「倒置法」は，語句の順序を入れ替えることによって，ある語を強調する修辞法。　Ⅱ「朝の／出来事が，／僕に／大事な／何かを／教えて／くれようと／必死に／もがいて／いた」と10文節に分けられる。

問八　本文の前に「『ズフラ』の演技に魅了され，自分も綱渡り師になることを決めた」とあり，本文は一貫して「僕」の視点で描かれている。最後には「ズフラの綱渡り，あれは『死の綱渡り』なんかじゃなかったのだ。ズフラは，死の恐怖と闘っていたのではなく，生きる歓びを全身で表現していた。だから，『生の綱渡り』なのだ」「それに気づいたら，涙があふれて止まらなくなった。いつか自分も，あんなふうに綱の上で自由になりたい」と，綱渡り師としての「僕」の成長が描かれているので，⑤が適切。①の「多くの仲間と支え合う」，②の「過去を回想」，③の「団長との対立から和解まで」，④の「『僕』と『ズフラ』を比較」はあてはまらない。

★ワンポイントアドバイス★

読解問題は，文脈を丁寧に追って，言い換え表現や指示内容を的確にとらえる練習をしておこう！　読解問題の中に含まれる漢字や文法などは，確実に得点できる力をつけておこう！

MEMO

大切なことはメモしておこうネ！

解答用紙集

○月×日 △曜日　天気(合格日和)

◆ご利用のみなさまへ

＊解答用紙の公表を行っていない学校につきましては、弊社の責任において、解答用紙を制作いたしました。

＊編集上の理由により一部縮小掲載した解答用紙がございます。

＊編集上の理由により一部実物と異なる形式の解答用紙がございます。

人間の最も偉大な力とは、その一番の弱点を克服したところから生まれてくるものである。――カール・ヒルティ――

※データのダウンロードは 2024 年 3 月末日まで。

東京学参株式会社

中京高等学校　　2023年度

◇数学◇

※この解答用紙は学校からの発表がないため，東京学参が制作いたしました。

注意事項

1．マークは必ずHBの黒鉛筆で ⊂⊃ の中を正確にぬりつぶしてください。
良い例 ▬　　悪い例
2．訂正する場合は消しゴムできれいに消してください。
3．解答用紙は、折り曲げたり汚さないでください。

設問			解答記入	解答マーク欄
【1】	(1)	ア		－ 0 1 2 3 4 5 6 7 8 9
	(2)	イ		－ 0 1 2 3 4 5 6 7 8 9
		ウ		－ 0 1 2 3 4 5 6 7 8 9
		エ		－ 0 1 2 3 4 5 6 7 8 9
		オ		－ 0 1 2 3 4 5 6 7 8 9
	(3)	カ		－ 0 1 2 3 4 5 6 7 8 9
		キ		－ 0 1 2 3 4 5 6 7 8 9
	(4)	ク		－ 0 1 2 3 4 5 6 7 8 9
		ケ		－ 0 1 2 3 4 5 6 7 8 9
	(5)	コ		－ 0 1 2 3 4 5 6 7 8 9
		サ		－ 0 1 2 3 4 5 6 7 8 9
	(6)	シ		－ 0 1 2 3 4 5 6 7 8 9
		ス		－ 0 1 2 3 4 5 6 7 8 9
	(7)	セ		－ 0 1 2 3 4 5 6 7 8 9
		ソ		－ 0 1 2 3 4 5 6 7 8 9
	(8)	タ		－ 0 1 2 3 4 5 6 7 8 9
		チ		－ 0 1 2 3 4 5 6 7 8 9
【2】		ア		－ 0 1 2 3 4 5 6 7 8 9
		イ		－ 0 1 2 3 4 5 6 7 8 9
		ウ		－ 0 1 2 3 4 5 6 7 8 9
		エ		－ 0 1 2 3 4 5 6 7 8 9
		オ		－ 0 1 2 3 4 5 6 7 8 9
【3】	(1)	ア		－ 0 1 2 3 4 5 6 7 8 9
		イ		－ 0 1 2 3 4 5 6 7 8 9
	(2)	ウ		－ 0 1 2 3 4 5 6 7 8 9
		エ		－ 0 1 2 3 4 5 6 7 8 9
	(3)	オ		－ 0 1 2 3 4 5 6 7 8 9
		カ		－ 0 1 2 3 4 5 6 7 8 9
		キ		－ 0 1 2 3 4 5 6 7 8 9
		ク		－ 0 1 2 3 4 5 6 7 8 9
		ケ		－ 0 1 2 3 4 5 6 7 8 9
		コ		－ 0 1 2 3 4 5 6 7 8 9
		サ		－ 0 1 2 3 4 5 6 7 8 9
【4】	(1)	ア		－ 0 1 2 3 4 5 6 7 8 9
		イ		－ 0 1 2 3 4 5 6 7 8 9
	(2)	ウ		－ 0 1 2 3 4 5 6 7 8 9
	(3)	エ		－ 0 1 2 3 4 5 6 7 8 9
		オ		－ 0 1 2 3 4 5 6 7 8 9
		カ		－ 0 1 2 3 4 5 6 7 8 9

中京高等学校　2023年度　　　◇英語◇

※この解答用紙は学校からの発表がないため，東京学参が制作いたしました。

注意事項

1．マークは必ずHBの黒鉛筆で ⊂⊃ の中を正確にぬりつぶしてください。
　良い例　　　悪い例
2．訂正する場合は消しゴムできれいに消してください。
3．解答用紙は、折り曲げたり汚さないでください。

設	問	解答番号	解答記入	解答マーク欄
【1】	問1	1		1 2 3 4
	問2	2		1 2 3 4
	問3	3		1 2 3 4
	問4	4		1 2 3 4
	問5	5		1 2 3 4
	問6	6		1 2 3 4
	問7	7		1 2 3 4
	問8	8		1 2 3 4
	問9	9		1 2 3 4
	問10	10		1 2 3 4
【2】	問1	11		1 2 3 4 5 6
		12		1 2 3 4 5 6
	問2	13		1 2 3 4 5 6
		14		1 2 3 4 5 6
	問3	15		1 2 3 4 5 6
		16		1 2 3 4 5 6
	問4	17		1 2 3 4 5 6
		18		1 2 3 4 5 6
	問5	19		1 2 3 4 5 6
		20		1 2 3 4 5 6
【3】	問1	21		1 2 3
	問2	22		1 2 3
	問3	23		1 2 3
	問4	24		1 2 3
	問5	25		1 2 3
【4】	問1	26		1 2 3 4
		27		1 2 3 4
		28		1 2 3 4
		29		1 2 3 4
	問2	30		1 2 3 4
		31		1 2 3 4
		32		1 2 3 4
【5】	問1	33		1 2 3 4
	問2	34		1 2 3 4
	問3	35		1 2 3 4
	問4	36		1 2 3 4
	問5	37		1 2 3 4
	問6	38		1 2 3 4
	問7	39		1 2 3 4 5 6 7
		40		1 2 3 4 5 6 7

中京高等学校　2023年度

◇理科◇

※この解答用紙は学校からの発表がないため，東京学参が制作いたしました。

注意事項

1．マークは必ずHBの黒鉛筆で ⊂⊃ の中を正確にぬりつぶしてください。

良い例 ▬　　悪い例 ⊘ ⊙ ▬

2．訂正する場合は消しゴムできれいに消してください。

3．解答用紙は，折り曲げたり汚さないでください。

設	問	解答番号	解答記入	解答マーク欄
【1】	(1)	1		1 2 3 4
	(2)	2		1 2 3 4 5 6 7 8 9 0
		3		1 2 3 4 5 6 7 8 9 0
		4		1 2 3 4 5 6 7 8 9 0
		5		1 2 3 4 5 6 7 8 9 0
	(3)	6		1 2 3 4
	(4)	7		1 2 3 4 5 6 7 8 9 0
		8		1 2 3 4 5 6 7 8 9 0
		9		1 2 3 4 5 6 7 8 9 0
	(5)	10		1 2 3 4 5 6 7 8 9 0
		11		1 2 3 4 5 6 7 8 9 0
		12		1 2 3 4 5 6 7 8 9 0
	(6)	13		1 2 3 4 5 6 7 8 9 0
		14		1 2 3 4 5 6 7 8 9 0
【2】	(1)	15		1 2 3 4
	(2)	16		1 2 3 4 5 6 7 8
	(3)	17		1 2 3 4 5
	(4)	18		1 2 3 4 5 6
	(5)	19		1 2 3 4
	(6)	20		1 2 3 4
	(7)	21		1 2 3 4

設	問	解答番号	解答記入	解答マーク欄
【3】	(1)	22		1 2 3 4
		23		1 2 3 4
		24		1 2 3 4
		25		1 2 3 4
		26		1 2 3 4
		27		1 2 3 4
		28		1 2 3 4
		29		1 2 3 4
	(2)	30		1 2 3 4
	(3)	31		1 2 3 4
	(4)	32		1 2 3 4
	(5)	33		1 2 3
	(6)	34		1 2 3 4
	(7)	35		1 2 3 4
	(8)	36		1 2 3 4
	(9)	37		1 2 3 4
【4】	(1)	38		1 2 3 4 5 6 7
		39		1 2 3 4 5 6 7
	(2)	40		1 2 3 4 5
	(3)	41		1 2 3 4
	(4)	42		1 2 3 4 5 6 7 8 9 0
		43		1 2 3 4 5 6 7 8 9 0
	(5)	44		1 2 3 4 5 6
	(6)	45		1 2 3 4 5 6 7 8 9 0
	(7)	46		1 2 3 4 5 6
	(8)	47		1 2 3 4 5 6 7 8 9 0
		48		1 2 3 4 5 6 7 8 9 0
	(9)	49		1 2 3 4 5 6 7 8 9 0
		50		1 2 3 4 5 6 7 8 9 0

中京高等学校　　2023年度　　　　◇社会◇

※この解答用紙は学校からの発表がないため，東京学参が制作いたしました。

注意事項

1．マークは必ずHBの黒鉛筆で　　の中を正確にぬりつぶしてください。
良い例　　悪い例
2．訂正する場合は消しゴムできれいに消してください。
3．解答用紙は、折り曲げたり汚さないでください。

設問		解答番号	解答記入	解答マーク欄
【1】	問1	1		1 2 3 4
	問2	2		1 2 3 4
	問3	3		1 2 3 4
	問4	4		1 2 3 4
	問5	5		1 2 3 4
	問6	6		1 2 3
		7		1 2 3
	問7	8		1 2 3 4 5 6
		9		1 2 3 4 5 6
	問8	10		1 2 3 4
【2】	問1	11		1 2 3 4
	問2	12		1 2 3 4
	問3	13		1 2 3 4
【3】	問1	14		1 2 3 4
	問2	15		1 2 3 4
	問3	16		1 2 3 4
	問4	17		1 2 3 4
	問5	18		1 2 3 4
	問6	19		1 2 3 4
	問7	20		1 2 3 4

設問		解答番号	解答記入	解答マーク欄
【4】	問1	21		1 2 3 4
	問2	22		1 2 3 4
	問3	23		1 2 3 4
	問4	24		1 2 3 4
	問5	25		1 2 3 4
	問6	26		1 2 3 4
【5】	問1	27		1 2 3 4
	問2	28		1 2 3 4
	問3	29		1 2 3 4
	問4	30		1 2 3 4
【6】	問1	31		1 2 3 4
	問2	32		1 2 3 4
	問3	33		1 2 3 4
	問4	34		1 2 3 4
	問5	35		1 2 3 4
【7】	問1	36		1 2 3 4
	問2	37		1 2 3 4
	問3	38		1 2 3 4
	問4	39		1 2 3 4
	問5	40		1 2 3 4

中京高等学校　2023年度

◇国語◇

※この解答用紙は学校からの発表がないため，東京学参が制作いたしました。

注意事項

1．マークは必ずHBの黒鉛筆で ⊂⊃ の中を正確にぬりつぶしてください。
良い例　悪い例
2．訂正する場合は消しゴムできれいに消してください。
3．解答用紙は、折り曲げたり汚さないでください。

設問			解答番号	解答記入	解答マーク欄
【一】	問一	a	1		1 2 3 4 5
		b	2		1 2 3 4 5
		c	3		1 2 3 4 5
		d	4		1 2 3 4 5
	問二		5		1 2 3 4 5
	問三		6		1 2 3 4 5
	問四		7		1 2 3 4 5
	問五		8		1 2 3 4 5
	問六		9		1 2 3 4 5
	問七		10		1 2 3 4
			11		1 2 3 4
			12		1 2 3 4
【二】	問一	a	13		1 2 3 4 5
		b	14		1 2 3 4 5
		c	15		1 2 3 4 5
	問二		16		1 2 3 4 5
	問三		17		1 2 3 4 5
	問四		18		1 2 3 4 5
	問五		19		1 2 3 4 5
	問六		20		1 2 3 4 5
	問七		21		1 2 3 4 5 6
			22		1 2 3 4 5 6
【三】	問一		23		1 2 3 4 5
	問二		24		1 2 3 4 5

中京高等学校　2022年度

◇数学◇

※ 118％に拡大していただくと，解答欄は実物大になります。

注意事項

1．マークは必ずHBの黒鉛筆で ⊂⊃ の中を正確にぬりつぶしてください。
良い例 ▬　悪い例 ⊄ ⊂・⊃ ▬
2．訂正する場合は消しゴムできれいに消してください。
3．解答用紙は、折り曲げたり汚さないでください。

設問			解答記入	解答マーク欄										
【1】	(1)	ア		−	0	1	2	3	4	5	6	7	8	9
		イ		−	0	1	2	3	4	5	6	7	8	9
	(2)	ウ		−	0	1	2	3	4	5	6	7	8	9
		エ		−	0	1	2	3	4	5	6	7	8	9
		オ		−	0	1	2	3	4	5	6	7	8	9
		カ		−	0	1	2	3	4	5	6	7	8	9
	(3)	キ		−	0	1	2	3	4	5	6	7	8	9
		ク		−	0	1	2	3	4	5	6	7	8	9
		ケ		−	0	1	2	3	4	5	6	7	8	9
	(4)	コ		−	0	1	2	3	4	5	6	7	8	9
		サ		−	0	1	2	3	4	5	6	7	8	9
		シ		−	0	1	2	3	4	5	6	7	8	9
		ス		−	0	1	2	3	4	5	6	7	8	9
	(5)	セ		−	0	1	2	3	4	5	6	7	8	9
	(6)	ソ		−	0	1	2	3	4	5	6	7	8	9
		タ		−	0	1	2	3	4	5	6	7	8	9
	(7)	チ		−	0	1	2	3	4	5	6	7	8	9
		ツ		−	0	1	2	3	4	5	6	7	8	9
	(8)	テ		−	0	1	2	3	4	5	6	7	8	9
		ト		−	0	1	2	3	4	5	6	7	8	9
		ナ		−	0	1	2	3	4	5	6	7	8	9
【2】		ア		−	0	1	2	3	4	5	6	7	8	9
		イ		−	0	1	2	3	4	5	6	7	8	9
		ウ		−	0	1	2	3	4	5	6	7	8	9
		エ		−	0	1	2	3	4	5	6	7	8	9
		オ		−	0	1	2	3	4	5	6	7	8	9
【3】	(1)	ア		−	0	1	2	3	4	5	6	7	8	9
		イ		−	0	1	2	3	4	5	6	7	8	9
	(2)	ウ		−	0	1	2	3	4	5	6	7	8	9
		エ		−	0	1	2	3	4	5	6	7	8	9
		オ		−	0	1	2	3	4	5	6	7	8	9
		カ		−	0	1	2	3	4	5	6	7	8	9
	(3)	キ		−	0	1	2	3	4	5	6	7	8	9
		ク		−	0	1	2	3	4	5	6	7	8	9
		ケ		−	0	1	2	3	4	5	6	7	8	9
		コ		−	0	1	2	3	4	5	6	7	8	9
		サ		−	0	1	2	3	4	5	6	7	8	9
		シ		−	0	1	2	3	4	5	6	7	8	9
		ス		−	0	1	2	3	4	5	6	7	8	9
		セ		−	0	1	2	3	4	5	6	7	8	9
【4】	(1)	ア		−	0	1	2	3	4	5	6	7	8	9
		イ		−	0	1	2	3	4	5	6	7	8	9
	(2)	ウ		−	0	1	2	3	4	5	6	7	8	9
		エ		−	0	1	2	3	4	5	6	7	8	9
		オ		−	0	1	2	3	4	5	6	7	8	9
		カ		−	0	1	2	3	4	5	6	7	8	9
		キ		−	0	1	2	3	4	5	6	7	8	9

中京高等学校　2022年度　　◇英語◇

※ 125％に拡大していただくと，解答欄は実物大になります。

注意事項

1．マークは必ずHBの黒鉛筆で ⊂⊃ の中を正確にぬりつぶしてください。
良い例 ▬　悪い例 ⊄ ⊂·⊃ ▬
2．訂正する場合は消しゴムできれいに消してください。
3．解答用紙は、折り曲げたり汚さないでください。

設問		解答番号	解答記入	解答マーク欄
【1】	問 1	1		1 2 3 4
	問 2	2		1 2 3 4
	問 3	3		1 2 3 4
	問 4	4		1 2 3 4
	問 5	5		1 2 3 4
	問 6	6		1 2 3 4
	問 7	7		1 2 3 4
	問 8	8		1 2 3 4
	問 9	9		1 2 3 4
	問 10	10		1 2 3 4
	問 11	11		1 2 3 4
	問 12	12		1 2 3 4
【2】	問 1	13		1 2 3 4 5 6
		14		1 2 3 4 5 6
	問 2	15		1 2 3 4 5 6
		16		1 2 3 4 5 6
	問 3	17		1 2 3 4 5 6
		18		1 2 3 4 5 6
	問 4	19		1 2 3 4 5 6
		20		1 2 3 4 5 6
	問 5	21		1 2 3 4 5 6
		22		1 2 3 4 5 6
	問 6	23		1 2 3 4 5 6 7
		24		1 2 3 4 5 6 7
	問 7	25		1 2 3 4 5 6 7
		26		1 2 3 4 5 6 7

設問		解答番号	解答記入	解答マーク欄
【3】	問 1	27		1 2 3 4
	問 2	28		1 2 3 4
	問 3	29		1 2 3 4 5
		30		1 2 3 4 5
		31		1 2 3 4 5
		32		1 2 3 4 5
	問 4	33		1 2 3 4
	問 5	34		1 2 3 4 5 6
		35		1 2 3 4 5 6
		36		1 2 3 4 5 6
		37		1 2 3 4 5 6
	問 6	38		1 2 3 4
		39		1 2 3 4
		40		1 2 3 4
		41		1 2 3 4
【4】	問 1	42		1 2 3 4
	問 2	43		1 2 3 4
		44		1 2 3 4
	問 3	45		1 2 3 4
	問 4	46		1 2 3 4
	問 5	47		1 2 3 4
	問 6	48		1 2 3 4
	問 7	49		1 2 3 4 5 6
		50		1 2 3 4 5 6

中京高等学校　　2022年度

◇理科◇

※ 125％に拡大していただくと，解答欄は実物大になります。

注意事項

1．マークは必ずHBの黒鉛筆で ⊂⊃ の中を正確にぬりつぶしてください。
良い例　　悪い例
2．訂正する場合は消しゴムできれいに消してください。
3．解答用紙は、折り曲げたり汚さないでください。

設問		解答番号	解答記入	解答マーク欄
【1】	(1)	1		1 2 3 4 5 6 7 8 9
		2		1 2 3 4 5 6 7 8 9
		3		1 2 3 4 5 6 7 8 9
		4		1 2 3 4 5 6 7 8 9
		5		1 2 3 4 5 6 7 8 9
		6		1 2 3 4 5 6 7 8 9
		7		1 2 3 4 5 6 7 8 9
	(2)	8		1 2
		9		1 2
		10		1 2
		11		1 2
	(3)	12		1 2 3 4
		13		1 2 3 4
		14		1 2 3 4
		15		1 2 3 4
		16		1 2 3 4
		17		1 2 3 4
		18		1 2 3 4
		19		1 2 3 4
		20		1 2 3 4
	(4)	21		1 2 3 4
		22		1 2 3 4
		23		1 2 3 4
		24		1 2 3 4
		25		1 2 3 4

設問		解答番号	解答記入	解答マーク欄
【2】	(1)	26		1 2 3 4
	(2)	27		1 2 3 4
		28		1 2 3 4
		29		1 2 3 4
		30		1 2 3 4
		31		1 2 3 4
	(3)	32		1 2 3 4 5
	(4)	33		1 2 3 4 5
	(5)	34		1 2 3 4
	(6)	35		1 2 3 4 5 6
【3】	(1)	36		1 2 3 4 5 6 7 8 9 0
		37		1 2 3 4 5 6 7 8 9 0
	(2)	38		1 2 3 4 5 6 7 8 9 0
		39		1 2 3 4 5 6 7 8 9 0
	(3)	40		1 2 3 4 5
	(4)	41		1 2 3 4 5 6 7 8 9 0
		42		1 2 3 4 5 6 7 8 9 0
	(5)	43		1 2 3 4 5
		44		1 2 3 4 5
【4】	(1)	45		1 2 3 4 5
	(2)	46		1 2 3 4 5 6
		47		1 2 3 4 5 6
	(3)	48		1 2 3 4 5
	(4)	49		1 2 3 4 5
	(5)	50		1 2 3 4 5
	(6)	51		1 2 3 4 5 6 7 8 9 10

中京高等学校　2022年度

◇社会◇

※ 118%に拡大していただくと，解答欄は実物大になります。

注意事項

1. マークは必ずHBの黒鉛筆で ⊂⊃ の中を正確にぬりつぶしてください。
   良い例　　悪い例
2. 訂正する場合は消しゴムできれいに消してください。
3. 解答用紙は、折り曲げたり汚さないでください。

設	問	解答番号	解答記入	解答マーク欄
【1】	問 1	1		1 2 3 4
	問 2	2		1 2 3 4
	問 3	3		1 2 3 4
	問 4	4		1 2 3 4
	問 5	5		1 2 3 4
	問 6	6		1 2 3 4
	問 7	7		1 2 3 4
		8		1 2 3 4
	問 8（順不同）	9		1 2 3 4 5 6
		10		1 2 3 4 5 6
【2】	問 1	11		1 2 3 4
	問 2	12		1 2 3 4
【3】	問 1	13		1 2 3 4
	問 2	14		1 2 3 4
	問 3	15		1 2 3 4
	問 4	16		1 2 3 4
	問 5	17		1 2 3 4
【4】	問 1	18		1 2 3 4
	問 2	19		1 2 3 4
	問 3	20		1 2 3 4

設	問	解答番号	解答記入	解答マーク欄
【5】	問 1	21		1 2 3 4
	問 2	22		1 2 3 4
	問 3	23		1 2 3 4
	問 4	24		1 2 3 4
	問 5	25		1 2 3 4
	問 6	26		1 2 3 4
	問 7	27		1 2 3 4
	問 8	28		1 2 3 4
	問 9	29		1 2 3 4
	問 10	30		1 2 3 4
【6】	問 1	31		1 2 3 4
	問 2	32		1 2 3 4
	問 3	33		1 2 3 4
	問 4	34		1 2 3 4
	問 5	35		1 2 3 4
	問 6	36		1 2 3 4
	問 7	37		1 2 3 4
	問 8	38		1 2 3 4
	問 9	39		1 2 3 4
	問 10	40		1 2 3 4

※ 125％に拡大していただくと，解答欄は実物大になります。

注意事項

1．マークは必ずHBの黒鉛筆で ⊂⊃ の中を正確にぬりつぶしてください。
良い例　　悪い例
2．訂正する場合は消しゴムできれいに消してください。
3．解答用紙は、折り曲げたり汚さないでください。

設問			解答番号	解答記入	解答マーク欄
【一】	問一	a	1		1 2 3 4 5
		b	2		1 2 3 4 5
		c	3		1 2 3 4 5
		d	4		1 2 3 4 5
		e	5		1 2 3 4 5
	問二		6		1 2 3 4 5
	問三		7		1 2 3 4 5
	問四		8		1 2 3 4 5
	問五		9		1 2 3 4 5
	問六		10		1 2 3 4 5
	問七		11		1 2 3 4 5 6 7 8
			12		1 2 3 4 5 6 7 8
	問八		13		1 2 3 4 5 6 7
			14		1 2 3 4 5 6 7

設問			解答番号	解答記入	解答マーク欄
【二】	問一	ア	15		1 2 3 4 5
		イ	16		1 2 3 4 5
		ウ	17		1 2 3 4 5
	問二		18		1 2 3 4 5
	問三	Ⅰ	19		1 2 3 4 5
		Ⅱ	20		1 2 3 4 5
	問四		21		1 2 3 4 5
	問五		22		1 2 3 4 5
	問六		23		1 2 3 4 5
	問七		24		1 2 3 4 5
	問八		25		1 2 3 4 5

中京高等学校　　2021年度　　◇数学◇

※ 118％に拡大していただくと，解答欄は実物大になります。

注意事項

1．マークは必ずHBの黒鉛筆で ⊂⊃ の中を正確にぬりつぶしてください。

良い例 ▬　悪い例

2．訂正する場合は消しゴムできれいに消してください。

3．解答用紙は、折り曲げたり汚さないでください。

設	問		解答記入	解答マーク欄										
【1】	(1)	ア		−	0	1	2	3	4	5	6	7	8	9
		イ		−	0	1	2	3	4	5	6	7	8	9
	(2)	ウ		−	0	1	2	3	4	5	6	7	8	9
		エ		−	0	1	2	3	4	5	6	7	8	9
		オ		−	0	1	2	3	4	5	6	7	8	9
	(3)	カ		−	0	1	2	3	4	5	6	7	8	9
		キ		−	0	1	2	3	4	5	6	7	8	9
		ク		−	0	1	2	3	4	5	6	7	8	9
		ケ		−	0	1	2	3	4	5	6	7	8	9
		コ		−	0	1	2	3	4	5	6	7	8	9
	(4)	サ		−	0	1	2	3	4	5	6	7	8	9
		シ		−	0	1	2	3	4	5	6	7	8	9
		ス		−	0	1	2	3	4	5	6	7	8	9
	(5)	セ		−	0	1	2	3	4	5	6	7	8	9
		ソ		−	0	1	2	3	4	5	6	7	8	9
	(6)	タ		−	0	1	2	3	4	5	6	7	8	9
		チ		−	0	1	2	3	4	5	6	7	8	9
	(7)	ツ		−	0	1	2	3	4	5	6	7	8	9
		テ		−	0	1	2	3	4	5	6	7	8	9
		ト		−	0	1	2	3	4	5	6	7	8	9
	(8)	ナ		−	0	1	2	3	4	5	6	7	8	9
【2】		ア		−	0	1	2	3	4	5	6	7	8	9
		イ		−	0	1	2	3	4	5	6	7	8	9
		ウ		−	0	1	2	3	4	5	6	7	8	9
		エ		−	0	1	2	3	4	5	6	7	8	9
【3】	(1)	ア		−	0	1	2	3	4	5	6	7	8	9
		イ		−	0	1	2	3	4	5	6	7	8	9
		ウ		−	0	1	2	3	4	5	6	7	8	9
		エ		−	0	1	2	3	4	5	6	7	8	9
		オ		−	0	1	2	3	4	5	6	7	8	9
	(2)	カ		−	0	1	2	3	4	5	6	7	8	9
		キ		−	0	1	2	3	4	5	6	7	8	9
【4】		ア		−	0	1	2	3	4	5	6	7	8	9
		イ		−	0	1	2	3	4	5	6	7	8	9
		ウ		−	0	1	2	3	4	5	6	7	8	9
		エ		−	0	1	2	3	4	5	6	7	8	9
		オ		−	0	1	2	3	4	5	6	7	8	9
		カ		−	0	1	2	3	4	5	6	7	8	9
		キ		−	0	1	2	3	4	5	6	7	8	9
		ク		−	0	1	2	3	4	5	6	7	8	9
		ケ		−	0	1	2	3	4	5	6	7	8	9
		コ		−	0	1	2	3	4	5	6	7	8	9
		サ		−	0	1	2	3	4	5	6	7	8	9
		シ		−	0	1	2	3	4	5	6	7	8	9
		ス		−	0	1	2	3	4	5	6	7	8	9
		セ		−	0	1	2	3	4	5	6	7	8	9
		ソ		−	0	1	2	3	4	5	6	7	8	9

中京高等学校　2021年度

◇英語◇

※ 111％に拡大していただくと，解答欄は実物大になります。

注意事項

1．マークは必ずHBの黒鉛筆で ⊂⊃ の中を正確にぬりつぶしてください。

良い例　　悪い例

2．訂正する場合は消しゴムできれいに消してください。

3．解答用紙は、折り曲げたり汚さないでください。

設問		解答番号	解答記入	解答マーク欄
【1】	問 1	1		1 2 3
	問 2	2		1 2 3
	問 3	3		1 2 3
	問 4	4		1 2 3
	問 5	5		1 2 3
	問 6	6		1 2 3
	問 7	7		1 2 3
	問 8	8		1 2 3 4
	問 9	9		1 2 3 4
	問 10	10		1 2 3 4
	問 11	11		1 2 3 4
	問 12	12		1 2 3 4
	問 13	13		1 2 3 4
	問 14	14		1 2 3 4
	問 15	15		1 2 3 4
【2】	問 1	16		1 2 3 4 5 6 7
		17		1 2 3 4 5 6 7
	問 2	18		1 2 3 4 5 6
		19		1 2 3 4 5 6
	問 3	20		1 2 3 4 5 6 7
		21		1 2 3 4 5 6 7
	問 4	22		1 2 3 4 5 6 7
		23		1 2 3 4 5 6 7
	問 5	24		1 2 3 4 5 6 7
		25		1 2 3 4 5 6 7
【3】	問 1	26		1 2 3 4
	問 2	27		1 2 3 4
	問 3	28		1 2 3 4
	問 4	29		1 2 3 4
	問 5	30		1 2 3 4
【4】	問 1	31		1 2 3 4
	問 2	32		1 2 3 4 5 6
	(順不同)	33		1 2 3 4 5 6
【5】	問 1	34		1 2 3 4 5 6 7
	(順不同)	35		1 2 3 4 5 6 7
【6】	問 1	36		1 2 3 4
	問 2	37		1 2 3 4
	問 3	38		1 2 3 4
	問 4	39		1 2 3 4
	問 5	40		1 2 3 4
	問 6	41		1 2 3 4
	問 7	42		1 2 3 4
	問 8	43		1 2 3 4 5 6
	(順不同)	44		1 2 3 4 5 6

中京高等学校　2021年度

◇理科◇

※解答欄は実物大になります。

注意事項

1．マークは必ずHBの黒鉛筆で の中を正確にぬりつぶしてください。
良い例　　悪い例
2．訂正する場合は消しゴムできれいに消してください。
3．解答用紙は、折り曲げたり汚さないでください。

設問		解答番号	解答記入	解答マーク欄
【1】	(1)	1		1 2 3 4 5 6 7 8 9 10 11 12
		2		1 2 3 4 5 6 7 8 9 10 11 12
		3		1 2 3 4 5 6 7 8 9 10 11 12
		4		1 2 3 4 5 6 7 8 9 10 11 12
		5		1 2 3 4 5 6 7 8 9 10 11 12
		6		1 2 3 4 5 6 7 8 9 10 11 12
		7		1 2 3 4 5 6 7 8 9 10 11 12
	(2)	8		1 2 3 4 5 6
		9		1 2 3 4 5 6
		10		1 2 3 4 5 6
	(3)	11		1 2 3 4 5
	(4)	12		1 2 3 4 5
【2】	(1)	13		1 2 3 4
	(2)	14		1 2 3 4
	(3)	15		1 2 3 4
	(4)	16		1 2 3 4
	(5)	17		1 2 3 4
	(6)	18		1 2 3 4
【3】	(1)	19		1 2 3 4
	(2)	20		1 2 3 4 5
	(3)	21		1 2 3
	(4)	22		1 2 3 4 5
	(5)	23		1 2 3 4 5
【4】	(1)	24		1 2 3 4
	(2)	25		1 2 3 4
	(3)	26		1 2 3 4 5 6 7 8 9 0
		27		1 2 3 4 5 6 7 8 9 0
	(4)	28		1 2 3 4 5 6 7 8 9 0
		29		1 2 3 4 5 6 7 8 9 0
	(5)	30		1 2 3 4 5

中京高等学校　2021年度

◇社会◇

※ 111％に拡大していただくと，解答欄は実物大になります。

注意事項

1．マークは必ずHBの黒鉛筆で ⊂⊃ の中を正確にぬりつぶしてください。
良い例　　悪い例
2．訂正する場合は消しゴムできれいに消してください。
3．解答用紙は、折り曲げたり汚さないでください。

設問		解答番号	解答記入	解答マーク欄
【1】	問 1	1		1 2 3 4
	問 2	2		1 2 3 4
	問 3	3		1 2 3 4
	問 4	4		1 2 3 4
	問 5	5		1 2 3 4
	問 6	6		1 2 3 4
	問 7	7		1 2 3 4
【2】	問 1	8		1 2 3 4
	問 2	9		1 2 3 4
	問 3	10		1 2 3 4
【3】	問 1	11		1 2 3 4
	問 2	12		1 2 3 4
	問 3	13		1 2 3 4
	問 4	14		1 2 3 4
	問 5	15		1 2 3 4
	問 6	16		1 2 3 4
	問 7	17		1 2 3 4
	問 8	18		1 2 3 4
	問 9	19		1 2 3 4
	問 10	20		1 2 3 4

設問		解答番号	解答記入	解答マーク欄
【4】	問 1	21		1 2 3 4
	問 2	22		1 2 3 4
	問 3	23		1 2 3 4
	問 4	24		1 2 3 4
	問 5	25		1 2 3 4
	問 6	26		1 2 3 4
【5】	問 1	27		1 2 3 4
	問 2	28		1 2 3 4
	問 3	29		1 2 3 4
	問 4	30		1 2 3 4
【6】	問 1	31		1 2 3 4
	問 2	32		1 2 3 4
	問 3	33		1 2 3 4
	問 4	34		1 2 3 4
	問 5	35		1 2 3 4
【7】	問 1	36		1 2 3 4
	問 2	37		1 2 3 4
	問 3	38		1 2 3 4
	問 4	39		1 2 3 4
	問 5	40		1 2 3 4

※解答欄は実物大になります。

注意事項

1．マークは必ずHBの黒鉛筆で ⊂⊃ の中を正確にぬりつぶしてください。

良い例 ▬　悪い例 ⊘ ⊙ ▬

2．訂正する場合は消しゴムできれいに消してください。

3．解答用紙は、折り曲げたり汚さないでください。

設問			解答番号	解答記入	解答マーク欄				
【一】	問一	a	1		1	2	3	4	5
		b	2		1	2	3	4	5
		c	3		1	2	3	4	5
		d	4		1	2	3	4	5
		e	5		1	2	3	4	5
	問二		6		1	2	3	4	5
	問三		7		1	2	3	4	5
	問四		8		1	2	3	4	5
	問五		9		1	2	3	4	5
	問六		10		1	2	3	4	5
	問七		11		1	2	3	4	5
【二】	問一		12		1	2	3	4	5
	問二		13		1	2	3	4	5
	問三		14		1	2	3	4	5
	問四		15		1	2	3	4	5
	問五		16		1	2	3	4	5
	問六		17		1	2	3	4	5
	問七	Ⅰ	18		1	2	3	4	5
		Ⅱ	19		1	2	3	4	5
	問八		20		1	2	3	4	5

MEMO

大切なことはメモしておこうネ！

MEMO

大切なことはメモしておこうネ！

T.G

MEMO

大切なことはメモしておこうネ！

MEMO

大切なことはメモしておこうネ！

東京学参株式会社
〒153-0043　東京都目黒区東山2-6-4
TEL.03-3794-3154　FAX.03-3794-3164

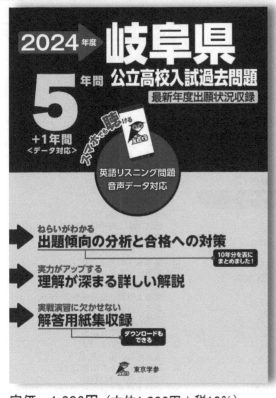

〈リスニング問題の音声について〉

本問題集掲載のリスニング問題の音声は、弊社ホームページでデータ配信しております。

現在お聞きいただけるのは「2024年度受験用」に対応した音声で、2024年3月末日までダウンロード可能です。弊社ホームページにアクセスの上、ご利用ください。

※本問題集を中古品として購入された場合など、配信期間の終了によりお聞きいただけない年度がございますのでご了承ください。

高校別入試過去問題シリーズ

中京高等学校　2024年度

ISBN978-4-8141-2673-6

発行所　東京学参株式会社

〒153-0043　東京都目黒区東山2-6-4

URL　https://www.gakusan.co.jp

編集部　E-mail　hensyu@gakusan.co.jp

※本書の編集責任はすべて弊社にあります。内容に関するお問い合わせ等は、編集部まで、メールにてお願い致します。なお、回答にはしばらくお時間をいただく場合がございます。何卒ご了承くださいませ。

営業部　TEL　03 (3794) 3154

FAX　03 (3794) 3164

E-mail　shoten@gakusan.co.jp

※ご注文・出版予定のお問い合わせ等は営業部までお願い致します。

2023年9月28日　初版